ELOGIOS A

ORAÇÃO INT

Oração Intercessória é um dos melhores livros que já li sobre o assunto em mais de 30 anos na minha caminhada com Jesus. Quero encorajar especificamente os jovens a lerem este livro fundamental e revolucionário sobre oração.

Ché Ahn

Presidente da Harvest International Ministry

Pastor sênior da Harvest Rock

Oração Intercessória é elucidativo e motivador. Dutch Sheets lança uma luz fascinante sobre um assunto considerado, muitas vezes, misterioso. Os leitores vão querer orar mais e alcançarão mais resultados com suas orações.

Dr. Bill Bright

Fundador e presidente do ministério Campus Crusade for Christ International

Meu coração ficou inundado de emoção quando li *Oração Intercessória*. Que bênção ter este manual instrutivo, inspirado por Deus e revelador dos caminhos pelos quais Deus opera por intermédio do Seu povo! O Corpo de Cristo enriquecerá em conhecimento e profundidade na intercessão, e estará equipado para acertar o alvo na oração.

Bobbye Byerly

Ex-presidente nacional da organização norte-americana Aglow International

Oração Intercessória é ousado, visionário e nos tira de nossas zonas de conforto. Leia-o, releia-o e depois fique de joelhos na certeza de que Deus vai mover o céu e a terra através de você. Obrigada, Dutch, pela sua inspiração em acreditar que Deus faz milagres e por observá-los acontecer. Estou orando por um reavivamento em Hollywood, e sei que veremos Deus fazer isso.

Karen Covell

Diretora fundadora da Hollywood Prayer Network

Produtora de tevê e autora de *How to Talk About Jesus Without Freaking Out* e *The Day I Met God*

Se você procura um livro sobre oração, este é o melhor! As perspectivas revigorantes de Dutch Sheets vão inspirar a sua fé, aprofundar o seu entendimento e equipá-lo para cumprir o seu destino como um dos guerreiros de oração de Deus.

Dick Eastman

Presidente internacional do ministério Every Home for Christ

Oração Intercessória tornou-se merecidamente um clássico popular. Este livro envolvente e prático tem contribuído imensamente para o movimento de oração na última década. Apesar de milhares de livros terem sido escritos sobre oração, gosto de recomendar apenas quatro onde quer que eu vá: *Oração: Cartas a Malcolm*, de C. S. Lewis; *Oração: O Refúgio da Alma*, de Richard Foster; *The Soul of Prayer* (A alma da oração), de P. T. Forsythe; e o livro que você tem em mãos. Que ele tenha o mesmo impacto na sua vida que teve na minha.

Pete Greig

Cofundador do ministério 24-7 Prayer

Autor de *God on Mute: Engaging the Silence of Unanswered Prayer*

Dutch Sheets é um dos professores mais entusiasmados e animados que já ouvi. Ele explica o que Deus sente com relação à oração de maneira clara, concisa e poderosa. Dutch coloca a oração com impacto ao alcance de todos. Recomendo enfaticamente a leitura deste livro.

Jane Hansen

Presidente da organização Aglow International

Cada cristão que ora e intercede deveria ler este livro! *Oração Intercessória* irá revolucionar sua vida de oração. Ele contém uma profundidade de revelação que não encontramos em nenhum outro livro sobre o tema.

Cindy Jacobs

Cofundadora do Generals International

Este livro é para aqueles que precisam de respostas de Deus, mas ainda não as receberam. Por quê? Sheets explica de maneira bem clara a batalha da oração e reforça a vitória do Calvário. Autoridade é a questão. A guerra e a conquista nascem da adoração e da espera. Este livro mostra que a escolha é nossa.

Freda Lindsay

Cofundadora e presidente da associação The Board Emeritus Christ for the Nation

Poucas vezes na história um autor capturou o coração de Deus e criou um clássico que irá afetar geração após geração. Dutch Sheets fez isso com *Oração Intercessória*. Tive o privilégio de acompanhá-lo em uma viagem a todos os cinquenta estados de nossa nação. O que ele escreve neste livro foi demonstrado em cada um deles. Não conheço ninguém com essa paixão pela intercessão como Dutch Sheets. Depois de ler este livro, você vai entender como se posicionar, decretar e tornar-se um relâmpago de Deus na terra.

Chuck D. Pierce

Autor de *God's Unfolding Battle Plan*

Dutch explica por que e como interceder em oração com eficácia de uma maneira bíblica, prática, viável, engraçada e que honre a Deus. Você vai querer usá-lo como livro de referência muitas vezes ao se aproximar cada vez mais de Deus. Leia este livro de uma ponta a outra, sem parar!

Quin Sherrer

Autora de *O Poder da Oração Vitoriosa*

Sempre me surpreendo com a praticidade e a facilidade de entender a Palavra de Deus quando ela é explicada por professores ungidos pelo Espírito Santo. Creio que Deus inspirou as verdades partilhadas neste livro a fim de liberar um exército de intercessores para trabalharem estratégica e poderosamente com Deus neste momento. Recomendo enfaticamente o livro a todos que queiram fazer a diferença para o Reino de Deus.

Willard Thiessen

Presidente da Trinity Television e apresentador do programa *It's a New Day*

ORAÇÃO INTERCESSÓRIA

Como Deus Pode Usar Suas Orações para Mover o Céu e a Terra

DUTCH SHEETS

LAN EDITORA

4ª impressão
Rio de Janeiro, 2016
www.edilan.com.br

ORAÇÃO INTERCESSÓRIA

Coordenação Editorial | *Philip Murdoch*

Tradução | *Vânia Carvalho, Idiomas & Cia*

Revisão | *Ana Lacerda, Fernanda Silveira e Daiane Rosa, por Idiomas & Cia*

Capa | *Yan Aguiar*

Projeto Gráfico e Diagramação | *Julio Fado*

Originalmente publicado nos Estados Unidos, sob o título *Intercessory Prayer*, de Dutch Sheets, por Regal From Gospel Light, Ventura, Califórnia, Estados Unidos.

Publicado no Brasil por Editora Luz às Nações, Rua Rancharia, 62, parte — Itanhangá — Rio de Janeiro, Brasil CEP: 22753-070. Tel. (21) 2490-2551 1ª edição brasileira: Agosto de 2012.

Exceto em caso de indicação em contrário, todas as citações bíblicas foram extraídas da Bíblia Sagrada Almeida Revista e Atualizada, da Sociedade Bíblica do Brasil, © Copyright 1993. Outras versões utilizadas: NVI (Nova Versão Internacional, Editora Vida), AA (Almeida Atualizada, SBB) e ACF (Almeida Corrigida e Revista Fiel, Sociedade Bíblica Trinitariana do Brasil).

CIP-BRASIL. CATALOGAÇÃO-NA-FONTE
SINDICATO NACIONAL DOS EDITORES DE LIVROS, RJ

S545o

Sheets, Dutch
Oração intercessória: como Deus pode usar suas orações para mover o céu e a terra / Dutch Sheets; [tradução Idioma & Cia]. - 1.ed. - Rio de Janeiro : Luz às Nações, 2012.
268p.: 23 cm

Tradução de: Intercessory prayer: how God can use your prayers to move heaven and earth
Inclui bibliografia e índice
ISBN 978-85-99858-42-4

1. Oração - Cristianismo. 2. Intercessão (Oração). I. Título.

12-4515. CDD: 248.32
CDU: 27-534-2

À equipe Sheets: Ceci, minha esposa e melhor amiga; Sarah e Hannah, nossas duas filhas preciosas. Com o apoio sincero e amoroso de vocês, dedico este trabalho de amor a Jesus.

"Obrigado, Senhor, pelo preço que pagaste e a paixão que ainda o motiva. Tu és o nosso Herói. Servi-lo e representá-lo aqui na terra é divertido e uma grande honra. Esperamos ansiosos por muitos mais momentos e dias maravilhosos contigo!"

Obs: "Esperamos que o Senhor goste do livro — nós o fizemos para o Senhor!"

SUMÁRIO

Agradecimentos 11

Prefácio 13
Por C. Peter Wagner

Capítulo Um 15
Eis a Questão...
A resposta certa começa com a pergunta certa.

Capítulo Dois 21
A Necessidade da Oração
Deus escolheu, desde o tempo da criação, trabalhar na Terra por meio dos seres humanos, não independentemente deles.

Capítulo Três 35
Representando Jesus
A intercessão pode ser resumida em mediação, intermediação, rogar por outros e representar uma parte diante de outra.

Capítulo Quatro 47
Encontros: os Bons, os Ruins e os Péssimos
Intercessores se encontram com Deus; também se encontram com os poderes das trevas.

Capítulo Cinco 61
De Rosto Colado
Ele encostou Sua face em lágrimas perto da nossa e "levou" sobre Ele o castigo pelo nosso pecado.

Capítulo Seis 75
Proibido Ultrapassar
"Proibido jogar entulho, Satanás. Violadores serão processados."

Capítulo Sete 89
Borboletas, Camundongos, Elefantes e Alvos
O Espírito Santo dá poder à unção da borboleta para não confundirmos o camundongo com o elefante.

Capítulo Oito 103
Parto Sobrenatural
Há uma oração que gera e dá à luz filhos e filhas espirituais.

Capítulo Nove 127
Lutadores Profissionais
Entre no ringue e encare os poderes das trevas.

Capítulo Dez 149
O Homem Altíssimo
O pecado do orgulho, que Lúcifer passou aos humanos no Jardim do Éden, é o que Satanás usa para cegar a humanidade.

Capítulo Onze 167
O Relâmpago de Deus
Deixamos o "Filho" brilhar pelo nosso intermédio, dirigindo Sua luz para as situações, permitindo-lhe "acertar o alvo".

Capítulo Doze 181
A Substância da Oração
Você precisa liberar regularmente o poder de Deus que tem em si.

Capítulo Treze 199
Ações que Falam e Palavras que Agem
Nossas palavras ou ações impactam o plano celestial, que por sua vez, impactam o plano natural.

Capítulo Quatorze 215
A Unção da Sentinela
No mesmo grau em que ignorarmos nosso adversário, ele ganhará de nós, fará com que sejamos sua presa e nos defraudará do que nos pertence.

Manual de Debate Para Líderes 239

Notas 243

Bibliografia 253

Índice de Referências Bíblicas 257

Índice Por Assunto 263

AGRADECIMENTOS

Obrigado...

A Jesus por existir e nos dar tanto sobre o que escrever.

A minha esposa Ceci e minhas filhas Sarah e Hannah, por acreditarem em mim e abrirem mão da minha presença durante essa empreitada. Eu as amo mais do que jamais poderão imaginar.

A minha secretária Joy Anderson. Obrigado pelas muitas horas extras e o excelente trabalho de editoração.

A todos os demais integrantes da minha maravilhosa equipe: Bob, David, Warren, Gerri, LeRoy e Linda, por fazerem todo o restante enquanto eu "desaparecia" no livro.

Às muitas pessoas que ajudaram este livro nascer por meio de suas orações. À igreja da qual sou pastor, Freedom Church, por me ajudar nessa jornada com oração e apoio moral, por me permitir desaparecer por algumas semanas e simplesmente por serem ovelhas maravilhosas.

A Karen Kaufman, minha editora na Regal, pelas muitas horas de trabalho diligente, tentando satisfazer este escritor principiante e colocar o meu estilo informal dentro dos padrões gramaticalmente formais. Obrigado por sua experiência, por entender o meu raciocínio e me ajudar a aperfeiçoar ainda mais este livro.

PREFÁCIO

O MOVIMENTO MODERNO DE ORAÇÃO começou por volta de 1970. Na verdade, ele já irradiava na Coreia algumas décadas antes disso, mas foi na década de 1970 que começou a se espalhar no mundo inteiro. Nos últimos anos, a expansão do movimento tem crescido exponencialmente. A qualidade da oração tem aumentado juntamente com a quantidade de orações. Chamas de oração têm sido acesas em cada movimento de igreja em todos os continentes. Os pastores têm dado mais prioridade à oração, as crianças têm orado com fervor e eficácia, e movimentos e ministérios de oração têm proliferado, seminários têm introduzido cursos sobre oração e até mesmo revistas seculares têm publicado reportagens de capa sobre o tema da oração.

Eu sou uma dessas pessoas que foi profundamente tocada pelo movimento contemporâneo de oração. Durante grande parte da minha carreira no ministério, a oração era algo chato para mim. Bem, eu sabia que a Bíblia ensina que devemos orar e que Deus responde à oração. Também sabia que a oração estava incluída como parte do cotidiano dos cristãos e das famílias e igrejas cristãs. Mas eu tinha tanto entusiasmo em participar de uma reunião de oração como tinha por ir ao dentista. Agora não mais!

Foi a soberana mão de Deus que me levou ao que se tornaria um envolvimento intenso com o movimento de oração, em 1987. Desde então, tenho pesquisado diligentemente esse assunto. Desenvolvi grandemente minha vida de oração. Ministrei palestras e cursos durante seminários sobre oração. Ajudei a coordenar atividades de oração para o A.D. 2000 Movement e já escrevi vários livros sobre o assunto. Menciono isso aqui não para me exaltar como algum tipo de gigante espiritual, que não sou, mas sim para apresentar algumas credenciais que servirão de pequeníssima referência à declaração que estou prestes a fazer.

Como estudioso experiente, aceitei a responsabilidade de fazer o melhor que pudesse para me manter em dia com a literatura relacionada à oração. Minha biblioteca pessoal inclui no momento várias prateleiras de livros sobre oração, e a quantidade de livros continua a crescer rapidamente. Olhando para essa seção da minha biblioteca, que posso ver daqui de onde estou sentado no momento, não vejo nenhum livro que se compare a este escrito pelo meu querido amigo Dutch Sheets.

Sei que cada livro tem algo de singular. Mas *Oração Intercessória* pertence a uma categoria própria. Em minha opinião, Dutch Sheets nos deu, mais do que outros autores contemporâneos, o que poderia ser considerada a teologia bíblica padrão para o movimento de oração no mundo inteiro. Eu vibrei ao ler, página após página, ensinamentos bíblicos sólidos sobre os muitos aspectos da oração. E, ao fazer isso, fiquei agradavelmente surpreso ao me deparar com conceito após conceito que até então eu não havia levado em consideração. Li poucas coisas que acenderam mais luzes no caminho do que *Oração Intercessória.* Certamente outros concordam comigo, visto que o livro vendeu centenas de milhares de exemplares.

Percebo que é perigoso classificar qualquer coisa como "teologia". Para muitos, ler teologia é tão interessante como assistir a uma partida de boliche no gramado. Mas Dutch Sheets é um daqueles teólogos que são comunicadores dinâmicos. Em vez de complicar o simples, como alguns teólogos fazem, ele sabe simplificar o complicado.

Domingo após domingo, o Pastor Dutch prega para centenas de pessoas na Freedom Church, uma das igrejas mais dinâmicas de Colorado Springs. Assim como faz em seus sermões, Dutch traz cada ponto à vida por meio de histórias verídicas, algumas sobre suas experiências e outras sobre experiências de terceiros. Cada experiência mostra como Deus pode ser glorificado com as orações de qualquer pessoa que crê.

Se você deseja um novo poder na sua vida de oração e em seu grupo de oração, tem o manual que precisa nas mãos. Suas orações serão muito mais poderosas, visto que terão mais conteúdo e sustância. Você não precisará ler muito para perceber que está absorvendo o ensinamento mais substancial sobre oração que temos disponível hoje. Assim como eu, você vai agradecer a Deus e a Dutch Sheets por este livro tão notável.

C. Peter Wagner

Apóstolo Presidente da International Coalition of Apostles

Capítulo Um

Eis a Questão...

Já Não Há Mais Esperança

Eu sabia que iria orar por alguém que estava muito doente. O que eu não sabia é que ela estava em coma, que tinha feito traqueostomia para poder respirar, estava com um tubo para alimentação no estômago, além do fato de estar nesse estado há um ano e meio. Vê-la pela primeira vez foi como ir ao médico para pegar uma receita médica e acabar passando por uma cirurgia cerebral. Sua irmã, que me pedira a visita àquela jovem senhora, não me contara toda a história por receio de que eu não quisesse visitá-la. Ela sabia que se conseguisse me levar para a primeira visita, eu provavelmente retornaria. E ela estava certa!

Os médicos não deram esperança de vida à Diana (vou utilizar um nome fictício), nem sequer de sair do coma. Mesmo que ela recuperasse a consciência, estaria destinada a vegetar em virtude das graves lesões cerebrais que sofrera, pelo menos assim acreditavam os médicos.

Você já esteve ao lado de alguém nesse estado pedindo a Deus por um milagre? Estar diante da morte suplicando pela vida é um ato intimidador. Ao mesmo tempo, pode nos ensinar muitas coisas: coisas sobre a vida, sobre a morte, sobre nós mesmos e sobre o nosso Deus, principalmente quando nos colocamos diante da mesma pessoa sessenta ou setenta vezes, cada vez durante uma hora ou mais, no decorrer de um ano.

Confrontando o Inesperado

As coisas não aconteceram como eu esperava. Raramente as coisas acontecem como esperamos na vida, não é mesmo?

Eu esperava que o Senhor curasse aquela mulher por meio da oração de uma maneira teatral, fácil e rápida. Afinal de contas, era assim que as coisas aconteciam com Jesus.

- Eu não esperava investir de três a quatro horas da minha vida todas as semanas durante um ano inteiro (incluindo o tempo de deslocamento).
- Não esperava humilhações e insultos por parte da equipe que cuidava dela na casa de saúde.
- Não esperava chorar tanto.
- Não esperava ser tão ousado em certos momentos.
- Não esperava me sentir tão intimidado em outros momentos.
- Não esperava que fosse demorar tanto.
- Não esperava que fosse aprender tanto com a situação!

O Milagre

Sim, Deus restaurou Diana! Ele curou seu cérebro; a membrana exterior que os médicos disseram ter sido totalmente destruída por um vírus. Cada parte do corpo dela estava coberta de infecção. "Não há mais esperança", disseram eles.

Na primeira página do jornal *Diário de Dayton* (nome fictício do jornal e do local) lia-se: "Mulher acorda viva e saudável depois de dois anos em coma." Os médicos a chamaram de um "milagre da medicina". "Não sabemos como explicar", disseram eles, embora não admitissem dar a glória a Deus.

Tudo aconteceu em uma manhã de sábado quando ela estava sozinha. No início daquela semana, Diana fora levada da casa de saúde para um hospital a fim de receber tratamento para uma infecção. Depois de fazer mais exames, os médicos afirmaram que seu estado piorara e informaram à sua família que, provavelmente, ela já não tinha muito tempo de vida.

Quando a irmã de Diana me passou essa informação, fui correndo para o hospital.

Ciente de que muitas vezes as pessoas em coma conseguem ouvir e compreender tudo que acontece ao seu redor, conversei muito com ela. Como mais tarde ficamos sabendo, por causa das lesões no cérebro, Diana não conseguia me ouvir. Mas naquela quarta-feira, conversei com ela normalmente.

"Este pesadelo está quase acabando", disse eu, com as lágrimas escorrendo pelo meu rosto. "Nada pode nos impedir de receber nosso milagre. Nada!"

Essa lembrança ficará para sempre gravada na minha mente. Ao sair do hospital em prantos, lembro-me de repetir continuamente para mim mesmo: "Nada pode nos impedir de receber nosso milagre. Nada!"

Naquele momento, não se tratava apenas de uma forte esperança, mas eu sentia uma forte fé. Várias vezes durante o curso daquele último ano eu buscara a Deus para lhe perguntar se Ele realmente tinha me enviado àquela jovem. Cada vez recebia dele a certeza: "Sim, Eu o enviei. Não desista."

O Poder da Perseverança

Ora, já fui acusado várias vezes de ser uma pessoa bastante teimosa, e acho que isso é verdade. De fato, minha teimosia já me causou muitos problemas, inclusive duas contusões bem graves jogando futebol americano, por causa do tamanho e dos músculos de alguns caras que acabaram sendo bem mais "teimosos" do que eu.

Todavia, é fato que a teimosia pode ser canalizada em uma força do bem chamada persistência ou perseverança. Aprendi que é um dos atributos espirituais mais importantes na vida cristã. Charles Spurgeon disse: "Por meio da perseverança a lesma chegou até a arca."[1]

Falta de persistência é uma das grandes causas da derrota, especialmente quando se trata de oração. Não sabemos esperar direito. Geralmente queremos que as coisas aconteçam conosco em estilo micro-ondas. Deus, por outro lado, prefere *marinar*. Por isso, eu persisti durante um ano, e foi assim que minha fé cresceu até eu saber bem lá no fundo que íamos vencer. Meu lema se tornara Gálatas 6:9: "E não nos cansemos de fazer o bem, porque a seu tempo ceifaremos, se não desfalecermos."

Minha persistência finalmente foi recompensada quando, três dias depois daquela quarta-feira, naquele hospital, Diana acordou com o cérebro totalmente restaurado. A notícia do milagre se espalhou para outras nações. Foi um acontecimento tal, que a casa de saúde em que ela estava recebeu pedidos da Europa querendo saber sobre sua incrível recuperação.

Cada hora e cada lágrima que eu investira valeram a espera quando vi Diana acordar e falar: "Glória a Deus!"

O que eu aprendi com aquela investida que durou um ano? Muita coisa e algo mais! E ainda estou aprendendo.

> Em uma carta intitulada *The Last Days Newsletter*, Leonard Ravenhill nos conta sobre um grupo de turistas que visitava uma pitoresca vila e deparara com um senhor idoso sentado ao lado de uma cerca. De um jeito meio condescendente, um turista indagou: "Algum grande homem já nasceu nesta vila?" O velho homem respondeu: "Não, apenas bebês."[2]

Aprendi que ninguém nasce um herói da oração. Somos moldados, esculpidos e refinados nos campos de prática da vida.

Um avaliador de talentos de Hollywood disse sobre Fred Astaire, um dos maiores cantores, dançarinos e atores de todos os tempos: "Não consegue atuar. Não consegue cantar e dança um pouquinho."[3] Tenho certeza de que Satanás já declarou seu julgamento sobre mim em vários momentos de minha vida: "Não sabe pregar. Não sabe liderar. Consegue orar um pouquinho." Graças a Deus por Sua graça, paciência e dedicação a mim. Na minha vida, fui mais para frente do que fui para trás.

Muitas Perguntas

Por intermédio dessa e de outras jornadas de oração — de fracassos e também de vitórias — e de centenas de horas de estudo, concebi algumas reflexões que gostaria de compartilhar com vocês. Acredito que elas irão responder a muitas perguntas, como, por exemplo:

- Será que a oração é realmente necessária? Se for, por quê? Deus não é soberano? Será que isso não significa que Ele faz o que deseja, quando quer? Se esse é o caso, então por que orar?
- Será que a vontade de Deus para um cristão é garantida automaticamente ou está associada à oração e a outros fatores?
- Por que geralmente leva tanto tempo para responder a uma oração? Por que é necessário ter perseverança? Jacó lutou contra Deus. Será que é isso que devemos fazer em oração? Não gosto da ideia de lutar contra Deus, e você?

- E quanto a orar pelos perdidos? Como posso ser mais eficaz? Fico um pouco frustrado tentando imaginar maneiras novas de pedir a Deus para salvar as pessoas, e você? Eu achava que Ele *queria* salvá-las. Então por que sinto que estou tentando convencê-lo disso? Será que existe uma maneira melhor? Será que devo pedir a salvação dessas pessoas vez após vez ou apenas peço-lhe uma vez, e depois agradeço pela fé?
- E quanto à guerra espiritual? Se Satanás está derrotado e Cristo tem toda a autoridade, não deveríamos apenas nos esquecer do diabo? Será que é Deus ou nós que amarramos e impedimos o diabo?
- Do que realmente se trata a oração intercessória? E não me diga apenas que é "permanecer na brecha". Chega de citações religiosas e jargões espirituais. Sei que a ideia está na Bíblia, mas do que realmente se trata?
- E quanto à proteção divina? Será que tudo que acontece comigo ou com a minha família foi simplesmente porque Deus permitiu? Ou será que há coisas que devo fazer para garantir nossa proteção?
- Como cumprimos o versículo "levar as cargas uns dos outros" (Gálatas 6:2)?
- Existe um momento certo em que as orações são respondidas ou será que o tempo depende de mim?

Está ficando cansado de todas essas perguntas? Eu estou — então vou parar com elas. Talvez você esteja cansado até de fazer essas perguntas para si mesmo. Eu estava. Muitas pessoas pararam de se questionar sobre isso há muito tempo, e provavelmente pararam de orar também.

Por favor, não faça isso!

Continue perguntando! Descobri que a resposta certa começa com a pergunta certa. Também descobri que Deus não se ofende quando lhe fazemos perguntas sinceras. Ele não vai satisfazer o cético e não se agrada com a descrença, mas ama quem o busca de maneira sincera e determinada. Aquele que tem falta de sabedoria e pede a Deus por isso, não é repreendido por Ele (ver Tiago 1:5). Ele é um bom Pai. Gostaria de fazer esta oração comigo?

Pai, precisamos de mais entendimento — não de mais conhecimento. Temos tanto conhecimento agora que estamos ficando confusos. Sim, e às vezes ficamos até mesmo cínicos devido a todo o nosso conhecimento, que nem sempre funciona. Na verdade, Pai, nossas Bíblias muitas vezes parecem contradizer nossas experiências. Precisamos de algumas respostas. Precisamos de um casamento entre a teologia e a experiência.

Histórias que ouvimos de outros grandes guerreiros de oração nos encorajam — pessoas que oram, como Hydes, David Brainerd, Andrew Murray e como o apóstolo Paulo. Mas, francamente, Senhor, é meio frustrante quando nossas orações parecem não funcionar. E também nos sentimos intimidados porque não sabemos se algum dia conseguiremos orar durante duas ou três horas por dia, como fizeram esses grandes homens de intercessão. Precisamos de mais do que inspiração neste momento. Precisamos de respostas.

Então, como fizeram Seus discípulos, Senhor, nós lhe pedimos: "Ensina-nos a orar." Sabemos que muitas vezes isso requer trabalho árduo, mas será que também não pode ser divertido? Sabemos que haverá fracassos, mas que tal alguns sucessos a mais? Sabemos que "andamos por fé e não por vista" (2 Coríntios 5:7), mas será que poderíamos presenciar algumas vitórias a mais? Almas salvas? Curas?

Estamos cansados de esconder nossa ignorância em vestes de obediência cega e chamar isso de espiritualidade. Estamos cansados de exercícios religiosos que nos fazem sentir melhor por um tempo, mas produzem pouco fruto duradouro. Estamos cansados de um tipo de piedade e religiosidade sem poder.

Por favor, nos ajude. Em nome de Jesus, oramos. Amém.

CAPÍTULO DOIS

A NECESSIDADE DA ORAÇÃO

PORQUE EU MANDEI FAZER ASSIM...

"PORQUE EU MANDEI fazer assim..."

Você não detesta quando essa é a razão que lhe é apresentada para levá-lo a fazer algo? Não nos deixa apenas frustrados, mas também destrói nossa motivação. Há uma diferença quando o questionamento se origina de uma resistência, quando o porquê de algo se origina na rebeldia. Mas quando alguém sinceramente não compreende o porquê, receber esse tipo de resposta é muito desanimador. Eu me lembro de levar uma reguada nos dedos da mão quando fazia a simples pergunta:

— Por quê?

Vap!

— Porque eu disse que sim! Agora fique quieto e faça o que eu disse.

Ainda desejo poder retribuir essa reguada dando um golpe com a régua nos dedos da professora sem lhe explicar o porquê. (Não se preocupem, em outro momento falaremos de perdão e de cura interior.)

Nenhum de nós quer fazer algo apenas porque alguém lhe mandou fazer. Ah, sei que Deus às vezes requer de nós coisas que não compreendemos por completo, mas geralmente são obediências ocasionais e questões que envolvem confiança nele — Ele não espera que vivamos nossa vida assim regularmente. Não somos robôs programados que nunca perguntam a razão das coisas. Deus não pede que tenhamos uma mentalidade estreita: não devemos ser fechados como se fôssemos uma ostra ou colocar a cabeça na areia como um avestruz, cegos para a verdade, para as questões, para os fatos.

Por que Será?

Deus nos deu uma Bíblia cheia de respostas às perguntas e aos *porquês* da vida. Estou interessado particularmente em uma pergunta: por que orar? Não falo aqui no sentido de quando precisamos de algo em nossa vida. É óbvio que pedimos porque desejamos ou precisamos de algo. Mas falo da razão de orar dentro do contexto da soberania de Deus.

Será que minhas orações importam tanto assim? Será que fazem tanta diferença? Deus não vai cuidar das coisas do jeito que Ele quer independentemente de tudo? A maioria das pessoas, mesmo que subconscientemente, acredita nisso. A prova está na sua vida de oração, ou na ausência dela.

Será que minhas orações mudam alguma coisa? Será que Deus *precisa* delas ou será que apenas *quer* que eu ore? Alguns argumentariam dizendo que um Deus onipotente não "precisa" de nada, inclusive de nossas orações.

Será que a vontade de Deus na terra poderia não se realizar ou se frustrar se eu não orar? Muitos me rotulariam de herege por ousar levantar essa questão.

Mas essas e outras perguntas merecem respostas. Descobri que compreender a razão de fazer algo pode ser uma força muito motivadora. E o oposto também é verdadeiro.

Quando era criança, eu me perguntava por que a placa dizia "não mergulhe no raso" naquela parte da piscina. Então, certo dia, bati a cabeça no fundo. Não faço mais isso desde então.

Eu costumava me perguntar por que não podia tocar naquela luz brilhante, linda e que se mexia no fogão. Acabei descobrindo a razão.

Também queria saber por que um cara na minha frente dizia "abaixar", quando fazíamos trilhas pela floresta.

Pensava: *Não quero me abaixar. Não tenho de me abaixar.* E um galho bateu na minha cabeça. Agora eu abaixo.

Preciso Saber

Alguém disse: "Errar é humano, repetir o erro é estupidez." Certamente eu passei por isso algumas vezes, mas não nessas três coisas que mencionei, *porque agora eu sei o porquê!* Todavia, não estamos falando de machucados, queimaduras e arranhões neste momento. Falamos de destinos eternos. Falamos sobre lares, casamentos, bem-estar das pessoas que amamos, reavivamento em nossas cidades — e a lista continua.

Quando Deus diz "ore", quero saber se isso vai fazer diferença. Não gosto de exercícios religiosos, e meu tempo é valioso — assim como o seu tempo também é. Será que S. D. Gordon estava certo ou errado quando afirmou: "Você pode fazer mais do que orar *depois* de orar, mas não pode fazer mais do que orar até ter orado... A oração é acertar o golpe final... servir é colher e acumular os resultados."[1]

Se Deus vai fazer algo independentemente de orarmos ou não, então Ele não precisa que lhe peçamos e não precisamos de mais um desperdício de tempo. Se tudo não passa do pressuposto de que "será do jeito que será", melhor nós tirarmos uma soneca e deixar as coisas acontecerem.

Se, por outro lado, John Wesley estava certo quando disse: "Deus não faz nada nesta terra que não seja em resposta à oração cheia de fé", então perderei um pouco de sono para poder orar. Mudarei meu estilo de vida por causa disso. Desligarei a tevê e até perderei uma refeição aqui ou ali.

- Preciso saber se aquele cisto no ovário de minha esposa desapareceu porque eu orei.
- Preciso saber se não pereci naquele terremoto porque alguém orou.
- Preciso saber se Diana saiu do coma com o cérebro restaurado porque nós oramos.
- Preciso saber se minhas orações podem fazer a diferença entre o céu e o inferno na vida de uma pessoa.

A Oração é Realmente Necessária?

A verdadeira pergunta é: será que um Deus soberano, Todo-Poderoso, precisa da nossa participação ou não? A oração é realmente necessária? Se ela é necessária, por quê? Acredito que seja necessária. Nossas orações podem causar reavivamento. Podem gerar cura. Podemos mudar uma nação. Fortalezas podem ruir quando e porque oramos. Concordo com E. M. Bounds quando disse:

> Deus molda o mundo por intermédio da oração. Quanto mais oração houver no mundo, melhor o mundo será, e mais poderosas as forças contra o mal... As orações dos santos de Deus são o capital de investimento do céu, por meio do qual Deus realiza Sua grande obra sobre a terra. Deus condiciona a própria vivacidade e prosperidade de Sua causa à oração.[2]

Concordo em gênero e número — e quero compartilhar com vocês porque acredito nessa afirmação. Se você concordar comigo, vai orar mais. E provavelmente também orará com mais fé.

O Plano Original de Deus

A resposta à pergunta sobre por que a oração é necessária está no plano original de Deus quando criou Adão.

Costumava imaginar que Adão era alguém impressionante. Como diriam os mais jovens, agora sei que ele era "de tirar o fôlego", "maneiro". (Para aqueles que têm adolescentes ou crianças em casa, esses termos já são mais conhecidos.)

O nome Adão significa "homem; ser humano".[3] Em outras palavras, Deus fez o homem e o chamou de "Homem". Ele fez um humano e o chamou de "Humano". Ele fez um adão e o chamou de "Adão". Na verdade, muitas vezes quando a Bíblia usa o termo "homem", a palavra original em hebraico é *adão*. Menciono esse detalhe aqui só para dizer que Adão representa todos nós. A intenção e o plano que Deus tinha para Adão, tinha para toda a raça humana.

Qual era a intenção de Deus? Inicialmente, Ele deu a Adão e Eva, e a seus descendentes, domínio sobre toda a terra e toda a criação, conforme vemos em Gênesis 1:26-28.

> Também disse Deus: "Façamos o homem à nossa imagem, conforme a nossa semelhança; tenha ele domínio sobre os peixes do mar, sobre as aves dos céus, sobre os animais domésticos, sobre toda a terra e sobre todos os répteis que rastejam pela terra."
> Criou Deus, pois, o homem à sua imagem, à imagem de Deus o criou; homem e mulher os criou. E Deus os abençoou e lhes disse: "Sede fecundos, multiplicai-vos, enchei a terra e sujeitai-a; dominai sobre os peixes do mar, sobre as aves dos céus e sobre todo animal que rasteja pela terra."

Também encontramos algo parecido em Salmos 8:3-8.

> Quando contemplo os teus céus, obra dos teus dedos, e a lua e as estrelas que estabeleceste, que é o homem, que dele te lembres, e o filho do homem, que o visites? Fizeste-o, no entanto, por um pouco, menor do

> que Deus e de glória e de honra o coroaste. Deste-lhe domínio sobre as obras da tua mão e sob seus pés tudo lhe puseste: ovelhas e bois, todos, e também os animais do campo; as aves do céu, e os peixes do mar, e tudo o que percorre as sendas dos mares.

Adão, o Representante de Deus na Terra

A palavra hebraica *mashal*, traduzida como "domínio" ou "dominar" no versículo 6 da passagem anterior, indica que Adão (e eventualmente seus descendentes) era o *gerente* de Deus aqui na terra, o *administrador* ou *governante* de Deus. Adão era o *mediador* de Deus, Seu *intermediário ou representante.*

O Salmo 115:16 também confirma isso: "Os mais altos céus pertencem ao Senhor, mas a terra Ele a *confiou* ao homem" (NVI, grifo do autor). Essa tradução comunica com mais precisão o significado da palavra hebraica *nathan*, frequentemente traduzida como "deu" nesse versículo. Deus não doou ou entregou a propriedade da terra, mas Ele a confiou a ele, designando a responsabilidade de governá-la à humanidade.

Gênesis 2:15 diz: "Tomou, pois, o Senhor Deus ao homem e o colocou no jardim do Éden para o cultivar e o guardar." A Palavra "guardar" é tradução da palavra hebraica *shamar*, que significa "cuidar ou proteger".[4] É a principal palavra usada para vigia ou sentinela na Bíblia. Adão era literalmente o vigia ou o guarda da terra.

Nenhum aluno dedicado da Bíblia argumentaria contra o fato de Adão ser o representante de Deus aqui. Mas qual será o verdadeiro significado de representar alguém? O dicionário Webster define "representação" como "fazer ou tornar presente" ou "apresentar novamente".[5] Outra maneira de definir seria "estar no lugar de" alguém, "substituir". Por exemplo, eu tenho a honra de representar Cristo ao redor do mundo com frequência. Espero poder *torná-lo presente* ao falar em Seu nome.

O mesmo dicionário também nos oferece estas definições: "ser a imagem ou reprodução de; falar ou agir com autoridade no lugar de alguém; ser um substituto ou estar no lugar de alguém."[6] Isso não soa muito semelhante ao que Deus disse a Adão?

Devemos mencionar que não é pouca coisa representar Deus. Portanto, para ajudar a nós, humanos, a desempenhar essa tarefa de maneira mais adequada, Deus nos fez tão parecidos com Ele próprio que chegava a confundir, a parecer uma ilusão. "Criou Deus, pois, o homem à sua imagem, à imagem de Deus o criou; homem e mulher os criou" (Gênesis 1:27). A palavra usada em hebraico e traduzida como "imagem" é *tselem,* que engloba o conceito de uma *sombra*, um *fantasma* ou uma *ilusão.*[7]

Uma ilusão é algo que você acha que vê, mas ao observar mais de perto, descobre que seus olhos o enganaram. Quando o restante da criação viu Adão, deve ter dado uma segunda olhada, provavelmente pensando algo do tipo: *Por um momento achei que era Deus, mas era só o Adão.* O que vocês acham? Que grande representação, não é mesmo? E isso também é teologia da pesada!

Também aprendemos que Adão era *semelhante* ou *comparável* a Deus. A palavra hebraica *demuwth,* traduzida como "semelhança" em Gênesis 1:26, deriva do radical *damah,* que significa "comparar".[8] Adão era muito parecido com Deus, ou semelhante a Deus!

O Salmo 8:5 diz que os seres humanos foram feitos "por um pouco, menor do que Deus". Deus até nos deu a capacidade de criar espíritos eternos, algo que Ele não confiou a nenhuma outra criatura! Mais tarde, o mesmo versículo nos diz que a humanidade foi coroada com a própria glória de Deus.

Falando em teologia da pesada, a definição da palavra hebraica *kabod,* traduzida como "glória", literalmente significa "de peso ou importante"![9] Obviamente a definição está associada ao conceito de autoridade. Ainda usamos essa representação hoje em dia quando nos referimos a alguém "de peso". Adão carregava esse peso sobre a terra. Não sei quantos quilos ele tinha, mas ele era alguém de peso. Ele era a autoridade máxima como representante de Deus! Ele estava encarregado de tudo, no comando!

A palavra grega para "glória", *doxa,* também nos revela muito. Ela engloba o conceito de reconhecimento. Para ser mais preciso, é aquilo que faz com que algo ou alguém seja reconhecido pelo que ou quem realmente é.[10] Quando lemos na Bíblia que a humanidade é a glória de Deus (ver 1 Coríntios 11:7), ela nos diz que Deus era *reconhecível* nos humanos. Por quê? Para que os homens pudessem *representá-lo* adequadamente. Ao contemplar a Adão, a humanidade deveria enxergar Deus. E isso aconteceu! Isto é, até que Adão pecou e caiu da glória de Deus. Deus não é mais reconhecível na humanidade que caiu com o pecado. Devemos voltar a nos tornar imagem de Deus "de glória em glória" (2 Coríntios 3:18) para que se realize novamente esse reconhecimento de Deus em nós.

Meu objetivo não é impressioná-lo nem deixá-lo perplexo com tantas definições, mas sim alargar sua compreensão do plano de Deus para a humanidade durante a Criação. Portanto, vamos fazer um resumo do que foi dito usando uma compilação dos versículos mencionados anteriormente e das definições.

> Adão era comparável ou semelhante a Deus — tão parecido com Deus que chegava a parecer uma imagem ilusória. Deus era reconhecível em Adão, o que significa que Adão era alguém "de peso" aqui na terra. Adão representava Deus, representando Sua vontade na terra. Adão era o governador ou gerente de Deus aqui. A terra era a incumbência de Adão — estava sob os cuidados e a autoridade dele. Adão era seu sentinela ou guardião. O desenrolar das coisas no planeta Terra, para melhor ou para pior, dependia de Adão e de sua descendência.

Por favor, reflitam sobre isso. Se a terra permanecesse um paraíso, seria por causa da humanidade. Se as coisas se tornassem uma bagunça, seria por causa da humanidade. A humanidade estava realmente no comando!

Por que Deus faria as coisas dessa maneira? Por que Ele se arriscaria tanto? Considerando o que sei sobre Deus e a Bíblia, e do meu caminhar pessoal com Ele, chego apenas a uma conclusão: Deus queria uma família — filhos e filhas, que pudessem se relacionar pessoalmente a Ele e vice-versa. Então Ele criou nossos pais originais semelhantes a Ele próprio. Ele colocou a própria vida e o próprio Espírito neles, lhes deu um lar maravilhoso cheio de lindos animais, sentou-se e disse: "Isto é bom." Diariamente Ele comungava com eles, andava com eles, lhes ensinava sobre si mesmo e seu lar. Ele disse: "Dê-me netos e netas." Deus era um pai agora, e estava felicíssimo!

É claro que tudo isso é uma paráfrase criada por mim, mas minha analogia não muda muito o que a Bíblia diz — e ela está nos levando à conclusão sobre a necessidade da oração.

A Palavra de Deus Através das Orações do Seu Povo

Vamos entender melhor essa conclusão sobre a necessidade da oração. Já que estamos falando de coisas fortes e "de peso", como coroas de glória, ilusões e pessoas criando coisas eternas, vocês acham que o assunto é "da pesada"? A autoridade de Adão era tão completa e final sobre a terra, que ele, não apenas Deus, tinha a capacidade de entregá-la aos cuidados de outro! Escutem as palavras de Satanás em Lucas 4:6,7, quando tentava Jesus: "Disse-lhe o diabo: 'Dar-te-ei toda esta autoridade e a glória destes reinos, *porque ela me foi entregue, e a dou a quem eu quiser.* Portanto, se prostrado me adorares, toda será tua'" (grifo do autor).

A parte em que é mencionada que a autoridade lhe fora entregue era verdadeira e Jesus sabia disso. Ele até chamou Satanás de "príncipe deste mundo" em três ocasiões nos Evangelhos (ver João 12:31; 14:30; 16:11).

E aqui vem a afirmação "da pesada" número dois: a decisão de Deus em fazer as coisas na Terra por intermédio dos seres humanos era tão completa e final, que custou a Deus a Sua Encarnação para recuperar o que Adão entregara de mão beijada. Em outras palavras, Ele teve de se tornar parte da raça humana. Não consigo imaginar uma verdade mais assombrosa. Certamente nada poderia ser uma prova mais completa da seriedade dessa decisão de Deus em operar apenas "por intermédio dos seres humanos". Sem dúvida alguma, *era para o homem ser para sempre o elo de Deus da autoridade e da atividade sobre a terra.*

Acredito que temos aqui a razão para a necessidade de orarmos. Deus escolheu, desde o tempo da Criação, trabalhar sobre a Terra através dos humanos, não independentemente deles. Ele sempre atuou assim, e sempre atuará, mesmo ao custo de se tornar um humano como nós. Embora Deus seja soberano e Todo-Poderoso, a Bíblia nos diz claramente que Ele limitou-se com relação às questões terrenas a operar *por intermédio* dos seres humanos.

Será que essa é a razão para a terra estar na bagunça que está? Não é porque Deus quer que esteja assim, mas é por causa de Sua necessidade de trabalhar e operar a Sua vontade por intermédio das pessoas.

Não é esta a história que encontramos na Bíblia:

- Deus e os humanos trabalhando juntos, seja para melhor ou para pior?
- Deus precisando de homens e mulheres fiéis?
- Deus precisando de uma raça por meio da qual trabalhar?
- Deus precisando de profetas?
- Deus precisando de juízes?
- Deus precisando de um messias humano?
- Deus precisando de mãos humanas para curar, vozes humanas para falar e pés humanos para ir?

Não é verdade que Ele precisa que nós peçamos que venha o Seu Reino e seja feita a Sua vontade (ver Mateus 6:10)? Certamente, Ele não iria querer que nós desperdiçássemos tempo pedindo algo que estivesse destinado a acontecer de qualquer jeito.

Não é verdade que Ele nos disse para pedirmos nosso pão de cada dia (ver Mateus 6:11)? Todavia, Ele conhece nossas necessidades antes de nós lhe pedirmos.

Não é verdade que Ele nos pediu para clamar por trabalhadores que fossem enviados à seara (ver Mateus 9:38)? Mas não é o Senhor da seara que deseja mais isso do que nós?

Não é verdade que Paulo disse: "Ore por nós, para que a Palavra do Senhor seja rapidamente propagada e glorificada" (2 Tessalonicenses 3:1)? Deus já não estava planejando fazer isso?

Não seriam essas coisas a vontade de Deus? Por que, então, eu deveria pedir-lhe algo que Ele já quer fazer? Será que a razão e a resposta para isso não está no fato de que, ao pedir, de alguma maneira eu libero Deus para agir? Vamos dar uma breve olhada em mais três passagens bíblicas que apoiam esse pensamento.

As Orações Fervorosas de Elias

Em 1 Reis 18, encontramos a história em que Deus precisa e usa uma pessoa para realizar a Sua vontade por meio da oração: o relato de Elias orando por chuva depois de três anos de seca. Tiago 5:17,18 também menciona essa ocasião, e ele nos relata que as orações de Elias não apenas trouxeram a chuva, mas também impediram a chuva de cair três anos antes disso. Sabemos que estamos encrencados quando os profetas começam a orar por aridez!

No primeiro versículo de 1 Reis 18, depois de três anos de julgamento, Deus falou a Elias e disse: "Vai, apresenta-te a Acabe, porque darei chuva sobre a terra." Então, no final daquele capítulo, depois de acontecerem vários outros eventos, Elias ora sete vezes e finalmente a chuva cai.

De acordo com a afirmação do primeiro versículo, de quem foi a ideia de enviar chuva? De quem foi a vontade? De quem foi a iniciativa? Resposta: de Deus, não de Elias.

Se eram a vontade, a ideia e o tempo de Deus, então por que foi necessária uma oração humana para acontecer "o parto" daquela chuva? (Elias estava na posição em que uma mulher ficava para dar à luz naquela cultura, simbolizando o conceito da oração intercessória como dores de parto.)

Por que Elias teve de pedir sete vezes? Sete é o número bíblico da finalização, da conclusão. Tenho certeza de que Deus estava nos ensinando que devemos orar até a tarefa ser concluída. Mas por que essa ou qualquer outra investida de oração requereriam perseverança, quando se tratava da vontade, da ideia e do tempo de Deus?

E finalmente, será que as orações de Elias produziram a chuva, ou foi apenas coincidência ele estar orando quando Deus a enviou?

Tiago nos esclarece a resposta para essa última pergunta. Sim, "a oração eficaz e fervorosa" feita por esse homem parou a chuva e a trouxe de volta:

> Elias era homem sujeito às mesmas paixões que nós, e orou com fervor para que não chovesse, e por três anos e seis meses não choveu sobre a terra. E orou outra vez e o céu deu chuva, e a terra produziu o seu fruto (Tiago 5:17,18, NVI).

A única resposta lógica à pergunta *por que Elias precisava orar?*, é simplesmente: *Deus escolheu trabalhar por intermédio das pessoas.* Mesmo quando é o próprio Senhor iniciando algo, desejando muito fazer algo, Ele ainda precisa dos nossos pedidos. Andrew Murray fala sucintamente de como é necessário pedirmos: "Deus dá por intermédio de uma conexão inseparável do nosso pedir... Somente com a intercessão esse poder pode ser sugado do céu, o que permitirá à igreja conquistar o mundo." [11]

No que se refere à necessidade de Elias perseverar em oração, não quero comentar extensivamente sobre esse assunto no momento. Por agora, basta dizer que acredito que nossas orações fazem mais do que apenas pedir ao Pai. Estou convencido de que, em algumas situações, elas liberam quantidades cumulativas do poder de Deus até ter sido liberado o suficiente para realizar Sua vontade.

Daniel, um Homem de Oração

Outro exemplo que apoia nossa premissa da necessidade absoluta de orar está na vida de Daniel. No ano 606 a.C., Israel fora levado cativo por outra nação em virtude do seu pecado. Vários anos depois, no capítulo 9 do livro de Daniel, percebemos que, ao ler o profeta Jeremias, Daniel descobriu que era hora de terminar o cativeiro de Israel. Jeremias não havia apenas profetizado o cativeiro do qual Daniel era parte, mas ele também profetizou quanto tempo duraria: setenta anos.

A essa altura Daniel fez algo muito diferente do que a maioria de nós faria. Quando recebemos uma promessa de reavivamento, libertação, cura, restauração, etc., nossa tendência é esperar seu cumprimento passivamente. Mas não Daniel. Ele sabia mais do que isso. De alguma maneira ele deve ter ficado sabendo que Deus precisava da sua participação, porque disse: "Voltei o rosto ao Senhor Deus, para o buscar com oração e súplicas, com jejum, pano de saco e cinza" (Daniel 9:3).

Nenhum versículo em Daniel, como acontece com Elias, diz especificamente que Israel foi restaurado por causa das orações de Daniel, mas com a ênfase que foi dada a eles, a implicação certamente está presente. Nós sabemos que o anjo Gabriel foi imediatamente despachado depois que Daniel começou a orar. Contudo, ele levou 21 dias para penetrar na guerra dos céus, e chegar com a mensagem para informar Daniel que "suas palavras foram ouvidas, e eu vim em resposta a elas" (Daniel 10:12, NVI). É difícil não se perguntar quantas promessas de Deus não se cumpriram porque Deus não consegue fazer com que o homem se envolva da maneira como Ele precisa. Paul E. Billheimer nos diz:

> Obviamente Daniel entendia que a intercessão tinha um papel a desempenhar no cumprimento da profecia. Deus dera a profecia. *Quando chegou a hora de ela ser cumprida, Ele não a cumpriu arbitrariamente, fora do Seu programa de oração. Ele buscou um homem em cujo coração poderia colocar o desejo e a preocupação da intercessão. [...] Como sempre, Deus tomou a decisão no céu. Um homem foi chamado para fazer cumprir Sua decisão na Terra por meio da intercessão e da fé.*[12]

Deus Precisa das Nossas Orações

Há outra passagem bíblica que sustenta fortemente nosso argumento de que Deus precisa das nossas orações, mesmo que Sua existência e Seu caráter sejam completamente independentes de qualquer coisa criada (ver Atos 17:24,25), e mesmo que Ele já tenha todos os recursos em Suas mãos (ver Jó 41:11; Salmos 50:10-12):

> Busquei entre eles um homem que tapasse o muro e se colocasse na brecha perante mim, a favor desta terra, para que eu não a destruísse; mas a ninguém achei. Por isso, eu derramei sobre eles a minha indignação, com o fogo do meu furor os consumi; fiz cair-lhes sobre a cabeça o castigo do seu procedimento, diz o SENHOR Deus (Ezequiel 22:30,31).

Esse versículo encerra proposições impressionantes. A santidade, a integridade e a verdade sem concessões de Deus impedem que Ele apenas isente ou justifique o pecado. O pecado precisa ser julgado. Por outro lado, Ele não é apenas santo, mas também é amor, e Seu amor sempre deseja redimir, restaurar e demonstrar misericórdia. A Bíblia nos diz que Deus não tem prazer na morte do ímpio (ver Ezequiel 33:11).

Esta passagem nos diz claramente: "Enquanto a minha justiça exige julgamento, meu amor deseja o perdão. Tivesse eu encontrado um humano que me pedisse para poupar este povo, Eu o teria feito. Teria me permitido demonstrar misericórdia. Contudo, como não encontrei ninguém, tive que destruí-los."

Assim como vocês, não gosto das coisas que essa passagem nos sugere. Não quero essa responsabilidade. Não gosto de considerar todas as abrangências de um Deus que, de alguma maneira, se limitou a nós, humanos desta terra. Mas, em vista dessas e de outras passagens, bem como da condição do mundo, não consigo chegar a nenhuma outra conclusão.

Ou Deus quer a terra nesta condição ou não quer. Se Ele não quer isso, o que certamente é o caso, então devemos concluir uma dentre duas opções. Ou Ele não tem poder para fazer algo a respeito, ou Ele precisa e está esperando algum tipo de atitude nossa para operar a mudança. Peter Wagner concorda com isso quando diz:

> Devemos entender que nosso Deus soberano, segundo as próprias razões, planejou este mundo de tal modo que, muito do que é verdadeiramente Sua vontade depende das atitudes e das ações dos seres humanos. Ele permite que os humanos tomem decisões que podem influenciar a história. [...] A inatividade humana não *anula* a expiação, mas a inatividade humana pode torná-la *ineficaz* para as pessoas perdidas. [13]

Essa verdade poderia nos intimidar com a responsabilidade insinuada por ela, ou até mesmo nos condenar em razão de nossa falta de oração. Mas existe também outra possibilidade. Uma responsabilidade pode também ser um privilégio; uma responsabilidade pode ser algo do qual desfrutamos. Se permitirmos, essa revelação pode elevar nosso coração a novas posições de dignidade, junto ao nosso Pai celeste e ao Senhor Jesus. Jack Hayford disse: "A oração é essencialmente uma parceria do filho redimido de Deus trabalhando de mãos dadas com seu Deus em direção à realização dos propósitos redentores de Deus na terra."[14]

Vamos estar prontos para enfrentar esse desafio, abraçando o maravilhoso convite de sermos colaboradores de Deus, de sermos parceiros com Ele, de sermos vasos do Seu magnífico Espírito Santo e embaixadores do Seu grande Reino. Vamos representá-lo!

Senhor, desperta-nos para abraçarmos o nosso destino!

Questões para Reflexão

1. Qual o grau de domínio que Adão (e a humanidade) exercia sobre a terra? Você consegue explicar como isso se relaciona à necessidade de orarmos para que Deus possa trabalhar?
2. O que Deus queria dizer ao afirmar que fomos feitos à sua imagem e semelhança?
3. Como a história de Elias ao orar por chuva (ver 1 Reis 18) reforça nossa afirmação de que Deus trabalha por intermédio da oração? E quanto à oração de Daniel para a restauração de Israel?
4. Qual o significado original (a raiz) da palavra "glória"? Como isso se relaciona à oração e à representação?
5. O que você acha do conceito de ser um parceiro de Deus?

Capítulo Três

Representando Jesus

À Procura de Respostas

Quando não sabemos o que estamos procurando, provavelmente nunca encontraremos nada. Quando não sabemos o que estamos fazendo, provavelmente não realizaremos um bom trabalho.

Eu me lembro de uma aula de inglês durante o Ensino Médio. Nunca fui muito bom em inglês — ficava ocupado demais fazendo coisas importantes como jogar futebol americano e corridas. Era uma sexta-feira à tarde e tínhamos um grande jogo naquela noite. Dá para imaginar onde andava minha cabeça.

Depois de marcar o gol e me deleitar com os gritos ensurdecedores da multidão, minha mente foi gradualmente voltando para minha aula de inglês. A professora falava algo sobre um "particípio do presente".

Bem, eu não fazia a menor ideia do que era um particípio, mas não me soava algo muito bom. E sabia que, pelo fato de ser "presente", poderia significar duas coisas: ou era uma situação do momento ou algo presente na sala de aula.

"Dutch", disse minha professora, provavelmente percebendo que eu estava com a cabeça nas nuvens, "pode achar o particípio presente para nós?"

Não sabia se olhava para o chão, para o teto ou para fora da janela. Tentando parecer o mais inocente, inteligente e participativo possível, fiquei olhando ao redor da sala durante alguns segundos antes de responder: "Não, senhora, não vejo este tal particípio em nenhum lugar. Mas não se preocupe, tenho certeza de que ele aparecerá em algum lugar."

Nunca descobri qual era aquele particípio presente, mas não deveria ter sido algo tão ruim ou sério como eu pensava, porque quando eu disse aquilo, todos riram. Fiquei aliviado, dei um pouquinho de paz para uma professora obviamente atribulada, e consegui me safar de uma situação potencialmente constrangedora.

Mas, afinal de contas, o que é intercessão?

Não, não é o que você provavelmente pensou.

Sei que você respondeu "oração" ou algo semelhante. Mas em termos técnicos, intercessão não é de modo algum oração. A *oração de intercessão* é oração. Mas a intercessão é algo que alguém realiza, que pode também ser realizado em oração. Essa explicação é tão confusa quanto o particípio presente, não é?

Pense da seguinte maneira: concordar não é orar, mas existe um tipo de oração em que concordamos juntos sobre o que clamar em oração. A fé não é oração, mas existe a oração da fé. Da mesma maneira que uma pessoa não pode orar intencionalmente uma oração concordando com algo até entender com o que se está concordando, uma pessoa não será muito eficaz na oração de intercessão até entender o conceito de intercessão.

Você ainda está me acompanhando?

Antes de definirmos intercessão — para que possamos chegar à definição de *oração intercessória* — vamos não apenas definir literalmente o sentido da palavra, mas também em contexto com: (1) o plano de Deus para a humanidade no momento da Criação, (2) como esse plano foi rompido e caiu por terra com a Queda, e (3) a solução de Deus. Em outras palavras, veremos o conceito de intercessão dentro desses referenciais, permitindo que nos ajudem a chegar à definição. Isso cumprirá três propósitos:

1. Ajudará você, leitor, a compreender o conceito de intercessão para que possa entender o que é a oração intercessória.
2. Permitirá que você veja o papel de Cristo como O PRÓPRIO intercessor. (Nossa *oração* de intercessão sempre será apenas e unicamente uma extensão do *trabalho* de intercessão feito por Ele. Esse é um ponto fundamental e se tornará mais claro conforme prosseguirmos.)
3. Com esse tipo de conhecimento, você se tornará a pessoa mais espiritual do seu grupo de oração!

Definindo a Intercessão

Em primeiro lugar, vamos dar uma olhada no conceito literal de intercessão; depois pensaremos sobre o termo em contexto com a Queda do homem.

Segundo o dicionário Webster, "interceder" significa "vir ou colocar-se entre; agir entre partes com intenção de reconciliar os que divergem ou contendem; intervir; mediar ou fazer intercessão; mediação".[1]

Usando a mesma fonte, "mediar" significa "entre dois extremos; intervir entre partes tratando ambas com igualdade; negociar entre pessoas que discordam buscando reconciliação; mediar a paz; intercessão".[2]

Observe que esses termos são sinônimos próximos de algumas das mesmas palavras usadas para definir cada um deles — "entre", "intervir" e "reconciliar". Observe também que um é usado para definir o outro: "mediação" define "intercessão" e "intercessão" define "mediação".

Como se pode ver claramente pelas definições, o conceito de intercessão pode ser resumido em mediação, colocar-se entre, intervir, representar uma parte perante a outra, mas não limitando-se a situações legais.

A intercessão acontece diariamente nos tribunais, quando advogados intercedem por seus clientes.

A intercessão acontece diariamente em reuniões contratuais, em que procuradores representam uma parte perante outra.

A intercessão acontece diariamente em escritórios e reuniões de negócios, quando secretárias ou associados "colocam-se entre", representando um perante o outro. Não há nada de espiritual nisso.

É uma questão de delegar tarefas.

É uma questão de autoridade.

E resume-se em representação. Como discutimos no capítulo anterior, representar significa apresentar novamente, ou tornar presente.

Muitos anos atrás, meu pai contratou um intercessor (nós o chamávamos de advogado) para representá-lo perante um tribunal. Papai havia sido parado por um policial, e fora espancado e jogado na prisão — tudo isso com minha mãe e minha irmã de três anos assistindo. O policial achou que ele fosse outra pessoa! Na verdade, papai voltava para casa depois de um culto da igreja no qual ele pregara naquela noite, o que aumentou a ironia e a injustiça daquele terrível acontecido.

Nosso advogado colocou-se *entre* papai, o juiz, o outro advogado e o policial. Ele escutou o caso, juntou provas, descobriu o que papai queria e depois o *representou* diante do tribunal. Ele *mediou* muito bem.

Ganhamos o caso.

Intercessão não se trata apenas de assuntos legais. Esse foi apenas um exemplo. Qualquer outra maneira de representação ou mediação é intercessão.

Agora reflitamos sobre esse conceito em vista da Criação e da Queda. Adão deveria representar Deus no planeta Terra — gerenciando, governando ou cuidando de tudo para Ele. Deus disse a Adão o que queria e Adão o representava diante do restante da terra. Adão colocou-se entre Deus e o restante da criação. Adão era literalmente o intercessor ou mediador de Deus na terra.

Cristo, o Intercessor Supremo

É claro que Adão falhou em sua tarefa, e Deus teve de enviar outro humano, chamado de "último Adão", para fazer o que o primeiro Adão deveria ter feito e consertar a bagunça feita por ele. Então Cristo veio para representar Deus na terra. Ele se tornou o intercessor ou mediador, se colocando entre Deus e os homens, e representando o Pai perante a humanidade.

De acordo com João 1:18, Jesus foi a exegese de Deus para nós: "Ninguém jamais viu a Deus, mas o Deus Unigênito, que está junto do Pai, o tornou conhecido." A palavra grega que foi traduzida como "tornou conhecido" é na verdade *exegeomai,* de onde se originou a nossa palavra "exegese".[3]

Talvez você já tenha ouvido falar da criancinha que estava desenhando quando seu professor comentou:

— Que desenho interessante! Conte-me sobre ele.

— É um desenho de Deus.

— Mas ninguém sabe como Deus se parece.

— Saberão quando eu terminar — disse o jovem artista.[4]

Jesus veio e fez para nós um desenho de Deus! Agora sabemos como Ele se parece.

Mas essa não é a única direção da intercessão divina. Grande ironia é o fato de o homem, que deveria ser o intercessor de Deus, mediador ou representante na terra, precisar agora de alguém que seja *o seu* mediador. Aquele que fora criado para representar Deus na terra precisava agora de alguém que o representasse *perante* Deus. Obviamente Cristo se tornou esse representante, intercessor ou mediador. Ele não só se tornou o representante de Deus para o homem, mas também representou o homem perante Deus. Esse Deus-homem foi o advogado para ambos os lados!

Ele é o intermediário final, supremo e único. Ele é "o Apóstolo [Deus para a raça humana] e Sumo Sacerdote [da raça humana para Deus] da nossa confissão" (Hebreus 3:1). Ele é o grande intermediário de Jó, entre o céu e a Terra, com uma mão sobre Deus e a outra sobre os homens (ver Jó 9:32,33).

Conseguem entender? A intercessão de Cristo, segundo seu significado literal, não foi uma *oração* que Ele fez, mas um *trabalho* de mediação realizado por Ele.

E espero que estejam prontos para isto: não acredito que a intercessão que Ele faz por nós agora no céu tampouco seja a oração. Tenho certeza de que isso se refere ao Seu trabalho de mediação (ver 1 Timóteo 2:5), como Ele vem sendo nosso Advogado com o Pai (ver 1 João 2:1). Ele trabalha agora como nosso representante, garantindo nosso acesso ao Pai e aos nossos benefícios da redenção.

Na verdade, Ele nos diz em João 16:26 que não está fazendo as petições ao Pai *por* nós: "Naquele dia, pedireis em meu nome; e não vos digo que rogarei ao Pai por vós." Então o que Ele está fazendo quando faz intercessão por nós? Ele está mediando, sendo o intermediário, não para nos livrar das acusações contra nós como fez para nos livrar do pecado, mas para apresentar cada um de nós ao Pai como justos e como um dos Seus.

Quando venho diante do trono, Jesus está sempre lá dizendo algo do tipo: "Pai, Dutch está aqui para falar Contigo. Ele não o procura por causa de seus méritos ou sua justiça; Ele está aqui por mim. Ele está aqui *em meu nome*. Tenho certeza de que Tu te lembras de que *estive entre* Ti e Dutch, e dei a ele acesso a Ti. Ele tem algumas coisas que gostaria de perguntar."

E conseguimos ouvir o Pai responder algo assim: "Claro que lembro, Meu Filho. Ele se tornou um dos Seus ao acreditar. Dutch sempre será bem-vindo aqui porque ele veio através de Você." Jesus, então, olha para mim e diz: "Venha com ousadia ao Meu trono da graça, Filho, e faça o seu pedido."

Jesus não está *orando* por nós; Ele está *intercedendo* por nós para que possamos orar. Esse é o significado de pedir "em nome de Jesus".

Vejamos agora mais um aspecto da intercessão de Cristo dentro do contexto da Queda. A humanidade precisava basicamente de duas coisas depois da Queda. Precisava de alguém que fosse o "intermediário" entre os homens e Deus para poder se *reconciliar* com Deus; também precisava de um "intermediário" entre os homens e Satanás para serem *separados* dele. Um era para unir, o outro para desunir. Um restabelecia a autoridade, o outro quebrava a autoridade. Era um trabalho duplo de intercessão.

Precisávamos das duas coisas e Jesus fez as duas por nós. Como intercessor-mediador, Ele se colocou entre Deus e a humanidade, nos reconciliando com o Pai; e entre Satanás e a humanidade, quebrando o poder de Satanás.

Esse era o *trabalho* de redenção da intercessão, e está completo. Portanto, no que diz respeito ao aspecto legal da redenção da humanidade, Cristo é o *único e exclusivo* intercessor. É por isso que a Bíblia diz: "Porque há um só Deus e um só mediador entre Deus e os homens, Cristo Jesus, homem" (1 Timóteo 2:5). Poderíamos ler o versículo facilmente desta maneira: "um intercessor."

Essa revelação é fundamental. Significa que nossas *orações* intercessórias serão sempre e somente uma extensão do *trabalho* de intercessão de Cristo.

Por que isso é tão importante? Porque Deus não honrará nenhuma intercessão que não seja a de Cristo, e também porque, se compreendermos isso, nossas *orações* de intercessão se tornarão infinitamente mais poderosas.

Voltemos à nossa conversa na sala do trono. Estou lá pedindo ao Pai que estenda sua misericórdia para levar a salvação ao povo do Tibete. O Pai poderia responder: "Como posso fazer isso? Eles são pecadores. Adoram deuses falsos, o que, na verdade, é uma adoração a Satanás. Além disso, eles nem querem que Eu faça isso. Eles mesmos nunca pediram."

Eu respondo: "Porque Jesus *intercedeu ou mediou* por eles, Pai. Estou pedindo devido ao que Ele fez. E Ele precisa que um humano na terra peça por Ele porque Ele agora está no céu. Então, como Cristo me ensinou, estou pedindo que venha o Seu Reino e Sua vontade seja feita no Tibete. Estou pedindo que sejam enviados alguns obreiros para lá. Estou pedindo essas coisas por Cristo e por intermédio de Cristo. Pai, eu lhe peço que faça isso com base inteiramente no trabalho de redenção que Seu filho já fez."

O Pai responde: "Resposta correta! Gabriel, você ouviu o homem. O que está esperando?"

Distribuidores de Deus

Quando digo que nossas *orações* de intercessão são uma extensão do *trabalho* de intercessão de Cristo, a diferença está na distribuição *versus* produção. Não temos de produzir nada — reconciliação, libertação, vitória, etc. Mas temos de distribuir, como os discípulos fizeram com pães e peixes (ver Mateus 14:17-19). *Nosso chamado e nossa função não é substituir Deus, mas liberá-lo.*[5] Isso nos liberta da intimidação e nos dá ousadia para saber que:

- O Produtor quer apenas distribuir por meio de nós.
- O Intercessor quer interceder por meio de nós.

- O Mediador quer mediar por meio de nós.
- O Representante quer ser representado por meio de nós.
- O Intermediário quer intermediar por meio de nós.
- O Vitorioso quer ver a Sua vitória triunfar[6] por meio de nós.
- O Ministro da reconciliação nos deu o ministério da reconciliação (ver 2 Coríntios 5:18,19). Agora nós representamos Cristo em Seu ministério de representação. Deus *continua a encarnar Seus propósitos redentores em vidas humanas.*[7]

Nós não libertamos ninguém, não reconciliamos ninguém a Deus, não derrotamos o inimigo. Esse trabalho já foi feito. A reconciliação está completa. A libertação e a vitória estão completas. A salvação está completa. A intercessão está completa. *Finito*! Tudo realizado! Que maravilha! Que alívio! Mesmo assim...

Precisamos pedir liberação e aplicação dessas coisas. Portanto, gostaria de oferecer a seguinte definição bíblica para a oração intercessória: *A oração de intercessão é uma extensão do ministério de Jesus por meio de Seu Corpo, a Igreja, onde nós mediamos entre Deus e a humanidade com o intuito de reconciliar o mundo a Ele, ou nos colocamos entre Satanás e a humanidade com o intuito de executar a vitória do Calvário.*

Cristo precisa de um humano na Terra para representá-lo da mesma maneira que o Pai também fez com Ele. O humano por meio do qual o Pai se fez representar foi Jesus; os humanos por meio dos quais Jesus se faz representar somos nós, a Igreja. Ele disse: "Assim como o Pai me enviou, Eu também vos envio" (João 20:21).

O conceito de ser enviado é importante e incorpora as verdades das quais estamos falando. Um representante é um "enviado". Enviados carregam autoridade, desde que representem quem os enviou. E a importância ou a ênfase não está no enviado, mas no que o envia. Estabelecer as condições e a capacidade de impô-las ou executá-las são responsabilidades daquele que envia, não do enviado. Por exemplo, um embaixador que representa uma nação diante de outra é um enviado. Ele não tem autoridade própria, mas está autorizado a representar a autoridade da nação que o envia.

Jesus foi um enviado. É por isso que Ele tinha a autoridade. Ele a recebeu do Pai que o enviou. Só no Evangelho de João, Jesus menciona quarenta vezes o fato importante de Ele ter sido enviado pelo Pai. Isso quer dizer que, naquele arranjo, em essência, não era Jesus que fazia as obras, mas sim, o seu Pai que o enviou (ver João 14:10).

O mesmo é verdadeiro no que diz respeito a nós. Nossa autoridade está no fato de sermos enviados, representantes de Jesus. Desde que operemos nessa capacidade, atuamos com a autoridade de Cristo. E, em essência, não estamos realmente fazendo as obras; Ele está.

Deixe-me ilustrar melhor o que disse. Em 1977, quando orava sobre uma possível viagem à Guatemala, ouvi as palavras: *Nesta viagem, represente Jesus para as pessoas.*

Logo que ouvi isso, repreendi a voz, achando que era um espírito mau tentando me enganar. Mas a voz retornou, dessa vez acrescentando as palavras: *Seja a voz de Cristo, seja Suas mãos, Seus pés. Faça o que sabe que Ele faria se Ele estivesse lá em carne e osso. Represente-o.*

De repente eu entendi o que aquilo queria dizer. Não iria representar a mim mesmo ou ao ministério com o qual trabalhava. Da mesma maneira que Jesus representou o Pai — falando Suas palavras e fazendo Suas obras — eu deveria representar Jesus. E se eu acreditasse de verdade que estava atuando como um embaixador ou como um enviado, então podia acreditar que não era minha autoridade ou capacidade que estavam em questão, mas a de Cristo — eu estava apenas representando-o *e representando o que Ele já houvera feito.*

O Jesus da Galileia se Tornou um Jesus da Guatemala

Quando cheguei à Guatemala, viajei com uma equipe para um vilarejo longínquo bem distante de qualquer cidade moderna. Lá não havia eletricidade, água encanada ou telefone. Nossa razão de estar lá era construir abrigos para os habitantes do vilarejo cujos lares haviam sido destruídos pelo terremoto devastador de 1976. O terremoto matara trinta mil pessoas e deixara um milhão de desabrigados. Tínhamos carregado materiais em um caminhão e durante o dia construíamos casas pequenas de um cômodo. À noite, realizávamos cultos no centro do vilarejo, pregando o evangelho de Jesus Cristo para eles, explicando-lhes que o amor de Jesus nos motivava a investir nosso tempo, dinheiro e energia para ajudá-los.

Ministrávamos há uma semana e pouquíssimos se chegavam a Cristo. As pessoas ouviam, mas não reagiam.

Na última noite que estávamos lá era meu dia de pregação. Quando o culto estava prestes a começar, um membro da equipe me contou algo que ele e outros tinham encontrado lá na periferia do vilarejo: uma garotinha, de seis ou sete anos, amarrada a uma árvore.

Sem poder acreditar no que viam, perguntaram à família que morava lá: "Por que esta garotinha está amarrada à árvore?" Era óbvio que ela morava lá no quintal, como se fosse um cachorro — suja, sem esperança e sozinha.

"Ela é louca", responderam seus pais. "Não conseguimos controlá-la. Ela machuca a si mesma e a outros, e foge se nós a soltarmos. Não há nada mais que possamos fazer por ela, então temos de amarrá-la."

Meu coração se despedaçou quando o colega me contou o que vira. Aquilo ficou na minha cabeça enquanto começava o culto. Alguns minutos depois que comecei a pregar, de pé diante de uma mesa, debaixo das estrelas, a mesma voz que falara comigo antes da viagem começou a falar comigo novamente.

Diga a eles que você vai orar pela menininha insana que está do outro lado da vila amarrada a uma árvore. Diga a eles que vai orar em nome deste Jesus sobre quem está pregando. Diga a eles que, pelo intermédio dele, você vai quebrar as forças do mal que controlam a menina — e quando ela estiver livre e normal, então eles saberão que o que prega é verdade. Eles saberão que o Cristo que você prega é quem você diz que Ele é.

Respondi à voz no meu coração com temor e tremor. Acho que sussurrei algo do tipo: O QUE VOCÊ DISSE?

Recebi as mesmas instruções.

Sendo o homem de fé que sou, retruquei: "Qual é o plano B?

Rebelião e fracasso — foi a resposta. *Lembra-se do que lhe disse antes de a viagem começar? Represente Jesus.*

Minha fé começou a crescer. Pensei: *Nesta situação, a ênfase não está em mim, mas Naquele que me enviou. Sou apenas seu porta-voz. Eu apenas libero o que Ele já fez. Ele já realizou a obra de libertar esta menininha; minhas orações liberam esta obra. Sou apenas um distribuidor do que Ele já produziu. Enviado de Deus, seja ousado! Execute a vitória!*

Com garantia renovada, comecei a informar as pessoas do que planejava fazer. Eles menearam a cabeça em reconhecimento da situação quando eu mencionei a menina. As expressões de curiosidade se transformaram em espanto ao ouvirem os meus planos.

Então orei.

Em uma noite de luar, em um remoto vilarejo da Guatemala, diante de umas poucas pessoas como minha audiência, minha vida mudou para sempre.

Jesus saiu do esconderijo. Ele se tornou vivo: relevante, suficiente, disponível! Um Jesus "escondido" emergiu das teias de aranha da teologia. Um Jesus de ontem se tornou um Jesus do hoje, e do para sempre. Um Jesus da Galileia se tornou um Jesus da Guatemala.

E um novo plano se desdobrou diante de mim. Um novo conceito emergiu: Jesus e eu.

O Padrão Celestial

Pela primeira vez entendi o padrão celestial: Jesus é o Vitorioso — somos os executores; Jesus é o Redentor — somos os entregadores; Jesus é a cabeça — somos o corpo.

Sim, Ele libertou a garotinha.

Sim, o vilarejo aceitou a Cristo.

Sim, Jesus prevaleceu por meio de um de Seus enviados.

E a parceria continua — Deus e os humanos. Mas é essencial seguirmos o padrão correto: minhas *orações* de intercessão liberam a *obra* terminada da intercessão de Cristo.

A obra de Cristo dá poder às minhas orações — minhas orações liberam a Sua obra. O que eu faço é uma extensão da obra dele — a obra dele é que efetiva a minha.

Nos negócios do Reino, não estamos no departamento de produção. Estamos no departamento de distribuição. Que GRANDE diferença. Ele é quem faz, quem produz. Nós somos os distribuidores.

Portadores da Maravilha de Cristo

Acho que isso nos torna colaboradores ou cooperadores de Cristo. Que acham disso? Acho que Cristo é maravilhoso e quer que sejamos cidadãos participantes de sua maravilha e de seu Reino maravilhoso! Portadores humildes da maravilha de Cristo, todavia, maravilhosos também. Mais do que conquistadores! Cristo e Seus cristãos mudando as coisas na Terra.

Há muitas pessoas feridas e sofredoras "amarradas a árvores" ao redor do mundo. Você trabalha ao lado de algumas delas, outras vivem do outro lado da rua. Uma delas provavelmente acaba de lhe atender, ou de levá-lo à sua mesa no restaurante, ou trazer sua comida. Suas correntes são o álcool, as drogas, o abuso, os sonhos despedaçados, a rejeição, o dinheiro, a lascívia e a cobiça... a lista é grande, acho que entenderam a questão.

O plano A seria o seguinte: pessoas sobrenaturais, mas comuns, como você e eu que, 1) acreditariam de todo o coração na vitória do Calvário, estariam convencidas de que foi uma vitória completa e final e, 2) assumiriam seu papel de enviados, embaixadores, representantes autorizados do Vitorioso. Nosso desafio não é tanto libertar, mas sim acreditar no Libertador; não é tanto curar, mas acreditar em Quem dá a cura.

Passemos ao plano B: desperdiçar a Cruz; deixar os atormentados entregues ao próprio tormento; gritar através de nosso silêncio, "já não há mais esperança!"; escutar o Pai dizer novamente, "procurei, mas não encontrei ninguém"; escutar o Filho lamentar mais uma vez, "os obreiros! Onde estão os obreiros?" Igreja, acorde! Vamos desamarrar algumas pessoas. Vamos dizer a elas que existe um Deus que se importa com elas. Vamos assumir nosso papel de representar-mediar-interceder!

E agora, "alguém sabe onde encontrar o particípio do presente?"

Questões para Reflexão

1. Defina intercessão e oração intercessória. Qual é a diferença? Por que isso é importante?
2. Qual é a relação entre intercessão e mediação?
3. Eu disse que Cristo era o intercessor e que nossas *orações* são uma extensão do *trabalho* realizado por Ele. Consegue explicar o que eu quis dizer com isso?
4. Explique os dois aspectos da intercessão de Cristo — reconciliação e separação — relacionando-os com a necessidade dupla que a Queda trouxe para a humanidade.
5. Qual o significado de ser um "enviado"?
6. Você conhece alguém que está amarrado a uma "árvore"? Por favor, ajude-o.

Capítulo Quatro

Encontros: os Bons, os Ruins e os Péssimos

Quando Encontrei-me com Ela

"Dutch Sheets, gostaria de lhe *apresentar* Celia Merchant."

O mundo subitamente parou e minha vida mudou para sempre.

O segundo *encontro* mais importante de minha vida acontecia naquele momento — apenas conhecer Jesus estava no topo da lista. Era 1977 e eu era aluno de uma Faculdade Bíblica.

Eu acabara de passar um tempo de oração em particular, saí do local de oração e deparei com duas pessoas que carregavam uma enorme mesa dobrável. Uma delas era meu amigo, e a outra era a jovem mais linda que meus olhos já haviam contemplado.

Bem, não era a primeira vez que eu a via, mas era a primeira vez que eu estava face a face com ela. Com os joelhos trêmulos e a língua presa, quase tropecei para ajudá-la a tomar o seu lado da mesa. Com uma galante demonstração de cavalheirismo e músculos, eu aliviei-a do peso da mesa, e quase derrubei o outro cara tentando mostrar como eu conseguia carregar rapidamente aquela mesa.

Então meu amigo nos apresentou. Conheci aquela que seria a costela que me faltava e sabia que a vida nunca seria boa se eu não me casasse com essa moça! E disse isso para Deus. Felizmente, Ele concordou e ela também. A vida é bela!

Fiquei feliz por passar aquele tempo em oração. Não queria ter perdido aquele *encontro*!

Quando Encontrei-me Com a Bola de Beisebol

Outro *encontro* memorável aconteceu quando eu estava no sétimo ano. Esse não foi tão agradável! Mas também permaneceria comigo pelo resto da minha vida. Uma bola de beisebol foi de *encontro* aos meus dentes da frente. Que encontrão! A bola de beisebol venceu — geralmente é o que acontece. Hoje meus dois dentes da frente têm uma capa bacana em consequência daquele *encontro*.

Pensei em contar que estava tentando ensinar outra criança a apanhar uma bola de beisebol quando o acidente aconteceu, mas isso seria constrangedor demais. Não mencionarei que estava demonstrando ao garoto o que não fazer quando o acidente aconteceu. Mas direi que, quando forem ensinar dicas às crianças sobre jogar beisebol, mostrem-nas o que fazer — não o que não fazer. Fazer as coisas ao contrário nos leva a alguns *encontros* desagradáveis e sorrisos de porcelana.

Deus Encontra um Cônjuge, e o Encontrão de Satanás

Uma figura está pendurada em uma cruz entre o céu e a terra. Dois importantes *encontros* estão prestes a acontecer: um bom e agradável, e outro feio e violento. Um Homem está prestes a *conhecer* Sua noiva e uma serpente prestes a receber em seu queixo o *encontrão* de uma bolada violenta:

> Eis por que deixará o homem a seu pai e a sua mãe e se unirá à sua mulher, e se tornarão os dois uma só carne. Grande é este mistério, mas eu me refiro a Cristo e à igreja (Efésios 5:31,32).

> Levanta-te, Senhor! Salva-me, Deus meu, pois feres nos queixos a todos os meus inimigos e aos ímpios quebras os dentes (Salmos 3:7).

Tanta beleza, tanta feiura... União, desunião... Encontro, quebra...

Na verdade, podemos mencionar vários outros *encontros* que acontecem por meio da Cruz:

- A misericórdia foi ao *encontro* do julgamento.

- A justiça foi ao *encontro* do pecado.
- A luz foi ao *encontro* da escuridão.
- A humildade foi ao *encontro* do orgulho.
- O amor foi ao *encontro* do ódio.
- A vida foi ao *encontro* da morte.
- Um Amaldiçoado pendurado em uma árvore foi ao *encontro* da maldição que se originou por causa de uma árvore.
- A picada da morte recebeu o *encontro* com o antídoto da ressurreição.

Todo o pessoal *do bem* venceu!

Somente Deus poderia planejar um evento assim! Somente Deus poderia fazer com que se realizasse com tamanha perfeição! Somente Ele poderia casar extremos tão opostos em um só acontecimento. Quem senão Ele poderia derramar sangue para criar vida, usar a dor para gerar a cura, permitir a injustiça para satisfazer a justiça e aceitar a rejeição para restaurar a aceitação?

Quem poderia usar um ato tão ímpio para realizar tanta coisa boa? Quem poderia transformar um ato incrível de amor em tanta violência e vice-versa? Somente Deus.

Tantos paradoxos. Tanta ironia.

Vocês não acham fascinante o fato de a serpente, que obteve sua maior vitória por meio de uma árvore (do conhecimento do bem e do mal), ter sofrido sua maior derrota por causa de uma árvore (a Cruz do Calvário)?

Não acham irônico o primeiro Adão ter sucumbido à tentação em um jardim (Éden) e o último Adão ter superado Sua maior tentação em um jardim (Getsêmani)?

Deus sabe escrever um roteiro! Vejam que roteiro maravilhoso Ele escreveu!

Acho que nesta altura já devem ter percebido que, escondidos no meio dessas três histórias — a história da minha esposa, a da bola de beisebol e a da Cruz — encontraremos retratos de intercessão. Na verdade, usei uma das definições da palavra hebraica para "intercessão", *paga*, vinte e três vezes até agora. É a palavra "encontrar" ou "encontro", e continuarei usando-a mais de trinta vezes ainda até o final deste capítulo. Quanta redundância, não é mesmo?

A Intercessão Gera um Encontro

A palavra hebraica para "intercessão", *paga*, significa "encontrar".[1] Como já vimos ao estudar a palavra em nosso idioma, intercessão não é primeiramente uma oração que uma pessoa faz, mas algo que uma pessoa faz que pode ser feito por meio de oração. Isso também se verifica no idioma hebraico. Embora a palavra "intercessão" tenha passado a significar "oração" em nossa mente, a palavra hebraica não significa necessariamente "oração" de maneira alguma. Ela tem muitas nuanças de significado, podendo todas serem realizadas por meio da oração.

Até o final deste livro, daremos uma olhada em vários desses significados, e depois os aplicaremos dentro do contexto da oração. No decorrer desse processo, nossa compreensão do que Cristo fez por nós com a Sua intercessão crescerá, como também nossa compreensão do que realmente se trata nossa representação na terra da intercessão de Cristo por meio da oração. Como sugere as histórias do início do capítulo, o primeiro uso da palavra *paga* que vamos explorar está em "encontrar".

A intercessão gera um *encontro*. Quem faz intercessão se *encontra* com Deus; também se *encontra* com os poderes das trevas. "Encontros" (ou reuniões) de oração é um título muito apropriado!

Um Encontro para a Reconciliação

Semelhantemente ao que aconteceu com Cristo, muitas vezes nosso *encontro* com Deus é com o intuito de efetivar outro *encontro* — o da reconciliação. Nós nos *encontramos* com Ele e lhe pedimos para ir ao *encontro* de outra pessoa. Nós nos tornamos os *intermediários*: "Pai Celeste, venho diante de ti hoje (um *encontro*) para lhe pedir que toques a vida do Tom (outro *encontro*)." No lado oposto do espectro, nosso *encontro* com o inimigo é para desfazer um *encontro* — quebrar, romper, desunir. Toda a nossa oração intercessória envolverá uma ou as duas facetas: reconciliação ou rompimento; união ou desunião.

Em primeiro lugar, vejamos algumas passagens bíblicas que descrevem o que fez Cristo quando se *encontrou* com o Pai para criar um *encontro* entre Deus e a humanidade. Depois, observaremos o aspecto que trata da guerra espiritual. O Salmo 85:10 diz: "Encontraram-se a graça e a verdade, a justiça e a paz se beijaram." Examinemos melhor essa linda descrição da Cruz de Cristo.

Em quatro palavras encontramos um dilema relacionado a Deus. Ele não é apenas um Deus de *graça* (que representa Sua misericórdia, gentileza, amor e perdão), mas é também um Deus de *verdade* (que representa Sua integridade e justiça). Ele não representa apenas a *paz* (segurança, integridade e descanso), mas também a *justiça* (santidade e pureza), sem as quais não é possível haver paz.

Este é o dilema: um Deus verdadeiramente santo, justo, reto e verdadeiro não pode apenas perdoar, demonstrar misericórdia ou paz sobre uma humanidade caída sem comprometer o Seu caráter. O pecado não pode ser desculpado. Então, como este Deus santo e amoroso resolve essas duas questões? Com a Cruz de Cristo.

Na Cruz *encontraram-se* a graça e a verdade. Justiça e paz se beijaram. E quando o fizeram, também o fizeram Deus e a humanidade! Nós beijamos o Pai por intermédio do Filho! Nós o *encontramos* no sangue de Cristo! Jesus carregou a nossa extremidade da mesa e foi apresentado à Sua noiva.

Em um único ato de sabedoria soberana e misteriosa, Deus satisfez tanto o Seu amor como a Sua justiça. Ele estabeleceu tanto a justiça como a paz. *Quem é como você, Senhor? Quem pode descrever Sua grande misericórdia, Seu maravilhoso poder, Sua sabedoria infinita!*

Quando isso ocorreu, o ministério de reconciliação de Cristo estava se cumprindo: "[...] que nos reconciliou consigo mesmo por meio de Cristo [...] a saber, que Deus estava em Cristo reconciliando consigo o mundo" (2 Coríntios 5:18,19).

Como agora representamos Cristo em Sua intercessão, vamos aplicar esse versículo a nós mesmos. O versículo 18 diz que Ele "nos deu o ministério da reconciliação". Em outras palavras, com a nossa oração intercessória, liberamos o fruto do que Ele fez por meio de seu ato de intercessão. Nós levamos pessoas a Deus em oração, pedindo ao Pai que se *encontre* com elas. Nós também recebemos o ministério da reconciliação. Seja por uma pessoa ou por uma nação, independentemente do motivo, quando somos usados para criar um *encontro* entre Deus e os humanos, liberando o fruto da obra de Cristo, uma *paga* acontece.

Isso pode estar se passando quando você caminha em oração pela sua vizinhança, pedindo a Deus para se *encontrar* com seus familiares e salvá-los.

Ou pode acontecer quando faz uma jornada de oração em algum lugar. Nossa igreja enviou equipes de intercessores a alguns dos países mais escuros da face da Terra com o propósito único de orar — criar *encontros* entre Deus e a humanidade, conexões divinas através de conduítes humanos.

Encontros que Curam

Tenho testemunhado milagres de cura quando Deus se *encontra* com as pessoas. Em 1980, estava em outra de minhas muitas jornadas à Guatemala. Em certa ocasião, minha esposa, outro casal e eu ministrávamos para uma senhora de idade que recentemente havia conhecido a salvação. Nós fomos à sua casa para compartilhar alguns ensinamentos com ela.

Fazia cerca de seis meses que essa senhora sofrera uma queda de um banquinho e fraturara gravemente o tornozelo. Como frequentemente acontece com as pessoas mais velhas, a fratura não estava se curando da maneira adequada. O tornozelo ainda estava muito inchado e ela sentia muita dor. Quando a visitamos, o outro senhor e eu sentimos ambos que Deus queria curar seu tornozelo — naquele exato momento. Depois de compartilhar isso com ela, e ela concordar, nós lhe pedimos para colocar sua perna sobre o banquinho. A oração começou... bem, só começou.

Deus já o interrompeu alguma vez? Ele me interrompeu nessa ocasião. (Ah, quem nos dera que Ele sempre fosse assim tão "mal-educado"!) Quando me coloquei *entre* ela e Deus para efetuar o *encontro*, a presença de Deus veio com tanto poder naquela sala que parei subitamente no meio da frase. Eu tinha dado um passo na direção dela e falado uma palavra: "Pai."

Foi tudo de que Ele precisou!

Era como se Ele estivesse tão ansioso para tocar nessa querida senhora, que não podia mais esperar. Percebo que estou prestes a contar algo que pode soar dramático demais, mas foi exatamente o que aconteceu.

A presença do Espírito Santo encheu a sala com tanto poder, que fiquei ali parado, parei de falar e comecei a chorar. Minha esposa e o outro casal também começaram a chorar. A senhora por quem orávamos também começou a chorar. Seu pé começou a bater para cima e para baixo sobre o banquinho, sacudindo incontrolavelmente durante vários minutos enquanto ela tinha um poderoso *encontro* com o Espírito Santo — um *encontro*! O Senhor a curou e a encheu do Seu Espírito.

Naquela mesma visita à Guatemala, minha esposa e eu, junto com o casal anteriormente mencionado, fomos chamados para orar por uma senhora internada com tuberculose. Nós fomos encontrá-la em uma ala do hospital com cerca de outras quarenta mulheres. As camas ficavam a apenas um metro de distância uma da outra. Era basicamente uma área do hospital na qual os médicos e enfermeiras podiam atender aos muito pobres. Não havia sequer cortinas separando as mulheres. E sim, aquela mulher tossia, espalhando sua tuberculose a todos ao seu redor.

Ao conversarmos e orarmos por ela, percebemos que a senhora na cama ao lado nos observava de perto. Quando terminamos, ela perguntou se poderíamos orar por ela também. É claro que ficamos muito felizes, e perguntamos qual era seu pedido de oração. Ela tirou os braços de debaixo das cobertas e nos mostrou suas duas mãos, retorcidas e viradas para dentro, meio que paralisadas naquela posição. Ela não tinha como usar as mãos. Seus pés eram da mesma maneira.

Quando, certa vez, ela fora internada para fazer uma cirurgia nas costas, o médico cortara um nervo na sua espinha, deixando-a naquela condição. Não havia nada que eles pudessem fazer para corrigir o problema.

Nosso coração se encheu de compaixão ao pedirmos ao Senhor para ir ao *encontro* da necessidade daquela mulher. Aparentemente nada aconteceu, mas nós a encorajamos a confiar no Senhor e demos uma volta pelo quarto para ver se podíamos compartilhar Jesus com alguém mais. Não havia funcionários do hospital ali presentes, então estávamos relativamente livres para fazer o que quiséssemos.

Assim que começamos a falar com outra senhora do outro lado do quarto, ouvimos um burburinho, e alguém gritou: "*Milagro! Milagro! Milagro*!" Nós nos viramos para ver o que acontecia, e vimos a mulher movendo suas mãos à vontade, abrindo-as e fechando-as, sacudindo os dedos, chutando com os pés as cobertas e gritando a palavra em espanhol para milagre. Um *encontro* acontecera ali!

Não sei quem estava mais surpreso — a senhora que fora curada, as outras mulheres do quarto ou eu. Esperava um milagre, mas não acho que acreditava que haveria um. Eu me lembro de pensar: *Este tipo de coisa só acontecia durante os tempos bíblicos.*

De repente, lá estávamos nós, e cada mulher daquele quarto nos implorava para ministrar para elas. Fomos de leito em leito — como se soubéssemos o que estávamos fazendo — guiando aquelas mulheres a Cristo e orando pela recuperação de cada uma. Eu me lembro de pensar: *Que loucura! Será que é real ou estarei sonhando? Estamos tendo um reavivamento dentro de uma ala de hospital!* Várias foram salvas, a senhora com tuberculose também ficou curada, e outra senhora que aguardava cirurgia na manhã seguinte foi enviada curada para casa. No geral, nós nos divertimos muito! Até cantamos algumas músicas. Provavelmente não devíamos ter feito aquilo, porque uma funcionária do hospital nos ouviu, veio até o quarto e nos pediu para irmos embora. Ela foi embora, mas nós não. Eram muitas mulheres implorando por oração. Alguns minutos mais tarde, ela retornou e "graciosamente" nos acompanhou até a saída do hospital.

Quem neste mundo poderia transformar uma ala de hospital triste, sem esperança e cheia de doença em um culto de igreja? Deus! Deus se *encontrando* com as pessoas. E *encontros de oração* geram *encontros* com Deus!

Não quero guiá-los erroneamente a pensar que milagres sempre acontecem com tanta facilidade como nessas duas ocasiões. Todavia, podemos levar indivíduos a entrar em contato com Deus, e esse é o significado real e verdadeiro da palavra "intercessão". Geralmente é necessária muita intercessão; mas se vai levar dias ou minutos, sempre vale a pena o esforço. O importante é fazermos a intercessão.

Encontros com Ursas

Continuemos a progredir em nosso raciocínio passando ao aspecto de rompimento dos *encontros* de intercessão — efetivar a vitória do Calvário. Chamo isso da "unção da ursa" por causa de Provérbios 17:12: "Melhor é encontrar-se uma ursa roubada dos filhos do que o insensato na sua estultícia."

Nunca deparei com uma ursa na natureza — com ou sem seus filhotes — e espero que isso nunca aconteça. Mas um sábio e velho senhor, que trabalhava cortando madeira, ao me instruir na arte de sobreviver a um encontro com ursos, me deu o seguinte conselho sábio: "Filho, tente evitá-los a todo custo! Mas se o encontro for inevitável, e se for uma fêmea, jamais se coloque entre ela e seus filhotes. Porque se o fizer, vocês dois irão se topar, e nesse *encontro* a vítima será você!"

Antes que você decida me linchar por cometer um assassinato contextual das Escrituras, deixe-me mencionar que não estou insinuando que aquele versículo fale de oração. Mas o que estou dizendo é que a palavra para "encontrar" é a nossa palavra hebraica traduzida como "intercessão", *paga*. Outras palavras hebraicas poderiam ser usadas, mas essa foi a escolhida. Em parte porque frequentemente ela carrega uma conotação bem violenta. De fato, *paga* é muitas vezes um termo usado para descrever os encontros nos campos de batalha (ver exemplos em Juízes 8:21; 15:12; 1 Samuel 22:17,18; 2 Samuel 1:15; 1 Reis 2:25-46).

A intercessão pode ser violenta!

Encontros podem ser desagradáveis! Alguns chegam a ser absolutamente horríveis! Como, por exemplo, o encontro de Satanás com Jesus no Calvário, quando Cristo intercedeu por nós. Satanás se colocara entre Deus e seus "ursinhos". Ele não devia ter feito isso! O pior pesadelo de Satanás se tornou realidade quando, com quatro mil anos de fúria guardada, Jesus o *encontrou* no Calvário. A terra balançou, e digo literalmente, com a força da batalha (ver Mateus 27:51). O próprio sol escureceu com aquela guerra (ver versículo 45). O momento em que Satanás achou ser o seu maior triunfo, ele e todas as suas forças ouviram o mais terrível som que jamais ouviram: o riso de Deus de zombaria (Salmos 2:4)!

O riso seguiu-se à voz do Filho do homem clamando em alta voz: "*Tetelastai.*" Essa palavra grega é traduzida como "está consumado" em João 19:30. Por favor, não pensem que Jesus falava da morte quando disse aquela palavra. De jeito nenhum! *Tetelestai* significa realizar algo por completo ou fazer algo até chegar ao estado final,[2] como implicaria a palavra "consumado" ou "terminado". Mas também é a palavra gravada na fatura do cartão, dizendo "pagamento total realizado".[3] Jesus gritava: "A dívida foi paga por completo!" Aleluia!

Cristo citava o Salmo 22:31 quando escolheu fazer essa declaração. Três das sete frases que Ele falou na cruz vieram desse salmo. A palavra hebraica que Ele citou desse versículo é *asah*. Talvez ele estivesse, na verdade, falando em hebraico, usando essa mesma palavra, mesmo que João tenha feito o registro em grego. A palavra significa, entre outras coisas, "criar".[4] Ela é usada em Gênesis, por exemplo, quando Deus criou a terra. Acredito que Cristo não estava apenas dizendo: "A dívida está totalmente paga", mas também: "Venha à frente, nova criação!" Não é de se admirar que a terra tenha sacudido, o sol reaparecido, que o centurião tenha ficado aterrorizado (ver Mateus 27:54) e que santos do antigo testamento tenham ressuscitado (ver

Mateus 27:52,53). Não me diga que Deus não tem jeito para a arte dramática. A Cruz define o drama.

Sim, sem dúvida alguma, nos bastidores, o que acontecia era violento. Os cativos resgatados (ver 1 Pedro 3:19; 4:6; Isaías 61:1), ferimentos infligidos (ver Gênesis 3:15; Isaías 53:5; 1 Pedro 2:24), chaves trocadas e autoridade transferida (ver Mateus 28:18).

Uma palavra interessante é usada em 1 João 3:8, que nos dá uma revelação do que aconteceu na Cruz. O versículo diz: "Para isto se manifestou o Filho de Deus, para destruir as obras do diabo." "Destruir" é a palavra grega *luo*, que tem um sentido tanto legal quanto físico. Compreender a definição completa dessa palavra aumentará imensamente nosso entendimento do que Jesus fez a Satanás e suas obras.

O sentido legal de *luo* é 1) pronunciar ou determinar que algo ou alguém não são mais cativos; e 2) dissolver ou anular um contrato ou alguma coisa que ate legalmente.[5] Jesus veio para anular o domínio legal que Satanás tinha sobre nós e pronunciar que não estávamos mais presos pelas suas obras. Ele "anulou o contrato", quebrando o domínio de Satanás sobre nós.

O sentido físico de *luo* é dissolver ou derreter; quebrar, atingir algo até fazer em pedacinhos; ou desamarrar algo que esteja preso.[6] Em Atos 27:41, o barco em que Paulo viajava ficou todo quebrado em pedaços (*luo*) pela força de uma tempestade. Em 2 Pedro 3:10,12, lemos que um dia os elementos da terra derreterão ou se dissolverão (*luo*) em razão de um grande calor. Jesus não apenas nos livrou legalmente, mas Ele também se certificou de que consequências literais dessa libertação se manifestariam: Ele trouxe a cura, libertou os cativos, levantou a opressão e liberou os que estavam debaixo de controle demoníaco.

Efetivando a Vitória

Nossa responsabilidade é efetivar a vitória quando também nos *encontramos* com os poderes das trevas. É interessante notar que Jesus usou a mesma palavra, *luo*, para descrever o que nós, a Igreja, devemos fazer por meio da guerra espiritual. Mateus 16:19 nos diz: "Dar-te-ei as chaves do reino dos céus; o que ligares na terra terá sido ligado nos céus; e o que desligares na terra terá sido desligado nos céus."

A palavra "desligar" nesse versículo é *luo*.

Agora a pergunta é: será que Cristo *luo* as obras do diabo ou será que somos nós que devemos *luo* as obras do diabo? A resposta é afirmativa: sim, cabe a nós. Embora Jesus tenha cumprido inteiramente a tarefa de quebrar a autoridade de Satanás e anulado seu poder legal sobre a raça humana, alguém na terra deve representá-lo nessa vitória e efetivá-la.

Tendo isso em mente, e nos lembrando de que a palavra hebraica para "intercessão", *paga*, significa *encontrar*, vamos fazer a seguinte definição.

> Nós, por meio de *orações* de intercessão, nos *encontramos* com os poderes das trevas, efetivando a vitória que Cristo obteve quando Ele se *encontrou* com eles em Sua *obra* de intercessão.

Foi exatamente isso que aconteceu na Guatemala quando oramos pela garotinha amarrada na árvore que mencionamos no capítulo anterior. Nós nos *encontramos* com os poderes das trevas e efetivamos a vitória da Cruz.

Vários anos atrás, também na Guatemala, um amigo apontou para uma jovem mulher, saudável e cheia de vigor, e me contou a seguinte história. Quando ele a vira pela primeira vez poucos meses antes daquele momento, ela estava paralisada do pescoço para baixo. Conseguia mover ligeiramente o pescoço, mas não falava. "A jovem estivera assim durante dois anos", disse o pastor que a assistia ao meu amigo. "E o mais intrigante é que os médicos não conseguiam achar nada fisicamente errado com ela que causasse tal problema."

Meu amigo, que visitava a igreja como orador convidado, discerniu que a causa era demoníaca. Sem saber a posição daquela igreja sobre tais questões, ele discretamente se aproximou da jovem em sua cadeira de rodas, se ajoelhou perto dela e sussurrou em seu ouvido. Ao fazer isso, ele estava se tornando um *intermediário* (intercessor) entre ela e os poderes das trevas, se *encontrando* com eles com o poder de Cristo. Ele orou: "Satanás, quebro (*luo*) seu domínio sobre esta jovem em nome de Jesus. Ordeno que seja desligado *(luo)* seu poder sobre ela e que ela seja libertada" (grifos do autor).

Não houve nenhuma manifestação nem mudança imediata. Contudo, uma semana mais tarde, ela conseguia mover um pouquinho os seus braços. Na semana subsequente ela movia normalmente os braços e as pernas, levemente. A recuperação continuou durante um mês até ela ficar totalmente liberta e bem.

Então ela disse ao meu amigo os seguintes detalhes sobre a causa de sua condição e por que os médicos não conseguiam encontrar uma explicação plausível. "Um professor da minha escola, que também era um curandeiro, se aproximou de mim sexualmente, e eu o recusei. Ele se zangou e me disse que se eu não tivesse sexo com ele, ele me amaldiçoaria."

Ela não sabia nada sobre esse tipo de coisas e não deu muita bola para aquilo. Mas pouco tempo depois, a paralisia apareceu em sua vida. Sua incapacidade de falar não a deixava se comunicar com ninguém sobre o que acontecera na realidade.

O que causou a libertação dessa garota? Uma pessoa se colocou *entre* a jovem e os poderes das trevas, indo de *encontro* a esses poderes no nome de Jesus, efetivando a vitória de Cristo. Isto é... intercessão!

Um *encontro* pode ser uma experiência boa e agradável ou pode ser um confronto violento entre forças opostas. O intercessor se encontrará ou com Deus, com o propósito de reconciliar o mundo ao Pai e às Suas bênçãos maravilhosas, ou se *encontrará* com as forças satânicas da oposição para efetivar a vitória do Calvário. Haverá uma variação no propósito da intercessão, mas uma coisa é certa: as orações de um intercessor com conhecimento criarão um *encontro*. E quando esse *encontro* houver terminado, algo terá mudado.

Não se intimide com o tamanho do gigante. Jesus qualificou você para representá-lo. E não se intimide com os fracassos passados. Seja como o menininho que brincava com o bastão e a bola no fundo do quintal:

> "Sou o maior jogador de beisebol do mundo", disse ele com orgulho. Então jogou a bola no ar e sacudiu o bastão, mas não acertou a bola. Inabalado, pegou a bola, jogou-a no ar e disse consigo mesmo: "Sou o maior jogador de todos os tempos!" Mais uma tentativa com seu bastão, e mais uma vez errou a bola.
>
> Ele fez uma pequena pausa para examinar o bastão e a bola com cuidado. E mais uma vez lançou a bola no ar e disse: "Sou o maior jogador de beisebol que já existiu." Tentou novamente acertar a bola com o bastão e errou.
>
> "Puxa!", exclamou ele. "Que lançador eu sou!"[7]

Não permita acesso à descrença. Você consegue! Vamos fazer um *encontro* de oração!

Questões para Reflexão

1. De que maneira um encontro retrata a intercessão? Como *paga* estabelece a correlação entre os dois?
2. Explique os dois tipos opostos de encontros debatidos neste capítulo. Como cada um deles representa o Calvário?
3. Defina *luo* e comente sobre Cristo fazendo *luo* e a Igreja fazendo *luo*.
4. Pense em alguém que conhece que precisa de um encontro com Deus. Como e quando você pode ajudar a facilitá-lo?
5. Não acha que Deus ficará muito feliz quando você colocar em prática o item quatro?

CAPÍTULO CINCO

DE ROSTO COLADO

APOIE-SE EM MIM

CHARLIE BROWN LANÇAVA MAL as bolas no jogo de beisebol. E Lucy chateando-o como sempre. Finalmente, ele não aguentou mais tanta miséria e humilhação. Em uma demonstração de desespero do tipo que só Charlie Brown consegue imaginar, ele se colocou de cabeça para baixo em cima do local dos lançamentos.

Lucy continuou com suas gozações afiadas, e o eternamente fiel Snoopy fez o inesperado. Ele foi até o local do lançamento e ficou de cabeça para baixo ao lado de Charlie, dividindo a sua humilhação.

Parece uma atitude bíblica? A Bíblia diz: "Chorai com os que choram" (Romanos 12:15), e "Levai as cargas uns dos outros" (Gálatas 6:2). Embora isso queira dizer "ficar de cabeça para baixo" junto com o outro — compartilhar a dor uns dos outros, NÃO transmite tudo o que abrange esses versículos. Não devemos apenas *levar* os fardos de nossos irmãos em Cristo; devemos *levá-los embora...* Que grande diferença! Uma coisa significa dividir a carga; outra significa removê-la.

Na verdade, duas palavras são usadas na Bíblia e traduzidas como "levar" no Novo Testamento. Uma pode ser interpretada com o sentido de estar ao lado de um irmão nos momentos de necessidade para fortalecê-lo e confortá-lo. A outra palavra, contudo, significa algo inteiramente diferente.

A primeira, *anechomai*, significa "sustentar, suportar, apoiar-se em algo",[1] semelhante ao que uma pessoa faz ao amarrar um graveto a uma plantinha de tomate para apoiá-la e lhe dar suporte do peso que carrega. A força do graveto é transferida para a planta e a "suporta". Quando o Senhor nos ordena a suportar-nos uns aos outros em Colossenses 3:13 e Efésios 4:2, Ele não está apenas dizendo para nós "aguentarmos" conviver uns com os outros.

Embora Ele nos diga para fazer isso sim, Ele também diz: "Como os suportes que usamos para as plantas, sejam da mesma maneira uns para com os outros." Em outras palavras, devemos ficar ao lado de um irmão enfraquecido e dizer: "Você não vai cair, ser quebrado ou destruído, porque eu vou ser um suporte para você. Minha força é sua agora. Venha, apoie-se em mim. Enquanto eu estiver de pé, você também estará."

Que linda ilustração do Corpo de Cristo. Isso resultará em fruto.

> Jackie Robinson foi o primeiro negro a jogar no principal campeonato nacional de beisebol. Ele quebrou a barreira racista dentro desse esporte, mas recebia vaias e zombarias das multidões em cada estádio que jogava. Certa vez, jogando em casa, no estádio do seu time no Brooklin, ele cometeu um erro no jogo. Seus próprios fãs começaram a ridicularizá-lo. Ele ficou parado na segunda base, humilhado, enquanto os fãs riam dele. Então Reese "Pee Wee", que jogava na defesa entre a segunda e a terceira base, veio até ele e parou ao seu lado. Colocou o braço ao redor de Jackie Robinson e encarou a multidão. Os fãs ficaram em silêncio. Robinson disse mais tarde que aquele braço ao redor dele salvou sua carreira.[2]

Às vezes o mundo age de maneira mais bíblica do que nós!

Levando o Fardo Embora

A segunda palavra é *bastazo*, que significa "levar, levantar ou carregar" algo, dando o sentido de levar algo *embora* ou de *remover*.[3] É usada em Romanos 15:1-3 e Gálatas 6:2, que vamos ver em breve.

Um aspecto impressionante e pouco compreendido da intercessão é exemplificado por Cristo quando Ele realizou as duas ações que tratamos anteriormente. Já estabelecemos que a intercessão de Jesus por nós não foi uma *oração* que Ele fez, mas um *trabalho* que Ele realizou. Foi um trabalho de "intermediar", de nos *reconciliar* ao Pai e de *quebrar* o domínio de Satanás. E, é claro, entender a obra de Cristo nesse aspecto pavimenta o caminho para um entendimento da obra que nós devemos fazer.

O trabalho de intercessão realizado por Cristo alcançou sua expressão mais completa e profunda quando nossos pecados "caíram" sobre Ele, e Ele os "levou" embora:

> Todos nós andávamos desgarrados como ovelhas; cada um se desviava pelo caminho, mas o Senhor *fez cair* sobre Ele a iniquidade de nós todos [...] porquanto derramou a sua alma na morte; foi contado com os transgressores; contudo *levou* sobre si o pecado de muitos e pelos transgressores *intercedeu* (Isaías 53:6;12, grifo do autor).

A palavra hebraica *paga* é usada duas vezes nesses dois versículos. Isaías 53 é uma das profecias mais explícitas do Antigo Testamento sobre a cruz de Cristo. *Paga* é traduzida como "fez cair" em uma das vezes, e "intercedeu" na outra. Ambos os casos se referem a quando nossos pecados, nossas iniquidades, nossas doenças, etc. foram depositados sobre Cristo. O Novo Testamento descreve essa identificação da mesma maneira: "Aquele que não conheceu pecado, Ele o fez pecado por nós; para que nele fôssemos feitos justiça de Deus" (2 Coríntios 5:21).

Cristo então "levou embora" nossos pecados e nossas fraquezas, para "tão longe quanto o ocidente está do oriente" (Salmos 103:12). Ele não carrega nossos pecados até hoje — em algum lugar, de alguma maneira, Ele se livrou deles. A palavra hebraica para "levar" nesse capítulo é *nasa*, significando "levar embora"[4] ou "remover para longe".[5]

Como já mencionamos, a palavra grega correspondente a levar embora, *bastazo*, significa essencialmente a mesma coisa. Essa conotação de levar algo para se livrar daquilo, torna-se cada vez mais significativa ao discutirmos nosso papel nessa faceta do ministério de intercessão de Cristo. É imperativo saber que simplesmente não carregamos o fardo de alguém. Nós *apoiamos* (*anechomai*) a pessoa colocando-nos ao seu lado e *levamos para longe* o fardo (*bastazo*), ajudando-a a se livrar dele!

O Bode Expiatório

O conceito de bode expiatório se origina desse trabalho redentor de intercessão feito por Cristo, e ilustra bem nosso conceito de levar algo embora.

Um bode expiatório leva a culpa por alguém e sofre as consequências resultantes. Meu irmão mais velho, Tim, que agora é pastor em Ohio, era um perito em desviar e jogar a culpa sobre mim quando éramos crianças. Eu era totalmente inocente quando criança, nunca fazia nada de errado. Mas ele era um encrenqueiro em tempo integral.

Minha mãe e meu pai sempre ficavam ao lado dele — nunca conseguiam enxergar suas falsidades e manipulação nem acreditar que eu era tão bonzinho e perfeito. Toda a minha infância eu vivia aguentando acusação falsa — sendo o bode expiatório de Tim! Tenho passado os últimos vinte anos da minha vida adulta buscando cura interior por essa injustiça.

É claro que vocês sabem que nada disso é verdade — eu não era tão perfeito assim. Era quase. Mas pelo menos pensar assim me ajuda a acertar as contas com Tim pelas poucas vezes em que ele obteve sucesso em jogar a culpa em cima de mim. E serve também para ilustrar o meu ponto. (Por sinal, nunca fiz isso com ele.)

No Antigo Testamento, eram usados dois animais no Dia da Expiação. Um era sacrificado; o outro era usado como bode expiatório. Depois que o sumo sacerdote colocava suas mãos sobre a cabeça do bode expiatório, confessando os pecados da nação, ele era solto no deserto para nunca mais ser visto. Simbolizava Cristo, o bode expiatório crucificado fora da cidade *levando embora* nossa maldição.

Cristo, o bode expiatório que levou embora nossa maldição, é bem ilustrado em uma história que li no livro *What it Will Take to Change the World* [O que Será Preciso para Mudar o Mundo], de S. D. Gordon. A seguir, leia minha paráfrase dessa história, sobre um casal que descobriu que seu filho de quatorze anos havia mentido para eles. O rapazinho, que chamaremos de Steven, matara aula por três dias consecutivos. Ele fora descoberto quando seu professor ligou para seus pais para saber como ele estava passando.

Os pais ficaram mais zangados com as mentiras de Steven do que com o fato de ele ter perdido aula. Depois de orarem com ele sobre o que havia feito, decidiram aplicar um castigo incomum e severo. A conversa com o garoto se passou mais ou menos assim:

— Steven, você sabe como é importante que nós tenhamos confiança um no outro?

— Sim.

— Como poderemos confiar um no outro se não contarmos sempre a verdade? É por isso que a mentira é uma coisa tão terrível. Não só é um pecado, mas também destrói a confiança entre nós. Entende isso?

— Sim, senhor.

— Sua mãe e eu devemos fazê-lo entender a seriedade — nem tanto de você ter faltado às aulas, mas das mentiras que contou. Sua punição será passar os próximos três dias no sótão, um dia para cada dia do seu pecado. Você comerá e dormirá lá.

Então o jovem Steven dirigiu-se ao sótão onde foi preparada uma cama para ele. Foi uma longa noite para Steven e talvez ainda mais longa para seus pais. Nenhum deles conseguiu comer, e por alguma razão, quando o pai tentou ler o jornal, as palavras pareciam embaçadas. A mãe tentou costurar, mas não conseguiu passar a linha pelo buraco da agulha. Finalmente era hora de dormir. Por volta da meia-noite, o pai estava deitado na cama pensando em como Steven devia estar sozinho e com medo. Finalmente, falou com sua esposa:

— Está acordada?

— Sim, não consigo dormir. Não paro de pensar no Steven.

— Nem eu — respondeu o pai.

Uma hora mais tarde, eles novamente se perguntaram:

— Ainda está acordada?

— Sim — respondeu a mãe —, não consigo dormir pensando no Steven sozinho lá no sótão.

— Nem eu.

E mais uma hora se passou. Agora eram duas da madrugada.

— Não aguento mais! — murmurou o pai, saindo da cama e pegando seu travesseiro e um cobertor. — Vou lá para o sótão.

Encontrou Steven como esperava: totalmente acordado com lágrimas nos olhos.

— Steven — disse seu pai —, não posso retirar o castigo por causa das suas mentiras, porque você precisa saber a seriedade do que fez. Deve entender que o pecado, especialmente o pecado da mentira, traz consequências graves. Mas sua mãe e eu não conseguimos aguentar pensar em você aqui sozinho no sótão, então vou compartilhar seu castigo com você.

O pai se deitou perto do filho e os dois colocaram os braços ao redor do pescoço um do outro. As lágrimas em seus rostos se misturaram ao dividir o mesmo travesseiro e o mesmo castigo durante três noites.[6]

Que ilustração! Dois mil anos atrás, Deus "saiu de Sua cama" com Seu travesseiro e cobertor — na verdade três grandes pregos e uma cruz — colocou Seu "suporte", Seu rosto manchado de lágrimas ao lado do nosso e "levou" sobre si nosso castigo. Seu sótão era um túmulo; Sua cama, uma pedra; e a face perto da dele, era a sua — a sua e a minha.

Isso mesmo. Cristo não estava sozinho na cruz. Nós estávamos com Ele. Na verdade, Ele estava lá para se juntar a nós em nossa sentença de morte. Talvez não estivéssemos lá fisicamente falando, mas estávamos lá espiritualmente (ver Romanos 6:4;6). É claro que Ele "levava" sobre si algumas coisas enquanto estava lá pendurado. Nossos pecados eram "depositados" sobre Ele e Ele os levava embora.

Cristo, contudo, não terminou totalmente o trabalho.

Espere aí! Antes de me "apedrejarem" com cartas e telefonemas, por favor, vejam Colossenses 1:24: "Agora me regozijo no meio dos meus sofrimentos por vós, e cumpro na minha carne o que resta das aflições de Cristo, por amor do seu Corpo, que é a igreja."

Nossa Parte

O que poderia estar faltando nas aflições de Cristo? A nossa parte. Na verdade, a versão *Amplified Bible* da Bíblia em língua inglesa chega a acrescentar as palavras: "E na minha própria pessoa, cumpro o que ainda resta para ser completado [da nossa parte] das aflições de Cristo, por amor do seu Corpo, que é a igreja." É claro que a nossa parte não é exatamente a mesma que a dele: levar o pecado, a maldição ou a culpa de outro. Mas Ele, "havendo oferecido um único sacrifício pelos pecados" (Hebreus 10:12), levou os pecados do mundo sobre si mesmo. Todavia, há uma "parte", e falta "cumprir o que resta das aflições de Cristo".

Isso que está faltando é realmente a questão de todo este livro, não apenas deste capítulo. É a "representação" da qual temos falado. É a mediação, a intermediação, a distribuição, a efetivação. É a nossa parte.

Vejamos, então, qual é a nossa parte no aspecto de *suportar* na intercessão de Cristo. Já mencionamos a questão do "suporte" em Colossenses 3:13 e Efésios 4:2. Examinemos agora o outro aspecto, em Romanos 15:1-3 e Gálatas 6:2, então veremos como os dois trabalham juntos na nossa intercessão:

> Ora, nós, que somos fortes, devemos *suportar* as fraquezas dos fracos, e não agradar a nós mesmos. Portanto, cada um de nós agrade ao seu próximo, visando o que é bom para edificação. Porque também Cristo não se agradou a si mesmo, mas como está escrito: "Sobre mim caíram as injúrias dos que te injuriavam" (Romanos 15:1-3, AA, grifo do autor).

Levai as cargas uns dos outros, e assim cumprireis a lei de Cristo (Gálatas 6:2, grifo do autor).

Como mencionamos anteriormente, a palavra grega para "levar" e "suportar" nos dois versículos é *bastazo*, que é sinônima da palavra hebraica *nasa*, que significa "levantar ou carregar", transmitindo a ideia de remover ou carregar para longe. Ao colocar em prática o ministério sacerdotal de Cristo de intercessão, não estamos simplesmente carregando os fardos *para* os outros; devemos carregá-los para longe dessas pessoas — como fez Jesus.

Por favor, lembrem-se, contudo, de que não estamos literalmente *refazendo* o que Cristo fez: estamos representando o que Ele fez. Há uma grande diferença entre os dois. Nós representamos Jesus estendendo Seu trabalho — foi Ele que levou sobre si nossas enfermidades, nossas doenças, nossos pecados e nossa rejeição quando foram "colocados" (*paga*) sobre Ele.

Ele é o bálsamo de Gileade (ver Jeremias 8:22), mas somos nós que aplicamos esse elixir de cura.

Ele é a fonte da vida (ver Jeremias 2:13; 17:13), mas nós somos os dispensadores da sua água da vida.

Ele é a vara consoladora do pastor (ver Salmos 23:4), mas Ele nos permite o privilégio de oferecê-la a outros.

Sim, Ele não apenas carregou sobre si nossas fraquezas, mas também "compadeceu-se das nossas fraquezas" (Hebreus 4:15). Ele foi tocado por elas, todavia sem pecado. E Ele quer nos tocar com essa mesma compaixão para que nós também possamos agir assim com outros.

Pense nisto: Jesus, que curou de modo tão imenso, quer "curar" através de nós; Jesus, o grande Sumo Sacerdote, quer fazer Seu trabalho através de nós; o grande Amante quer amar através de nós.

Ele inaugurou a nova aliança com o Seu sangue (ver Hebreus 12:24), mas ao se referir à *nossa parte*, Ele "nos habilitou para sermos ministros de uma nova aliança" (2 Coríntios 3:6).

Sim, Cristo nos tornou ministros habilitados. E se eu compreendo a palavra corretamente, ministros administram algo. O que administramos? Bênçãos e provisões da nova aliança.

E quem é o seguro e a garantia desses benefícios? Jesus, é claro. Então, esse versículo é apenas outra maneira de dizer que fomos feitos distribuidores capazes do que Cristo já realizou.

Ser Liberado por Outros que nos Prestam Auxílio

Esse versículo tomou vida para mim quando meu amigo Mike Anderson fez a seguinte afirmação: "Às vezes a aliança do Senhor é liberada para você através de outros que nos prestam auxílio." Naquela época, Mike e sua esposa eram missionários na Jamaica. Essa declaração fora feita com base em um caso de vida e morte que eles acabavam de enfrentar com seu filho, que contraíra uma doença grave. A criança, de dois ou três anos de idade, ficara tão mal durante vários dias, que chegara à beira da morte. Foi então que Mike ligou para mim e para algumas outras pessoas nos Estados Unidos.

Eu sabia que algo muito sério devia estar acontecendo quando a reunião de oração que eu dirigia foi interrompida para me informar do telefonema urgente da Jamaica.

— Sinto muito interromper sua reunião, Dutch — disse meu amigo Mike —, mas preciso desesperadamente da sua ajuda.

— O que aconteceu?

— É o meu filho Toby — respondeu Mike. — Ele esta à beira da morte com uma febre muito alta. Os médicos não conseguem encontrar a causa. Fizeram tudo o que o podiam, mas parece que nada está adiantando. Eles não sabem se ele consegue sobreviver mais uma noite nesse estado crítico. Estou orando sem parar por ele, mas parece que não está sendo suficiente para quebrar esse ataque. O Senhor me revelou agora que o estado dele está sendo causado por um forte espírito de enfermidade, que Ele permitiu que eu visse quando estava orando. Mas não estou conseguindo quebrar o poder desse espírito sobre o meu filho, mesmo tendo batalhado durante horas. Mas sinto que o Senhor me mostrou que, se alguns intercessores fortes se unirem a mim, podemos quebrá-lo.

Mike e sua esposa, Pam, são pessoas fortes no Senhor. Eles oram e são pessoas de fé. Eles entendem a autoridade do Espírito e não estavam em pecado. Por que, então, perguntariam vocês, eles não estavam conseguindo obter a vitória que precisavam sozinhos? Eu não sei. Mas suspeito que o Senhor queria lhes ensinar (e ensinar a nós que oramos com eles) o princípio que agora vou compartilhar com vocês.

As pessoas do meu encontro de oração e alguns outros para quem Mike ligou, todos começamos a orar. Pedimos a Deus para ir ao encontro (*paga*) de seu filho. Basicamente nós dissemos: "Pai, permita-nos assumir nosso papel sacerdotal como intercessores (*paga*), efetivando a vitória de Jesus nesta situação, representando ou administrando as bênçãos da nova aliança. Que sejamos o suporte de Toby e nos permita, junto com Cristo, ser tocados e nos compadecer dessa enfermidade. Coloque sobre nós (*paga*) esse fardo para que possamos levá-lo para longe (*nasa, bastazo*). Pedimos isso em nome de Jesus — fundamentados em quem Ele é e no que Ele fez por nós, Pai."

Então nós atamos o poder de Satanás sobre a vida daquela criança — em nome de Cristo, é claro, porque era a vitória dele que estávamos "administrando". Então "rosnamos" com a unção "da ursa" (ver capítulo 4). Calma, não foi bem assim, é só para descontrair e aproveitar o simbolismo. Além disso, acho que houve, sim, um rosnar no Espírito! Talvez seja mais correto dizer um rugido, porque o Leão da tribo de Judá rugiu através de nós. É verdade, Ele "ruge de Sião", sabiam? (Ver Joel 3:16; Amós 1:2.) E temos certeza de que Ele rugiu porque Mike ligou de volta algumas horas depois dizendo: "Quase que imediatamente depois que liguei para vários de vocês, pedindo-lhes para orar comigo, a febre cedeu e meu filho começou a melhorar. Depois de algumas horas ele estava bem e foi liberado do hospital."

Glória a Deus! O Corpo de Cristo funcionou como o Senhor pretendia e Jesus foi glorificado.

Mike continuou: "Perguntei ao Senhor por que eu precisava que outros me ajudassem a anular aquele ataque contra o meu filho. Ele me lembrou da história de Josué e do exército de Israel prestando auxílio ao gibeonitas, que estavam em minoria absoluta de cinco exércitos." Mike então recontou a história de Josué 9,10 para mim, que resumirei aqui para vocês.

Os gibeonitas eram uma das tribos cananeias que Josué e o povo de Israel deveriam destruir. Eles haviam enganado os israelitas, fazendo-os acreditar que vieram de um país distante, para assim poderem fazer aliança com eles. Josué e os israelitas foram negligentes e não oraram sobre isso, portanto, foram enganados a fazer um acordo que os amarrava a eles. (Você já se "esqueceu" alguma vez de orar sobre algo e se encrencou depois?)

Mesmo que esse acordo tenha nascido de um engano, a aliança entre eles ainda era válida e fazia de Israel um aliado de Gibeão. Portanto, alguns dias mais tarde, quando cinco exércitos marcharam contra Gibeão, eles chamaram Josué em busca de ajuda — fundamentados no acordo entre eles.

Mesmo tendo sido enganados a fazer aquela aliança, Josué e seu exército viajaram toda a noite para chegar a tempo e resgatar os gibeonitas. A história inteira é uma incrível demonstração do poder de uma aliança.

Depois de chamar a minha atenção para essa história, Mike então me disse as seguintes palavras: "Dutch, depois de me lembrar dessa história, o Senhor plantou o seguinte pensamento no meu coração sobre por que eu precisava de ajuda para ganhar essa vitória no espírito: 'Às vezes a aliança do Senhor é liberada para você através de outros que lhe prestam auxílio!'"

Isso não é profundo? O Todo-Poderoso administrando a bênção da aliança através de nós. É disso que se trata a intercessão. *Paga:* Ele "coloca sobre nós" a necessidade de alguém mais. *Anechomai:* nós nos colocamos como "suporte" para aquela pessoa. *Bastazo:* nós "levamos embora" a fraqueza ou o fardo.

Efetivar e Pisar — Conquistando o Inimigo

Outra profunda ilustração dessa parceria entre Cristo e a Igreja está exemplificada nessa mesma história de Israel e dos gibeonitas. Está em Josué 10:22-27. Josué é um tipo de ilustração, ou uma simbologia de Cristo do Antigo Testamento, enquanto Israel ilustra a Igreja. O nome de Josué, que, na verdade, é o equivalente em hebraico ao nome de Jesus, fora mudado anteriormente em sua vida para representar essa simbologia. Antes seu nome era Oséias.

Depois que Josué e o exército de Israel derrotaram os cinco exércitos cananitas em defesa dos gibeonitas, os reis desses exércitos fugiram e se esconderam em uma caverna.

Quando descobriu onde eles estavam, Josué ordenou que trouxessem os reis diante dele e os fez deitarem-se no chão. Ele estava prestes a realizar um costume muito comum: colocar o pé sobre o pescoço deles para demonstrar sua conquista. Muitas vezes o exército derrotado — ou exércitos, nesse caso — fazia uma espécie de desfile diante do rei ou general vencedor, para "exibir" sua conquista. Era a isso que Colossenses 2:15 se referia quando disse de Cristo: "E, despojando os principados e as potestades, publicamente os expôs ao desprezo, triunfando deles na cruz."

Josué, contudo, está prestes a fazer algo bem diferente e muito profético. Em vez de colocar seu pé sobre o pescoço desses reis, como era o costume da época, Josué chamou alguns de seus soldados e pediu que eles colocassem seus pés. Uma ilustração mais literal de Cristo e a Igreja, o exército do Senhor, não poderia nos ter sido dada. Para cumprir essa ilustração profética, quando Jesus derrotou Satanás e seus principados e potestades, os príncipes das trevas deste mundo, Ele também chamou para si o seu exército e disse: "Coloquem os pés no pescoço destes inimigos."

Quando Efésios 2:6 diz que Ele "nos ressuscitou juntamente com Ele", Cristo está dizendo: "A vitória não é só minha, mas sua também."

Ele também está dizendo: "O que fiz, vocês devem efetivar. Eu legalmente os coloquei debaixo dos meus pés — debaixo da minha autoridade —, mas vocês devem exercer essa autoridade em situações individuais, promovendo o seu cumprimento literal."

É por isso que Romanos 16:20 diz: "E o Deus da paz, em breve, esmagará debaixo dos *vossos pés* a Satanás" (grifo do autor). E Lucas 10:19 nos diz: "Eis que *vos* dei autoridade para pisar serpentes e escorpiões, e sobre todo o poder do inimigo; e nada vos fará dano algum" (grifo do autor). Foi isso que aconteceu quando ajudamos Mike: efetivamos e pisamos.

Às vezes, para levar o fardo é preciso também "pisar"!

O Salmo 110, que é um salmo messiânico profético relacionado a Cristo, também descreve nossa parceria com Ele. O salmo prediz que Cristo, depois de Sua ressurreição, subiria até a mão direita do Pai. De acordo com o Novo Testamento, quando Cristo subiu ao céu e se sentou no trono, Ele *já* tinha colocado todas as outras autoridades debaixo de Seus pés:

> Sujeitou todas as coisas debaixo dos seus pés, e para ser cabeça sobre todas as coisas o deu à igreja (Efésios 1:22, AA).

> Todas as coisas sujeitou debaixo de seus pés. Mas, quando diz: Todas as coisas lhe estão sujeitas, claro está que se excetua aquele que lhe sujeitou todas as coisas (1 Coríntios 15:27, AA).

Mas o Salmo 110 nos informa que Ele ainda estaria *esperando* para eles se tornarem o escabelo (lugar para colocar os pés) de seus pés: "Assenta-te à minha direita, *até* que eu ponha os teus inimigos por escabelo dos teus pés" (Salmos 110:1, grifo do autor).

Espere aí! Será que estamos diante de uma contradição entre essa profecia Messiânica e os versículos do Novo Testamento os quais dizem que depois que Jesus subiu à mão direita do Pai, eles *já* estavam debaixo dos Seus pés? Não. Então, por que a aparente discordância? Os inimigos *estão* debaixo de Seus pés ou *estarão* depois? A resposta é sim, eles estão *legalmente* debaixo dos pés de Cristo através da Cruz. E eles estarão *literalmente* ao fazermos a "nossa parte". Os versículos 2 e 3 do Salmo 110 descrevem a nossa parte:

> O Senhor enviará de Sião o cetro do teu poder. "Domina no meio dos teus inimigos." O teu povo apresentar-se-á voluntariamente no dia do teu poder, em trajes santos; como vindo do próprio seio da alva, será o orvalho da tua mocidade.

A palavra "poder" nessa passagem, *chayil*, também é traduzida como "exército".[7] Cristo procura um exército voluntário que enviará Seu cetro forte de autoridade, governando no meio de seus inimigos, efetivando Sua grande vitória. Então, mais uma vez, será que Ele colocou todas as outras autoridades debaixo de Seus pés, ou será que somos nós que devemos fazê-lo? Sim, Ele o fez; nós efetivamos. Ele conquistou Satanás e seu reino; nós efetivamos a vitória.

Como declaramos, às vezes para "levar o fardo" é preciso também "pisar".

Em outras palavras, quando Cristo coloca uma missão ou uma vontade de orar em nós (*paga*) para que possamos levar aquele fardo embora (*nasa, bastazo*), a tarefa envolve uma guerra no espírito. Nenhum aluno da Bíblia que se preze poderia estudar a palavra "intercessão" (*paga*) e separá-la do conceito de guerra. Isso se tornará óbvio quando tratarmos mais diretamente da guerra espiritual nos capítulos seguintes.

Tanto as palavras hebraicas e gregas usadas para "pisar", *darak* (hebreu)[8] e *pateo* (grego),[9] englobam o conceito de violência ou de guerra. A palavra hebraica *darak*, na verdade, veio a ser usada para a expressão "esticar o arco",[10] quando se está prestes a lançar uma flecha, e ainda hoje em Israel é usada para dar o comando, "carregar armas". As duas palavras também são usadas para pisar ou amassar as uvas ao fazer o vinho, um simbolismo usado para Cristo dominando Seus inimigos em Isaías 63:3 e Apocalipse 19:15.

O versículo em Apocalipse diz: "Da sua boca saía uma espada afiada, para ferir com ela as nações; Ele as regerá com vara de ferro; e Ele mesmo é o que pisa o lagar do vinho do furor da ira do Deus Todo-Poderoso." Aqui nos Estados Unidos conhecemos *O Hino de Batalha da República*, que tem uma parte extraída desses dois versículos das Escrituras: "Ele pisa o lagar onde as uvas da ira estão armazenadas, Ele disparou o raio fatal da Sua terrível espada afiada" (tradução nossa).[11]

Para mim, é impressionante que essas mesmas duas palavras sejam usadas para descrever não apenas Cristo em guerra, mas também a guerra que nós enfrentamos. Deixe-me lhes dar uma dessas referências. Em Josué 1:3, o Senhor disse a Josué: "Todo lugar que pisar a planta do vosso pé, vo-lo dei, como Eu disse a Moisés." A palavra "pisar" obviamente é *darak*. Deus não dizia a Israel que todo lugar por onde andassem ou pisassem era deles. Ele já tinha demarcado os perímetros da herança. Ele dizia simbolicamente: "Todo lugar em que vocês estiverem dispostos a carregar suas armas e tomar, darei a vocês."

Então, mais uma vez, Deus estava dando ou eles estavam tomando? As DUAS COISAS! E só para provar o meu ponto de vista, lembre-se de que a geração anterior, sob o comando de Moisés, estava com medo e não fazia o *darak* (carregar suas armas e lutar), portanto Deus não podia dar.

Por favor, não pense nem por um instante que seja diferente para nós hoje em dia. Essas coisas aconteceram a Israel como sombras ou exemplos para nós (ver 1 Coríntios 10:6,11). Aquilo que nosso Josué-Jesus tem e nos está dando não virá para nós automaticamente, só porque nós pertencemos a Ele. Nós, também, devemos pegar "as armas da nossa milícia" (2 Coríntios 10:4) e *darak*!

Isso é intercessão, tanto por meio de Cristo como por meio de nós. Muitas vezes precisamos fazer essa intercessão pelos nossos irmãos ao entrarmos em seus locais de desespero, colocando nosso rosto junto ao deles e levando embora os fardos ou as fraquezas, assim como fez Cristo.

- Que Cristo viva *através de você!*
- Que aquilo que falta nas aflições de Cristo — a nossa parte — já não falte mais!
- Que o cetro seja estendido por nós ao governarmos no meio de nossos inimigos, fazendo deles o escabelo dos pés do Senhor!
- Que o terrível rugir do Leão de Judá ressoe forte através da Igreja!
- Que a aliança do Senhor seja administrada na terra!

Li a seguinte história que aconteceu entre pai e filho, e que serve para finalizar este capítulo:

> Apesar de repetidos avisos, um rapazinho continuava chegando em casa tarde depois da escola. Certa manhã, seus pais o informaram de que não havia mais avisos — ele precisava chegar na hora naquela tarde.
>
> Mas ele se atrasou novamente.
>
> Naquela noite, durante o jantar, o jovem descobriu qual seria seu castigo. Sobre seu prato só havia um pedaço de pão. O garoto ficou chocado e perplexo. Depois de esperar alguns momentos para que o impacto da punição fosse plenamente sentido, o pai tirou o prato do garoto e lhe serviu sua porção de carne com batatas.
>
> Quando o garoto cresceu e se tornou um adulto, ele disse: "Toda a minha vida eu soube como Deus é por causa do que meu pai fez naquela noite."[12]

Ser como Cristo nos custará algo. Nossa causa tem um preço alto. O trabalho de intercessão tem um preço. Vamos pagar o preço. Vamos nos afastar da nossa mesa farta de vez em quando e mostrar a alguém como Deus é.

Questões para Reflexão

1. Explique os significados de *levar* e *suportar* na Bíblia. Como eles se aplicam à intercessão? O que *paga* tem a ver com *levar*?
2. Você sabe explicar como o bode expiatório é uma ilustração da intercessão?
3. Como a história de Josué e os israelitas em Josué 10:22-27 ilustra a parceria entre Cristo e a Igreja?
4. De que maneira o Salmo 110 retrata o relacionamento entre Jesus e a Igreja?
5. Você já disse hoje a Jesus que o ama?

Capítulo Seis

Proibido Ultrapassar

Cercas de Proteção

"Proibido jogar entulho. Transgressores serão violados."

Eu costumava rir sempre que passava de carro por esse cartaz. E não era nada escrito a mão, mas sim um cartaz, em metal, profissional, postado em uma cidade em Oklahoma (não direi qual). Era até um daqueles com luzes fluorescentes ao redor que dá para ler facilmente à noite. Mas quem escreveu deve ter se confundido, pois em vez de dizer "Violadores serão processados", disse "Transgressores serão violados".

Espero que tenham apenas se confundido. Talvez não. Talvez, naquela cidade, a lei violasse os transgressores em vez de processá-los. Resolvi que não queria descobrir.

A intercessão tem um aspecto relacionado à proteção: ela constrói cercas ao nosso redor. A intercessão coloca indicações e sinais de alerta no espírito de que estamos protegidos: "Proibido jogar entulho, Satanás. Violadores serão processados."

No capítulo dezenove de Josué, a palavra *paga* (intercessão) é usada várias vezes. A passagem descreve dimensões ou limites de cada tribo de Israel. É traduzida de várias maneiras nas diferentes traduções da Bíblia, incluindo "estende-se" e "sobe", "fronteira" e "divisa". A Bíblia *Spirit-Filled* diz que *paga*, quando usada nesse contexto, é o limiar de uma fronteira.[1]

Você ficaria surpreso por a palavra traduzida como "intercessão", *paga*, também ser traduzida como "cerca"? Não deveria. Para mim, parece bem lógico que cercas de proteção sejam relacionadas à oração. Quero ser enfático: Nós PODEMOS fazer cercas ou muros de proteção[2] ao nosso redor e ao redor de outros por meio da intercessão. Que consolo saber dessa verdade sobre essa palavra!

Muitos cristãos acreditam que estão automaticamente protegidos de acidentes, destruição, armadilhas, assaltos satânicos, etc.— não fazemos nada para causá-los —, que faz parte da vontade de Deus. Em outras palavras, quando Deus quer nos proteger dessas coisas, Ele nos protege; e quando escolhe não nos proteger, as permite.

Essa crença significa simplesmente que quer sejamos livrados de coisas destrutivas quer não, depende totalmente de Deus, e não de nós. Quem acredita nisso geralmente pensa que nada acontece a um cristão que não seja permitido por Deus. Outros chegam a dizer que isso é verdadeiro para todos, não apenas para os cristãos. Acreditam que Deus está no controle de tudo o que acontece sobre a terra.

O fato de Deus não estar diretamente no controle de *tudo* o que acontece na face da terra é algo que podemos constatar por meio de simples fatos:

- Ele nunca ia querer que uma pessoa fosse estuprada ou sofresse abuso.
- Ele nunca desejaria que um inocente sofresse.
- Ele jamais iria querer assassinatos, pilhagem, genocídio racial e milhares de outras coisas.

Princípios Governantes

Podemos responder à questão de Deus controlar diretamente ou não cada evento na vida de um cristão declarando que as leis básicas de colher o que se planta, causa e efeito, responsabilidade individual e livre arbítrio não são invalidadas quando recebemos a Cristo. *Todas* as promessas de Deus têm condições — princípios governantes. A maioria, se não todas, dessas condições envolve responsabilidades da nossa parte. A proteção não é uma exceção.

A maioria de nós não gosta disso. Ameaça-nos, e, de alguma maneira, enfraquece a nossa ideia de Deus imaginar que Ele não esteja totalmente no controle de tudo. E a maioria de nós fica ofendida com qualquer ensinamento que insinue que poderia ser culpa nossa quando acontece uma falha em recebermos proteção, provisão, cura, respostas à oração ou qualquer outra coisa de Deus.

Entendo como isso pode ser ameaçador — sinto-me ameaçado por mim mesmo —, mas não entendo por que haveríamos de nos ofender. Algum de nós declara ser perfeito? Não vamos todos errar de vez em quando? Então, por que haveríamos de nos ofender quando algo sugere que imperfeições e fracassos possam vir a nos atrapalhar?

Por que nos ofendemos e nos opomos a um ensinamento que diz que nossa descrença nos impede de recebermos algo, quando a Bíblia diz tantas vezes que se acreditarmos e não duvidarmos ou hesitarmos, receberemos (ver Mateus 17:20; 21:21; Marcos 11:22-24; Tiago 1:6,7)?

Por que nos ofendemos quando é mencionado que a nossa incapacidade de perseverar foi o que faltou, quando a Bíblia diz que "pela fé e *paciência* herdam a promessa" (Hebreus 6:12, ACF, grifo do autor)?

Por que ficamos confusos ou zangados quando é sugerido que o fato de não termos feito alguma coisa foi o que causou o fracasso, quando a Bíblia diz que se "estiverem dispostos a *obedecer*" comerão os melhores frutos desta terra (Isaías 1:19, NVI, grifo do autor)?

Cerca de oitenta por cento das pessoas que se consideram nascidas de novo não dão o dízimo, expondo-se assim a uma maldição. Mas ficam ofendidas quando alguém menciona que a falta de provisão é culpa delas (ver Malaquias 3:8-12).

Nós não perdoamos os outros, e ainda por cima temos a ousadia de achar que Deus vai nos ouvir e responder às nossas orações (ver Marcos 11:25,26).

Muitas vezes nos alimentamos mal, não fazemos exercícios e abusamos de nossos corpos de outras maneiras. E depois dizemos que nossa doença é vontade de Deus.

Não treinamos nossos filhos devidamente, mas nos ofendemos quando alguém sugere que sua rebelião é culpa nossa (ver Deuteronômio 6:7; Provérbios 22:6).

Não estamos em Cristo e na Sua Palavra, mas colocamos a culpa na "vontade de Deus" quando o versículo "pedirdes o que quiserdes" não tem uma resposta positiva (João 15:7).

Sabemos que a fé vem pelo ouvir e meditar na Palavra de Deus (ver Romanos 10:17), e a maioria de nós faz muito pouco disso. Mas se alguém sugere que não recebemos uma promessa por causa de nossa descrença, ficamos irados.

A Bíblia ensina que "aquele que habita no esconderijo do Altíssimo" recebe as promessas de proteção descritas no restante do Salmo 91... Mas também ensina que há uma armadura que devo usar e carregar, que inclui um escudo da fé, para combater os dados inflamados de Satanás (ver Efésios

6:13-18)... Que Satanás anda nos cercando como um leão bramidor procurando a quem devorar e que eu devo resistir a ele (ver 1 Pedro 5:8; Tiago 4:7)... Mas quando alguém sugere que talvez não tenha sido protegido de algum mal por culpa minha, fico ofendido. E você?

Não estou de modo algum dizendo que Deus *nunca* permite que passemos por dificuldades, que *todos* os nossos problemas sejam resultado de desobediências ou que *todas* as orações não respondidas sejam por causa da nossa falta de fé. Estou apenas dizendo que muitas coisas que saem erradas e muitas dificuldades são culpa nossa, não "a vontade de Deus"; cabe a nós fazer a nossa parte para assegurarmos que vamos receber proteção e outras provisões celestiais.

Vamos tentar deixar de lado nossos medos, nossas inseguranças e nossa tendência a ficarmos ofendidos. Vamos aceitar o fato de que a Bíblia está cheia de princípios que colocam a responsabilidade sobre nós, princípios que devem ser cumpridos a fim de recebermos as promessas de Deus. Entendamos que isso não invalida a graça nem promove a salvação pelas obras. Graça não significa "falta de responsabilidade" da nossa parte. Vamos entender que o amor de Deus é incondicional, mas Seu favor e Suas bênçãos, não.

Vamos deixar de lado toda a nossa preguiça, complacência e apatia. Vamos ter consciência de que às vezes deixaremos a desejar e não devemos nos condenar quando isso acontecer. *Vamos agir assim!*

Construindo Cercas de Proteção Através da Oração

Se você ainda estiver disposto a ler este livro depois dessa dissertação, voltemos à questão da proteção. Provavelmente você já imagina a esta altura que não acredito que somos automaticamente protegidos só por sermos cristãos. Devemos fazer o que nos cabe para garantir a proteção divina, e algo que podemos fazer é erguer cercas (*paga*) de proteção através da oração.

Ouvi um ministro em Fort Worth, no Texas, contar a história de outro pastor que há anos recebeu uma proteção divina como resultado de muros ou cercas de proteção (*paga*) criados através da oração. Esse pastor havia desenvolvido a disciplina de começar cada dia com uma hora de oração.

Certo dia, porém, sentiu fortemente que o Espírito Santo o estava guiando a orar por mais tempo, de maneira que continuou por mais uma hora.

Depois de duas horas ainda sentia que precisava continuar orando, de modo que perseverou por mais uma hora, pedindo proteção e bênção a Deus para o seu dia, como também outras coisas. Depois de três horas, sentiu que não precisava mais orar, e parou.

Naquela tarde, enquanto cortava a grama no jardim, sentiu algo bater continuamente contra sua perna. Olhando para baixo, viu uma cascavel tentando lhe dar o bote, mas ela simplesmente não conseguia. Em vez de dar o bote, batia contra os lados de sua perna.

Por que aquele homem sentira a necessidade de orar por mais tempo naquela manhã? O que estava fazendo? Entre outras coisas, criando "cercas" de proteção através da oração — *paga*.

Há quem diga, claro, que Deus não precisa de três horas de oração para proteger alguém de uma cascavel. Concordo. Ele não "precisava" de sete dias de marcha ao redor de Jericó para destruí-la tampouco, mas escolheu fazer assim. Ele não "precisava" cuspir no olho do homem para curá-lo, mas foi o que fez certa vez. Nem sempre sabemos por que Ele requer que as coisas sejam feitas de certa maneira, mas sabemos que para nós a *obediência é a chave*. Se Ele diz "três horas", então três horas será exatamente o necessário.

Habite no Esconderijo

Constância também é chave quando se trata de oração por proteção. Devemos "habitar" no esconderijo para "habitar" debaixo da sombra protetora do Altíssimo: "Aquele que habita no esconderijo do Altíssimo, à sombra do Onipotente descansará" (Salmos 91:1, ACF). Jesus igualou o esconderijo "secreto" ao aposento de oração em Mateus 6:6. A palavra "habitar" no Salmo 91:1 é *yashab*, que significa "permanecer ou morar; viver ou habitar".[3] O ponto que deve ser enfatizado é que isso deve ser um estilo de vida, não algo que se faz uma vez na vida. Devemos fazer desse esconderijo a nossa moradia ou "habitação". A vida de oração de muitos crentes é esporádica demais para se poder edificar paredes sólidas de proteção.

A palavra "habitar" nesse mesmo versículo é *luwn*, que significa, entre outras coisas, "passar a noite".[4] Vamos ler então com este significado: "Aquele que habita no esconderijo do Altíssimo, irá *passar a noite* à sombra do Onipotente." Em outras palavras, a oração é como a Palavra de Deus — não lemos tudo hoje para nos bastar a semana inteira. Temos de ter o nosso "pão de cada dia" ou maná. Da mesma maneira, temos de ir ao esconderijo diariamente, e quando fazemos isso podemos "passar a noite" lá. Amanhã, porém, devemos voltar. Constância é a chave.

Ouvi um ministro visitante em Eaton, estado de Ohio, contar o seguinte testemunho da proteção de Deus na Segunda Guerra Mundial. Ele serviu em um navio no qual ele e outros marinheiros separavam um tempo para orar, todos os dias, buscando a Deus pela sua proteção e também a do navio. O que eles faziam? Criavam cercos (*paga*) de proteção.

Ele conta que em uma batalha, "um avião inimigo jogou uma bomba no convés do navio. Em vez de explodir, para a surpresa de todos, a bomba quicou e caiu na água, como se fosse uma bola de borracha!" Ele diz que, então, batalha após batalha, o navio foi milagrosamente poupado.

A Hora Certa de Orar

Cercas de proteção! Proibido ultrapassar! Viva no esconderijo!

Esse aspecto da intercessão não é apenas algo que fazemos de modo *geral*, regularmente pela nossa família e nossos amados. Também há momentos *específicos*, nos quais o Espírito Santo nos adverte de certas situações que precisam de uma oração de proteção. Esses momentos são o que a Bíblia chama de *kairós*.

Há duas palavras gregas para "tempo". Uma é *chronos*, que significa tempo em geral, o "tempo no qual qualquer coisa *é* feita".[5] A outra palavra, *kairós*, é o tempo estratégico ou "o tempo certo; o momento oportuno no qual algo *deve ser* feito".[6]

Uma janela de oportunidade seria um tempo *kairós*.

Um ataque bem planejado em guerra seria um tempo *kairós*.

Quando alguém está em perigo ou prestes a ser atacado por Satanás, é um tempo *kairós*.

Que horas são seria um tempo *chronos*.

A Bíblia fala de tentações oportunas (*kairós*) (ver Lucas 4:13; 8:13). Não resta dúvida de que tentações ocorram coincidentemente — alguém estar no lugar errado na hora errada —, mas também há tentações bem planejadas e oportunas. Vale a pena estarmos alertas, tanto por nós mesmos como por outros. Já me aconteceu de o Espírito Santo me incitar a orar por pessoas, especialmente jovens crentes, com o pensamento, *é um momento* kairós *de tentação para eles.* Foi o que aconteceu em Lucas 22:31,32 quando Jesus intercedeu por Pedro, orando para que ele não desfalecesse na fé depois de negar a Cristo. E funcionou.

Será que algumas pessoas que se afastaram de Cristo poderiam não ter se afastado se alguém tivesse intercedido por elas em oração?

A Bíblia também nos fala de perseguições estrategicamente planejadas para determinado momento (ver Atos 12:1; 19:23). De modo geral, são enviadas para nos desencorajar, nos distrair ou, em casos extremos, nos destruir. Nessas referências, durante tempos de reavivamento e sucesso na Igreja Primitiva, Satanás lançou ataques bem orquestrados de perseguição, e eles falharam.

Será que muitas das perseguições contra a Igreja não poderiam ser detidas ou virem a dar em nada se estivéssemos alertas e intercedêssemos em oração contra elas?

Esquecemos muitas vezes a instrução recebida de não nos apoiarmos no nosso próprio entendimento, e falhamos em reconhecer o Senhor em nossa intercessão (ver Provérbios 3:5,6). Nós não esperamos ou ouvimos as impressões do Espírito Santo, e geralmente somos nós que saímos perdendo. Esquecemos que "a nossa luta não é contra o sangue e a carne" (Efésios 6:12), e que "as armas da nossa milícia não são carnais" (2 Coríntios 10:4). Tememos ter consciência dos demônios (e dar muita ênfase a eles), de modo que ignoramos isso. Às vezes nossa busca por equilíbrio nos deixa desequilibrados.

Efésios 6:18, cujo contexto é a guerra espiritual, diz que nós devemos estar "vigiando [...] por todos os santos" e "orando em todo tempo [*kairós*] no Espírito". Ele não nos diz para orarmos o tempo todo, que seria *chronos*, mas sim para oramos nos momentos estratégicos (*kairós*). Em outras palavras, estamos em uma guerra, e se estivermos vigiando, Ele nos avisará dos ataques do inimigo nos momentos certos (*kairós*) para que possamos construir uma cerca (*paga*) de proteção em oração.

Kairós, um Tempo para *Paga*

Há anos, certa manhã, estava orando e o Senhor me deu uma imagem. Há quem chame de visão. Não importa como seja chamado, vi algo: uma cascavel enrolada nos pés de meu pai. Pareceu-me um momento *kairós*! Passei uns quinze minutos orando fervorosamente pela sua proteção até que me senti em paz.

Ele me ligou no dia seguinte — estava na Flórida e eu no Texas — e disse:

— Você nem imagina o que me aconteceu ontem. Jodie [minha madrasta] foi ao barracão do quintal e antes de entrar direto, como geralmente faz, abriu a porta, parou e olhou para o chão. Havia uma cascavel bem onde ela iria pisar. Ela andou para trás com cuidado e veio me chamar, e eu matei a cobra.

Eu disse para o meu pai:

— É, eu sei.

Surpreso, ele perguntou:

— Como você soube?

— Eu vi no espírito — respondi — e orei pela sua proteção. Você me deve uma. (Não, eu não disse isso. Agi com verdadeira humildade e disse algo tipo: "Glória a Deus" ou "Obrigado, Jesus." Você sabe como fazemos!)

O que eu estava fazendo ao orar por ele? Criando um muro (*paga*) de proteção ao seu redor e de Jodie.

Como é que orei? Pedi ao Pai para protegê-los. Amarrei qualquer tentativa de Satanás de feri-los. Citei um versículo ou dois da Bíblia de promessas de proteção de Deus. E então orei no Espírito.

Gail Mummert, membro da nossa comunidade em Colorado Springs, contou o seguinte testemunho impressionante de proteção durante um momento *kairós* em Lancaster, no Texas:

> Voltando de carro para casa debaixo de um clima que ameaçava uma tempestade, meu marido Gene ligou o rádio para ouvir o noticiário local. Fora detectada uma coluna de nuvens próxima a nós. Quando chegamos em casa, estava tudo estranhamente calmo.
>
> Pouco depois o vento começou a soprar com fúria. As árvores se dobraram e as paredes da casa começaram a balançar. As janelas vibravam e começou a cair granizo na garagem.
>
> — Vá para o corredor e feche as portas — meu marido gritou. — Pegue travesseiros e uma lanterna.
>
> — Vovó, estou com medo — gritou William, nosso netinho de cinco anos.
>
> — Jesus vai cuidar de nós. Não tenha medo — eu lhe disse. De repente, as sirenes começaram a tocar em nossa pequena cidade.
>
> As paredes se mexiam como se não estivessem presas a nada.

— Se não estamos em um furacão, estamos perto de um — gritou Gene ao entrar correndo pelo corredor.

— Vamos nos dar os braços e sentar no chão —, disse eu.

— Eu amo vocês — disse-nos Gene cercando-nos com cobertores e travesseiros. Ele nos cobriu com seu corpo e nos envolveu com seus braços.

Um vento fortíssimo nos cobriu e nos sugou a todos juntos.

— Orem! Continuem orando — ele disse.

— Deus Todo-Poderoso, nos ajude! — gritamos.

Houve uma explosão! Janelas eram despedaçadas, vidro partido voava por todo lado. Outra explosão. As paredes cederam. Os destroços voavam como flechas em direção ao alvo por todo lado.

— Jesus, nos ajude! Tu és o nosso Salvador! Tu és o nosso Rei! —, gritei em alta voz. Olhei para cima — o telhado estava caindo sobre nós. Uma escada quebrou nas costas do meu marido.

— Agora, comecem a louvar o Senhor —, gritou Gene em meio ao vento. O próximo golpe foi o pior. Não havia nada que pudéssemos fazer. Só o Senhor para nos ajudar. Tudo estava fora de controle, mas sabíamos da soberania de Deus. Sabíamos que estávamos a ponto de morrer, mas gritamos:

— Obrigado, Jesus! Obrigado, Senhor!

De repente, fui inundada de paz. Uma doce voz falou ao meu coração: "Ouvi seu pedido por socorro. Dobrei os céus por vocês. Não importa o que aconteça ao seu redor, estou aqui protegendo-os." Comecei a chorar e sabia que Jesus estava nos protegendo. Parecia que os Seus braços nos cercavam. Eu sabia que estaríamos seguros.

O furacão passou. Começou a chover tão forte como nunca vira antes. Estávamos seguros.

— "Mamãe, estou vendo o céu — disse o pequeno William.

— William, é porque estamos sem telhado. Provavelmente tampouco temos alguma parede — Gene lhe informou. — Estou tão grato por estarmos bem.

Nossa filha Wendy perguntou:

— Jesus nos protegeu, não foi?

Apesar de estarmos debaixo de toneladas de destroços, nosso cabelo coberto de restos do isolante do forro e de vidro, estávamos bem. Com apenas uns pequenos ferimentos.

Isso é que é um muro de proteção! Várias pessoas morreram e muitas ficaram feridas naquele furacão devastador, mas os braços eternos do Senhor protegeram a família Mummert. Gail teve o privilégio de contar toda a sua história para o periódico *The Dallas Morning News*. O jornal até imprimiu seu testemunho da proteção de Deus.

Eu tinha uma amiga em Dallas, vários anos atrás, que viveu uma interessante resposta à oração em uma situação *kairós*. Ela havia ido cedo pela manhã visitar seu filho e sua nora. Seu filho trabalhava no turno da noite, de modo que, enquanto o esperava voltar, sua esposa e sua mãe passaram um tempo juntas. À medida que o tempo passou e o rapaz não chegava, a mãe começou a se preocupar. Algo não estava bem.

Pensando que talvez ele ainda estivesse no trabalho, ligaram para o local: "Não", responderam, "ele já foi". Ainda mais alarmada, a mãe disse: "Estou preocupada. Vamos até o trabalho dele."

Ela imaginou que seu filho havia deixado o trabalho no horário de sempre e já deveria estar em casa, quando, na verdade, ele havia acabado de sair pouco antes de ela ligar. Mas o Senhor estava guiando até mesmo isso, porque, apesar de ele não estar ainda em nenhum perigo, o Espírito Santo sabia que um momento *kairós* estava prestes a acontecer na vida daquele jovem, e queria que aquela mãe que ora estivesse lá quando acontecesse.

Quando as duas senhoras dirigiam em direção ao trabalho dele em uma avenida movimentada de Dallas, viram-no passar em sua moto, a oitenta quilômetros por hora, na outra pista em sentido contrário. Ainda observando-o, viram quando ele adormeceu na direção e saiu da pista, bateu contra o meio-fio e foi lançado a cerca de cento e cinquenta metros dali. Ele nem estava usando capacete.

Enquanto o rapaz voava pelos ares, sua mãe orou: "Jesus, proteja meu filho!" Ela continuou orando enquanto faziam o retorno para chegar até ele. Já havia uma multidão ao redor do rapaz, e elas foram correndo, perguntando-se o que iriam encontrar.

E encontraram um milagre! Nenhum ferimento — nem um osso quebrado, nenhum corte, nenhum ferimento interno. Apenas um jovem perguntando-se o que havia acontecido.

Paga acontecera... *Kairós paga* acontecera! Um cerco de proteção. Uma mãe levada pelo aviso do Espírito Santo e que estava, portanto, no lugar certo na hora certa.

Isso quer dizer que se você não estiver no local quando uma pessoa amada sofrer um acidente, você então é o culpado pelos seus ferimentos ou pela sua morte? Claro que não. Se todos vivessem tentando adivinhar os momentos certos, ficaríamos loucos. Simplesmente significa que devemos estar alertas, e quando formos avisados pelo Espírito Santo, devemos responder a esses avisos com oração — criando alguns muros.

Ouvi um palestrante convidado na igreja Christ for the Nations [Cristo para as Nações] em Dallas, no Texas, contar outra história interessante envolvendo não um *momento kairós*, mas uma *ocasião kairós* de criar cercas (*paga*) de proteção.

Ele tinha um sonho muito vívido e recorrente, que sentia ser fortemente um aviso do Senhor de que sua filha casada estava morrendo. No sonho, ele não via como ela morria, mas sentia fortemente que Satanás tinha um plano meticuloso para tirar a vida dela. Para não alarmá-la, ele contou isso apenas ao seu genro e os dois começaram a interceder (*paga*) em oração diariamente pela segurança dela. Estavam criando o muro (*paga*) de proteção ao redor dela.

O ministro disse como várias vezes ao dia — enquanto trabalhava, dirigia o carro, caminhava; sempre que se lembrava — ele amarrava o plano de Satanás de tirar a vida de sua filha. "Como ele fazia isso?", alguns podem perguntar. "O que ele dizia?" Ele provavelmente dizia coisas como:

- "Pai, trago minha filha a Ti." Isso é fazer uma "reunião" (*paga*) com Deus.
- "Eu lhe peço para protegê-la de qualquer armadilha que Satanás possa ter feito para ela. Tu disseste que nos livraria do laço do passarinheiro" (ver Salmos 91:3). Isso é criar "cercas" (*paga*) de proteção.
- "Obrigado por colocar esse peso, esse desejo de orar, em meu coração para que eu possa levantá-lo e afastar dela (*nasa*) este encontro com a morte." Isso é levar a carga ou as fraquezas do outro que nos são "postas" (*paga*).
- "Satanás, eu amarro este seu plano e quebro qualquer vantagem que você possa ter adquirido nessa situação. Suas armas contra ela não prosperarão e você não vai lhe tirar a vida." Isso é "enfrentar" (*paga*) o inimigo para derrotá-lo.
- "Faço isso em nome de Jesus!" Isso é fundamentar todas as nossas *orações* na *obra* que Cristo já fez. É *representá-lo*, ministrar o que Ele já realizou... *efetivar* Sua vitória.

Cerca de um mês depois — lembre-se de que eu disse que era uma *ocasião kairós* e que ele orava *diariamente* —, sua filha recebeu uma promoção no trabalho. Com a promoção recebeu também um seguro de vida para o qual um exame médico era obrigatório.

Foi então que, depois de um exame de sangue, o médico a abordou, quase em pânico, com a pergunta e os seguintes comentários: "Moça, que dieta você tem seguido? Não há nenhum rastro de potássio em você! Você deveria estar morta. Não há explicação plausível para continuar viva. Quando essa deficiência ocorre, a pessoa normalmente sente-se bem, mas cai morta de repente. Temos de levá-la imediatamente ao hospital e começar um tratamento para repor o potássio em seu organismo."

Ela sobreviveu, claro. Há semanas fazia uma dieta estranha, durante a qual só ingeria dois tipos de alimentos. Apesar de não haver explicação plausível de como ela tinha conseguido sobreviver, sabemos da explicação espiritual: uma cerca (*paga*) de proteção havia sido criada no espírito por meio da oração.

Estou à Sombra do Onipotente — Mantenha a Distância!

Talvez o exemplo mais impressionante de intercessão de tempo *kairós* em minha vida ocorreu em uma de minhas viagens à Guatemala. Eu era uma das quarenta e cinco pessoas viajando para um lugar remoto no rio Passion, na floresta Péten. Nossa missão deveria construir uma combinação de estação médica e evangelização na margem do rio. Tínhamos de construir dois prédios e também realizar algumas pregações pelos povoados vizinhos.

Foi uma viagem impressionante. Comemos carne de macaco e de jiboia. Matamos tarântulas gigantes, um escorpião de uns vinte centímetros e uma cobra coral em nosso acampamento. Fui atacado por formigas que, sem sabermos, haviam se refugiado na lenha que estávamos transportando e sobre as quais dormíamos enquanto viajávamos a noite inteira rio acima. Voamos em aviões velhos da força aérea e pousamos em campos dos quais precisaram evacuar as cabras antes de chegarmos. (Nada disso tem qualquer coisa a ver com a oração, mas é para que você saiba como sou inacreditavelmente corajoso e tenho sofrido pela causa de Cristo.)

Nosso líder, Hap Brooks, pediu que eu dirigisse o louvor da proa da nossa canoa esculpida em um tronco de árvore. Seu preferido era *It's a Good Life*

Livin' for the Lord" [Que Boa Vida é viver para o Senhor, em tradução livre]. Ele também me fez soar meu grito de Tarzan, que era incrivelmente bom e reverberava por todo o rio e para dentro da selva. Os nativos dos povoados ficavam no leito do rio e ouviam. Como nunca tinham visto nem ouvido falar de Tarzan, claro, não ficavam terrivelmente impressionados — na verdade, sua expressão era mais do tipo: "Quem é aquele idiota?" Ou seja, até os animais da floresta começarem a vir até mim! Eles também tinham a mesma expressão. (Mais uma vez, isso não tem nada a ver com oração, mas é só para que saibam como sou incrivelmente talentoso.)

Voltando ao propósito da história. Antes de partirmos para a selva, passamos nossa primeira noite (sexta-feira) na capital da Guatemala, conhecida como Cidade da Guatemala. Tínhamos arranjado meses antes um acordo com a companhia aérea Guatemala para nos levar de avião no dia seguinte até a selva. Quando chegamos ao aeroporto na tarde de sábado, formos informados de que eles tinham mudado os planos e não nos levariam naquele dia, mas sim no próximo.

Sentindo a necessidade de seguir conforme o nosso horário por causa do tempo limitado que tínhamos para realizar nossa missão, nossos líderes pressionaram a companhia aérea por três horas para que honrassem seu acordo original.

—Não — disse o gerente em seu inglês ruim — levamos vocês amanhã.

— Mas o senhor concordou em nos levar hoje meses atrás — argumentamos.

— Não temos piloto disponível — responderam.

— Encontrem um — rogamos.

— Para que a pressa? Desfrutem a cidade — nos diziam.

E assim foi por três horas. Entramos e saímos de escritórios, falávamos com um encarregado após o outro. Finalmente, exasperado, um deles jogou as mãos para cima e disse:

— Ok, vamos levar vocês agora! Entrem naquele avião. Rápido!

Todos nós correremos para o avião e jogamos nossas bolsas e ferramentas no bagageiro. Queríamos partir antes que mudassem de ideia.

Naquela noite, há quase quatrocentos quilômetros de distância, um terremoto abalou a Cidade de Guatemala ceifando cerca de trinta mil vidas em pouco mais de trinta segundos! Se tivéssemos ficado na cidade mais uma noite — como a companhia aérea queria — algumas pessoas da nossa equipe teriam morrido e outras ficariam feridas. Podemos dizer isso com certeza porque, ao voltarmos à cidade, vimos o prédio no qual estivemos na noite antes ao terremoto e no qual teríamos passado a noite novamente se não houvéssemos partido no sábado — com vigas enormes caídas sobre as camas.

A conexão entre tudo isso e nosso assunto é que uma intercessora de nossa igreja, em Ohio, teve um forte sentimento de que deveria orar por nós no nosso segundo dia de viagem. Ela orou por *três horas* em intercessão intensa por nós. Advinha que três horas foram aquelas? Exatamente. As três horas que os nossos líderes estavam negociando com os encarregados da companhia aérea.

Não sabíamos que nossa vida corria risco se permanecêssemos na cidade, mas Deus sabia. Essa intercessora tampouco sabia. Ela só sabia que, por algum motivo, sentiu uma forte impressão de que tinha de orar por nós. Ela estava vigiando, como Efésios 6:18 nos instrui, e percebeu o momento *kairós*. Não restam dúvidas para mim de que ela ajudou a criar a proteção e a intervenção da qual desfrutamos.

Há vida e socorro no esconderijo da oração, mas ela não é automática para os que creem. Apesar de termos promessas de proteção do nosso inimigo, temos um papel definido a desempenhar para tanto nós como os outros receberem essa proteção. Quem intercede em oração sabe disso e não deixa nada para o acaso, mas coloca sinais para todas as forças do inferno verem: "Estou à sombra do Onipotente. Mantenha a distância!"

Questões para Reflexão

1. Qual é a conexão entre *paga* e a proteção recebida?
2. Os cristãos são automaticamente protegidos de tudo? Tudo que nos acontece é permitido por Deus, ou as nossas ações e a nossa oração têm parte nisso? Explique.
3. Comente sobre ser constante em oração com relação à proteção.
4. Explique a diferença entre *chronos* e *kairós* e como isso se relaciona com a intercessão.
5. Você tem colado alguns cartazes de "Não ultrapasse" ultimamente?

Capítulo sete

Borboletas, Camundongos, Elefantes e Alvos

Aconteceu por Acaso

Eu estava nas nuvens, literalmente. A cerca de seis mil metros de altura, na verdade. Estava fazendo *parasailing** em Acapulco.

Minha esposa Ceci e eu estávamos no último dia das nossas férias de três dias naquele local turístico. Tinha observado aquele esporte a semana inteira, vendo os barcos puxando as pessoas da praia e lançando-as ao ar, e por sobre aquele lindo espelho d'água. Aqueles marinheiros do ar voavam sem esforço por cinco a dez minutos, desfrutando a liberdade de estarem livres dos laços desta terra, e eram depois devolvidos à praia. Para espanto e alegria de nós, seres terrestres menos aventureiros, eles pousavam suavemente e aceitavam os nossos aplausos. Nem sequer se molhavam.

Observei aquilo por dois dias. Ora, eu sempre quis saltar de paraquedas — na verdade, eu mais me perguntava como seria saltar de paraquedas —, mas era esperto o suficiente para não fazer aquilo antes de me casar. Minha esposa desde então me pede para não saltar, e agora essa é a minha desculpa. *Mas talvez isso satisfaça a minha curiosidade*, pensei enquanto observava aquilo. Finalmente, decidi que não era tão curioso assim a ponto de tentar.

Nós, homens, temos uma necessidade constante de impressionar as mulheres na nossa vida, demonstrar como somos intrépidos e nossa capacidade de encarar qualquer desafio.

— Puxa, isso parece muito legal — disse minha esposa.

— Ah, não parece assim tão difícil — respondi com o ar mais despretensioso que consegui simular tipo "qualquer um faz aquilo". — A pessoa só

* Passeio de paraquedas rebocado por uma lancha (N.T).

precisa sair correndo da praia e deixar o barco fazer todo o resto. Eu faria, mas você provavelmente não deixaria. Além disso, não vale todo o dinheiro que cobram.

Fiquei absolutamente petrificado quando ela respondeu toda emocionada:

— Ah, eu não me importaria, não. Na verdade, amaria ver você fazendo isso, e não é assim tão caro. Vai lá!

Ai, meu Pai do céu, gritei por dentro, *me tira dessa! Você é que tem de se tirar dessa*, ouvi no fundo do coração. *Foi você quem se meteu nisso.*

— Ah, você só está dizendo isso para me agradar, querida — foi minha resposta. — Sei que morreria de medo se eu fizesse aquilo, mas obrigado por pensar em mim. Não vou fazer você passar por essa angústia.

— Não, é verdade, *quero* que você vá. Daria uma foto linda e, além disso, o que poderia dar errado? — ela perguntou. — Vai lá.

— Tudo bem — disse eu, tolamente. — É, o que poderia dar errado?

Há momentos na vida nos quais devemos fingir que estamos mal, dizer que estamos com uma dor de cabeça inexplicável ou simplesmente nos humilharmos, admitirmos que somos um macho mentiroso e egoísta, e nos arrependermos do nosso pecado. Mas eu resolvi salvar as aparências. Agora me diga, com o senso de justiça e o humor de Deus, você acha realmente que Ele ia deixar eu me safar daquilo?

Era a nossa última manhã lá. Íamos partir dentro de uma hora mais ou menos. Eu estava com as minhas roupas de sair, sapatos e tudo. Nem tirei o relógio. Afinal de contas, as pessoas nem tocavam a água. Eu deveria saber que as coisas nem sempre acontecem como planejadas quando me fizeram assinar aquele formulário de responsabilidade, mas...

Eu fui o primeiro do dia. A largada foi bem rotineira e dentro de segundos eu já estava a seis metros de altura, desfrutando a vista da praia lá de cima. Como eu era o primeiro freguês do dia, eles me puxaram bem pertinho da praia a apenas uns cinquenta metros mais ou menos de distância para fazerem propaganda de seu negócio.

Eu, na verdade, comecei a gostar do passeio. Era mesmo uma viagem nas alturas. As pessoas na praia começaram a acenar para mim e me encorajar. Eu era o centro das atenções de todos. Eu, claro, retribuía o gesto e acenava para todos, tipo, "não estou querendo aparecer, isso aqui não é nada". Estava dando uma de gostosão, ao estilo "fique frio e relaxe".

De repente, tive uma sensação estranha de que a água estava se aproximando. Um segundo depois eu sabia que estava se aproximando. Mais outro segundo e caí na água com tudo. "A queda dos poderosos!"

Isto é impossível, pensei. *É um sonho. Sonho não, pesadelo.* Lembrando que eu nunca tinha provado a água salgada em um sonho, não demorou muito para eu perceber que não era sonho nenhum, mas a realidade do que estava acontecendo. Nadei até o barco, cujo motor havia parado, e subi a bordo. Agora estava mesmo frio — molhado e frio!

O piloto do barco finalmente conseguiu ligar o motor e me levou de volta ao ponto de partida. Com o meu melhor "não tem problema, na verdade, foi até divertido", acenei para as pessoas na praia. Até hoje não acho que minha esposa saiba como eu realmente me senti, visto que a maioria das mulheres nunca parece entender quando o ego masculinho está se autoafirmando. Ora, outro dia mesmo quando ela achou que precisávamos parar para perguntar o caminho...

Posso ouvir a sua mente trabalhando e você se perguntando que parte dessa história pode ter alguma relação com a intercessão, a não ser por aqueles dois segundos quando eu orei SÉRIO e pedi socorro a Deus. Na verdade, outra de nossas definições de *paga* foi usada nessa história, que é "cair em ou sobre".[1] O conceito, claro, é pousar em ou chegar a certo lugar, que acontece por acaso. Podemos, portanto, usar as palavras "por acaso" ou "deparar". Vou lhe dar a referência disso em breve e explicar a conexão com a oração, mas vejamos antes mais outros pontos introdutórios.

Nosso Ajudador

Este capítulo é sobre o nosso Ajudador, o Espírito Santo. Sem dúvida o maior segredo para uma intercessão de sucesso é aprender a cooperar com o Espírito Santo, permitir-lhe ser tudo o que Ele foi enviado para ser em nós. Jesus o chamou de "Ajudador" em João 14:26: "Mas o Ajudador, o Espírito Santo a quem o Pai enviará em meu nome, esse vos ensinará todas as coisas, e vos fará lembrar de tudo quanto eu vos tenho dito" (AA).

Algumas traduções usam a palavra "Consolador" em vez de "Ajudador", mas a palavra é *parakletos* e significa "aquele que é chamado para estar ao lado para ajudar, auxiliar ou apoiar".[2] É uma palavra tão poderosa que a versão *Amplified*, em língua inglesa, usa essa palavra para comunicar a riqueza de seu significado: "Consolador (Conselheiro, Ajudador, Intercessor, Advogado, Fortalecedor, Companheiro), o Espírito Santo." Contudo, quero focar nele como o nosso "Ajudador" e "Intercessor".

Lemos em Romanos 8:26-28 que Ele quer nos ajudar em nossa vida de oração:

> E da mesma maneira também o Espírito ajuda as nossas fraquezas; porque não sabemos o que havemos de pedir como convém, mas o mesmo Espírito intercede por nós com gemidos inexprimíveis. E aquele que examina os corações sabe qual é a intenção do Espírito; e é ele que segundo Deus intercede pelos santos. E sabemos que todas as coisas contribuem juntamente para o bem daqueles que amam a Deus, daqueles que são chamados segundo o seu propósito (ACF).

Note que o versículo 28 começa com a palavra "e", que é uma conjunção que une o versículo 28 aos versículos 26 e 27, fazendo com que dependa do que é dito antes. Em outras palavras, todas as coisas NÃO concorrem para o bem na vida dos cristãos a não ser que certas condições sejam satisfeitas. Todas as coisas PODEM concorrer para o nosso bem, e a vontade de Deus é que concorram para o nosso bem, mas não é algo automático. Temos de fazer a nossa parte. As coisas boas acontecem à medida que os versículos 26 e 27 são colocados em prática.

Eu não acredito que a intercessão do Espírito Santo nesses versículos seja apenas o "dom de línguas". Contudo, a maioria de nós nos círculos pentecostais e carismáticos acredita que inclui esse dom, que acreditamos permite ao Espírito Santo literalmente orar através de nós. Não é minha intenção neste livro provar isso, nem estou querendo dizer que as pessoas que não praticam o dom de línguas fazem orações de menor valor.

Se você não ora dessa maneira, não tenho a intenção de ofendê-lo. Eu tenho muito amor e respeito pelos meus irmãos e irmãs em Cristo que não são pentecostais. Contudo, é impossível para mim compartilhar o que acredito que o Senhor me ensinou com relação a essa passagem sem fazer referência a orar em línguas, ou como a Bíblia também diz, "orar no Espírito".

Vou, portanto, falar um pouco sobre isso. Contudo, partindo desse ponto de vista, em um esforço para ser inclusivo e não ofender ninguém tanto quanto me for possível, usarei apenas a frase "orar no Espírito". Para os leitores pentecostais, quando virem essa frase, por favor, saibam que estou incluindo "línguas". Para o restante de vocês, por favor, interpretem segundo a sua crença do que significa "orar no Espírito".

Essa passagem diz que o Espírito Santo quer nos ajudar em nossa "fraqueza". A palavra grega usada é *astheneia* e significa literalmente "sem força" ou habilidade".[3] Uma "inabilidade de produzir resultados" é o conceito comunicado pela palavra.

Você já se sentiu incapaz, em sua vida de oração, de produzir resultados? Já deparou contra uma "montanha" que não conseguia mover? Eu me lembro de que isso me aconteceu alguns anos atrás... Ou será que foi algumas horas atrás? Ora, enfrentar barreiras é um fato da vida.

O Senhor então diz nesse versículo que uma das razões pelas quais temos essa "inabilidade de produzir resultados" é porque nem sempre "sabemos orar como devemos". A palavra "devemos" aqui é uma palavra muito importante. O original para ela, *dei,* é principalmente um termo legal que significa "o que é necessário, correto ou adequado segundo a natureza do caso; algo que deve ser feito; algo que se é obrigado a fazer por lei".[4]

Por exemplo, Lucas 18:1 nos diz: "O *dever* de orar sempre e nunca esmorecer" (grifo do autor). O versículo não diz, "seria uma boa ideia orar". Ele declara: "É absolutamente necessário — obrigatório — você orar."

Jesus usou essa palavra quando falou sobre a mulher tomada por um espírito de enfermidade: "Por que não se devia livrar deste cativeiro, em dia de sábado, esta filha de Abraão, a quem Satanás trazia presa há dezoito anos?" (Lucas 13:16). O motivo que Jesus deu para ela ser livre daquele espírito era o fato de ela ser "uma filha de Abraão". Em outras palavras, ela tinha o direito àquilo, que lhe fora conferido por uma aliança. Como Jesus era capaz de lhe dar o que ela tinha direito, Ele em essência estava dizendo: "Não é necessário e não sou obrigado a livrar esta filha de Abraão desta enfermidade?"

Agora que entendemos a força da palavra, voltemos a Romanos 8:26. O Senhor está dizendo que nem sempre sabemos o que precisa acontecer em determinada situação. Nem sempre sabemos o que é necessário ou certo.

Eu me vejo me perguntando por vezes: *Como vou orar para esta pessoa ou situação, Senhor? O que precisa acontecer?*

Outras vezes tenho me sentido guiado pelo Espírito Santo a orar por alguém, contudo sem condições de saber na hora por que a pessoa precisava de oração.

Às vezes intercessores maduros são levados pelo Senhor a orar, e essas pessoas não só não sabem pelo que estão orando, mas nem sequer sabem por quem estão orando. Elas simplesmente sentem a necessidade de orar. Essa situação fala de uma fraqueza, da inabilidade de produzir resultados. Tem a ver com não saber o que é "necessário, correto ou adequado" em uma situação.

O que fazemos nessas circunstâncias? É então que o Espírito Santo quer nos ajudar. Ele nos guia enquanto oramos, talvez nos revelando coisas sobre a situação, ou trazendo versículos à nossa memória para que possamos orar pela situação. Ele certamente vai nos ajudar enchendo nossas orações de poder. Mas outra maneira pela qual Ele quer nos ajudar é literalmente orando através de nós ao orarmos no Espírito.

No Lugar Certo na Hora Certa

Isso nos traz agora à *paga* e à definição que mencionei antes: "cair em" ou "cair *por acaso*". O contexto no qual a palavra é usada dessa maneira é Gênesis 28:10-17.[5] A passagem descreve a luta de Jacó com Esaú depois de lhe roubar o direito de primogenitura. Depois de viajar o dia inteiro, Jacó precisava de um lugar para passar a noite "pois já era sol-posto". O versículo 11 diz que ele "se deitou ali" em certo lugar e que passou a noite. Note que Jacó não tinha predeterminado passar a noite ali, ele não escolheu o lugar de antemão, mas foi guiado *pelo acaso* — "pois já era sol-posto".

Casualmente, aquele acabou sendo um lugar muito especial, Betel, que significa "a casa de Deus". Jacó, na verdade, se refere ao lugar como uma "porta dos céus". Apesar de a maioria das traduções dizer que Jacó deitou-se em "um" lugar, em hebraico diz literalmente "o" lugar. O que não passava de *um* lugar para Jacó, escolhido ao acaso, era *o* lugar para o Senhor e soberanamente escolhido por Ele. Foi lá que Jacó teve um encontro poderoso com Deus que mudou sua vida.

Foi lá que ele viu anjos subindo e descendo do céu. Foi então que Deus estendeu a ele a aliança que havia feito com Abraão, e informou a Jacó que, através de sua linhagem, Ele salvaria o mundo. Também prometeu grandes bênçãos a Jacó, protegê-lo e levá-lo de volta à sua terra natal em segurança. Em suma, era um lugar onde o destino de Jacó foi todo contado e sua história tomou forma.

Essa é uma linda história, mas como ela está relacionada à intercessão e a Romanos 8:26-28? Estou feliz por você ter perguntado!

Como Jacó, que não foi levado a esse lugar especial pelo seu próprio raciocínio ou entendimento, nós nem sempre podemos ser direcionados em oração pelo nosso raciocínio ou entendimento. Consequentemente, muitas vezes nos sentimos fracos ou debilitados na nossa habilidade de produzir resultados. Às vezes, orar parece um processo de tentativa e erro, como se tivéssemos de pousar ou "cair em" uma situação da maneira correta apenas "por acaso".

Mas, tudo bem, não há problema nisso, pois esse é um dos primeiros significados de *paga*.

Na verdade, porém, não é um caso de tentativa e erro porque o que para nós é por acaso não o é para o nosso Ajudador, o Espírito Santo. Na verdade, *paga* também significa "alvo".[6] Ainda usam essa palavra com esse sentido em Israel nos dias de hoje. Feche os olhos, e fogo! Quando lhe permitirmos interceder através de nós, assim como Ele guiou soberanamente Jacó ao lugar certo na hora certa, também fará com que nossas orações caiam (*paga*) no lugar ou na pessoa certos, da maneira certa, na hora certa, resultando na vontade de Deus nas situações. E isso é bom e certo! Quando isso acontecer:

- Haverá "Betels"!
- Ocorrerão encontros com Deus!
- Portas dos céus serão abertas!
- Destinos serão escritos!
- A história será moldada!

"Isso é dramático demais", você diz. Se você disse isso é porque não conhece Deus bem o suficiente. Ou talvez não acredite que realmente possamos envolver um "operador de milagres" nas nossas orações. Eu lhe digo que uma das razões pelas quais não vemos mais milagres é porque não esperamos mais milagres. A nossa Bíblia — dos dois lados da Cruz, ou seja, no Antigo e no Novo Testamento — apresenta muitos deles. Eles, porém, procedem de Deus, e a maneira de vermos mais milagres acontecendo é envolver Deus em mais situações. Orar no Espírito faz justamente isso.

A Unção da Borboleta

Às vezes, quando estou orando no Espírito, sinto-me um pouco como uma borboleta. Já observou como uma borboleta voa de um lugar para o outro? Ela bate as asas de cá para lá, para cima e para baixo, feito uma "barata tonta". Parece não ter a mínima ideia de para onde está indo. Parece quase bêbada. Quando começo a orar no Espírito, sem saber o que estou dizendo, às vezes com minha mente vagando de cá para lá, sinto como se estivesse tentando entrar na "unção da borboleta".

Para onde estou indo?

O que estou fazendo?

Será que vou chegar ao lugar certo, até a pessoa certa? Essa oração está mesmo surtindo algum efeito?

Mas assim como a borboleta sabe exatamente para onde está indo, o Espírito Santo direciona as minhas orações com precisão! Elas VÃO "cair" no lugar ou sobre a pessoa certa.

Essa verdade é profundamente ilustrada por uma história que ouvi de um pastor de Cleveland, no Tennessee. Ele nos relatou que a história aconteceu em uma de suas reuniões. Ele estava ministrando em uma pequena igreja no Canadá. Não conhecia bem ninguém na igreja, visto que era sua primeira vez lá. Cerca de quinze minutos depois que começou a compartilhar sua mensagem, ouviu o Espírito Santo falar ao seu íntimo: *Pare de compartilhar sua mensagem e comece a orar no Espírito.*

Tenho certeza de que você pode imaginar como ele se sentiu embaraçado com aquilo, especialmente por não conhecer muito bem aquelas pessoas. Contudo, a orientação do Espírito Santo foi tão forte que ele obedeceu. "Vocês vão ter de me desculpar", disse, "mas o Senhor acabou de me instruir para parar a minha mensagem e orar no Espírito". Ele então começou a andar pela plataforma orando no Espírito em voz alta.

Passaram-se cinco minutos e nada.

Dez minutos e nada.

Quinze minutos e ainda nada.

Não sei de você, mas eu estaria me sentindo bem nervoso a essa altura. Estaria procurando aquele botão na plataforma, pelo qual já ansiei algumas vezes, que eu pudesse apertar para abrir uma porta secreta e sair dali correndo! Aquele era um momento de fraqueza, uma inabilidade de produzir resultados (*anaideia*), pois o pastor não fazia ideia do que se tratava.

Tinha a ver com não saber orar como deveria — o que era necessário, certo ou adequado (*dei*)!

Ele precisava acertar, cair em algo, por acaso. Ali estava a unção da borboleta!

Mais vinte minutos.

As pessoas tinham simplesmente sentado, observando e ouvindo. De repente, uma mulher começou a berrar, ficou de pé em um pulo, e correu para a frente da igreja.

"O que aconteceu?", perguntou o pastor.

"Minha filha é uma missionária no coração da África", disse a senhora. "É tão longe que leva três semanas para chegar onde ela está. É preciso viajar de carro, e depois de barco, andar em um animal e caminhar por um total de vinte e um dias. Meu marido e eu recebemos um telegrama ontem das pessoas com quem ela trabalha nos informando que ela contraiu uma doença fatal que leva a pessoa à morte em três dias. Se ela estivesse na civilização poderia ser tratada, mas levaria muito tempo para transportá-la. 'Ela provavelmente vai morrer em três dias,' me disseram, 'e tudo o que podemos fazer é lhe enviar o corpo assim que possível.'"

"Na última vez que a minha filha esteve em casa", continuou a senhora, "ela me ensinou um pouco do dialeto das pessoas com quem ela trabalha. E o senhor acabou de dizer, nesse dialeto: 'Pode se alegrar, sua filha está curada. Pode se alegrar, sua filha está curada.'"

E ela estava curada!

Uau! Ora, isto é *paga*! Isso é cair sobre a pessoa certa no momento certo. Isso é ajuda do Espírito Santo. Isso é a unção da borboleta.

Por que demorou vinte minutos? Porque o Canadá fica longe da África e levou um tempo para o Espírito Santo voar como uma borboleta até lá? Acho que não. Não tenho certeza de por que levou vinte minutos. Há várias razões para eu acreditar que perseverança é geralmente algo necessário na oração, mas isso fica para outro capítulo (Persevere e você conseguirá chegar até ele).

"Apoderando-se Junto Contra"

Outra maneira com que o Espírito Santo nos ajuda em nossa intercessão está escondida no sentido da palavra "ajuda". "E da mesma maneira também o Espírito *ajuda* as nossas fraquezas" (Romanos 8:26, ACF, grifo do autor). A palavra grega é *sunantilambanomai*. Acho que você tem de falar em línguas para conseguir dizer essa palavra. Ela deve conter alguma revelação. É uma palavra composta formada por três palavras: *Sun*, que significa "junto com", *anti* que significa "contra", e *lambano* que significa "apoderar-se".[7] Unindo as três, um sentido muito literal dessa palavra seria "apoderar-se junto contra".

O que essa expressão nos diz sobre prestar ajuda?

Em situações nas quais nos sentimos incapazes de obter resultados, o Espírito Santo não só quer direcionar as nossas orações com precisão, fazendo-as enfrentar a situação corretamente, mas também quer apoderar-se da situação junto conosco, acrescentando Sua força à nossa. "'Não por [sua] força nem por [seu] poder, mas pelo Meu Espírito', diz o Senhor dos exércitos" (Zacarias 4:6) as montanhas serão removidas.

Apesar do contexto de 2 Coríntios 12:9 não ser a oração, orar no Espírito talvez seja um dos maiores exemplos de quando a força do Senhor é completa em nossas fraquezas. Quando percebemos as nossas fraquezas, nossa inabilidade de produzir resultados, isso faz com que olhemos para o Senhor em busca de ajuda. Se lhe permitirmos orar através de nós, Ele irá aproveitar para agir junto conosco. Basta acreditarmos que quando o Espírito Santo se apodera, algo vai acontecer!

Por favor, notem que ambas as palavras "ajuda" e suas definições literais "apoderar-se *junto* contra" não implicam que Ele está fazendo algo *por* nós, mas *conosco*. Em outras palavras, não é algo que o Espírito Santo está simplesmente fazendo em nós, com ou sem a nossa participação. Na verdade, nós estamos envolvidos com Ele quando oramos no Espírito, que é, na verdade, permitir que Ele ore através de nós.

Há vários anos minha esposa Ceci desenvolveu uma dor muito perturbadora no abdome. Começou como um pequeno desconforto e foi aumentando em intensidade no período de um ano, quando então ela foi ao médico. Ele encontrou um cisto no ovário do tamanho de um ovo e nos informou que seria necessária cirurgia para removê-lo, e possivelmente seria preciso remover o ovário também.

O médico era cristão e entendia os princípios espirituais, de modo que conversamos com ele sobre nos dar um pouco de tempo para orarmos por cura. "Doutor", eu disse, "se puder nos dar um pouco de tempo, acho que podemos nos livrar disso com a oração".

Estando bastante seguro de que o cisto não era maligno nem a vida de Ceci corria risco, ele respondeu: "Eu lhes darei dois meses. Se não se livrarem dele da sua maneira, então vamos fazer da minha."

"Combinado", concordei.

Oramos por Ceci com todos os métodos que conhecíamos da Bíblia: imposição de mãos; chamamos os anciãos para ungi-la com óleo; fizera uma oração de concordância; citamos as Escrituras; amarramos o maligno; liberamos a vida dela; lançamos o mal fora e, como bons pentecostais, até a colocamos no chão e a deixamos ali deitada um pouco — às vezes é preciso tentar de tudo! Da próxima vez que você falar com alguém que insinue saber sempre o que exatamente é necessário acontecer na oração e na guerra espiritual, pode dizer que um tal de Dutch Sheets amigo seu não acredita nisso. (Vão lhe perguntar que amigo é esse, mas não se intimide por isso.)

Não houve mudança alguma na sua condição, e percebi que íamos ter de obter aquela cura com perseverança e apoderando-nos dela por fé (ver 1 Timóteo 6:12). E essa, a propósito, é a maneira pela qual recebemos a maioria das respostas à oração — não com milagres instantâneos, mas sim lutando a boa milícia da fé com paciência.

Senti que precisava passar uma hora por dia orando por Ceci. Comecei os meus momentos de oração declarando por que estava buscando o Pai. Eu então fazia referência aos versículos bíblicos nos quais baseava a minha petição. Depois então os citava, agradecendo ao Pai pela Sua Palavra e a Jesus por nos dar a cura. Isso geralmente não levava mais do que cinco ou seis minutos. Eu orava no Espírito o restante daquela hora. Isso aconteceu por um mês.

Algumas pessoas podem achar que isso é tempo demais para orar por algo — uma hora por dia por um mês. Outras diriam que Deus não precisa de tanto tempo assim para curar alguém. Só estou lhe contando o que funcionou para mim. E descobri que Ele não tem apenas uma maneira de fazer as coisas, até quando se trata das mesmas coisas. A variedade criativa do Senhor parece não ter fim. A chave para nós é sempre a obediência.

Depois de umas duas semanas fazendo isso, certa tarde, o Senhor me mostrou um quadro enquanto eu orava no Espírito. Eu me vi segurando aquele cisto em minha mão e estrangulando-o. Eu não sabia que o sentido literal da palavra "ajuda" em Romanos 8 era "apoderar-se junto contra", mas o Espírito Santo estava me ensinando uma verdade maravilhosa.

Eu sabia, claro, que não poderia colocar as minhas mãos de verdade no cisto, mas Ele estava me mostrando que ao lhe permitir orar através de mim, Ele estava "caindo sobre" a situação e "apoderando-se junto comigo contra" da coisa. Obviamente, era o Seu poder fazendo a diferença.

De certa maneira, isso me faz lembrar a história do camundongo e do elefante que eram os melhores amigos. Eles estavam sempre juntos. O camundongo andava nas costas do elefante. Certo dia, eles cruzaram uma ponte de madeira, que, dado o peso do elefante, arriou, chiou e balançou. Depois da travessia, o camundongo, impressionado com a capacidade que tiveram de causar tamanho impacto, disse ao elefante: "*Nós* certamente sacudimos aquela ponte, não foi?"

O que me lembra de algumas das nossas "propagandas" e testemunhos. Eles fazem até alguém pensar que o Espírito é o camundongo e nós o elefante. (Talvez por isso não estejamos sacudindo muitas pontes.)

Depois de ter a visão na qual eu estava estrangulando o cisto, perguntei a Ceci se ela sentia alguma mudança. "Sim, a dor está diminuindo", Ceci respondeu.

A reação do médico foi: "se a dor está diminuindo, o cisto deve estar diminuindo. Continue fazendo seja lá o que estiver fazendo."

Eu me esforcei para não estar imaginando nada da minha cabeça, mas o Espírito Santo me mostrou mais duas vezes a mesma visão. A cada vez o cisto parecia menor. A última vez, que foi a terceira, foi um mês depois da consulta. Na visão, o cisto estava do tamanho de uma moeda e, enquanto eu orava, ele desapareceu na minha mão. Eu sabia que o Senhor estava me permitindo saber que o trabalho estava encerrado. Apesar de Ceci me dizer que ainda sentia um pouco de desconforto, eu não conseguia mais parar para orar. Eu sabia que a obra fora feita.

Três dias depois ela me disse que não sentia mais nenhuma dor ou desconforto. A ultrassonografia logo depois confirmou o que já sabíamos no fundo do coração — não havia mais cisto!

Você sabe o que aconteceu, não sabe? *Paga!*

- "Apoderar-se juntos contra alguém", aconteceu.
- "Betel", aconteceu.
- "Cair sobre", aconteceu.
- "Carregar os fardos" e "levá-los embora", aconteceu.
- Um "encontro", aconteceu.
- "Efetivar", aconteceu.
- Uma "representação", aconteceu.

Intercessão, aconteceu! E pode acontecer através de você! A unção da borboleta foi combinada com a unção da ursa — e a serpente foi novamente derrotada. (Por favor, não dê este livro a ninguém super-religioso nem a nenhum ministério que existe para dar um jeito em "lunáticos pentecostais". Eles colocariam a minha ursa para hibernar e fariam a borboleta virar lagarta de novo.)

O ponto mais importante que quero comunicar para você neste livro é que Deus quer usar VOCÊ. Você não precisa ser pastor nem profeta. Não tem de ser um alguém muito conhecido. Não precisa saber falar grego nem suaíli. Só precisa acreditar em Jesus, ser um de Seus representantes escolhidos, alguém chamado e autorizado para administrar as bênçãos da nova aliança — um cristão.

Deus, o Pai, quer liberar a *obra* de Jesus por meio das suas *orações*. O Espírito Santo quer ajudá-lo. "Beteis" estão esperando para serem descobertos. Histórias estão esperando para serem escritas, e destinos para serem moldados.

Não se intimide pela sua ignorância de "não saber o que é necessário, certo ou apropriado". Não permita que suas fraquezas o paralisem e o levem à inatividade. Levante-se! Melhor ainda, permita que o seu Ajudador o levante! Juntos, vocês podem sacudir qualquer ponte!

Tenha certeza apenas de que você sabe quem é o camundongo.

Questões para Reflexão

---

1. Consegue explicar a conexão entre Gênesis 28:10-17 e Romanos 8:26,27? Certifique-se de incluir comentários sobre *paga*, a unção da borboleta e orar no Espírito.
2. O que o Espírito Santo faz para nos "ajudar" em nossas fraquezas?
3. Pense em situações em que não sabe como orar como deveria. Decida permitir ao Espírito Santo ajudá-lo. Decida quando vai lhe dar essa oportunidade.
4. Se tivesse de fazer tudo de novo, ainda escolheria Jesus? (Que pergunta boba!)

Capítulo oito

Parto Sobrenatural

(Aviso: este capítulo pode alterar drasticamente a população do reino das trevas e aumentar a necessidade por novas classes de convertidos.)

O Orientador

Eu acompanhei e fui o orientador de minha esposa Ceci nas sessenta e cinco horas de trabalho de parto no nascimento de nossas duas filhas, Sarah e Hannah. Eu lhe disse exatamente o que fazer e quando — durante mais ou menos os dez primeiros minutos. Ela então assumiu o papel de orientador, jogador, árbitro, juiz e qualquer outra posição que deparasse. Sendo o homem inteligente que sou e amante da vida como sou, não demorei muito para perceber que a única maneira de sobreviver àquele esforço de formarmos um "elo" na hora do parto era concordar — rapidamente e sem perguntas.

Foi um grande aprendizado. Eu não fazia ideia de que ela era uma instrutora tão capaz. Filmamos tudo, e podem fazer os seus pedidos para Ministérios Dutch Sheets, Caixa Postal... Brincadeira!

Aprendi tudo sobre o que fiz durante o parto em várias semanas de aulas sobre "parto natural" naqueles primeiros dez minutos. Depois disso, não precisava de treinamento. Tudo era bastante natural.

Este capítulo é sobre "parto *sobre*natural". Minhas estatísticas de sucesso em orar pelos perdidos eram deprimentes, assim como acontecia com todos os outros que eu conhecia e que faziam o mesmo. Então, pensei em ver o que a Bíblia tinha a dizer sobre o assunto: não muito! Pelo menos não diretamente. Não há qualquer referência, em lugar nenhum da Bíblia, instruindo-nos a pedir a Deus para salvar alguém. Isso me intrigou. Como poderia algo assim tão importante ter tão poucas referências? Parecia que os princípios gerais da oração teriam de ser aplicados também à intercessão pelos perdidos.

Encontrei um único versículo que diz: "Pede-Me, e Eu te darei as nações por herança" (Salmos 2:8). Mas eu sabia que era um versículo profético do Velho Testamento que se referia ao Pai dizendo a Jesus para lhe pedir. Imagino que Cristo já fez isso e que o Pai provavelmente disse sim.

Descobri que temos de pedir que sejam enviados trabalhadores para a seara (ver Mateus 9:38). Mas isso não é pedir a Deus para salvar alguém; era pedir por trabalhadores. Também descobri algumas coisas relativas à guerra espiritual, que veremos mais tarde em outro capítulo, e encontrei algumas passagens bíblicas falando da intercessão como um trabalho de parto.

Intercessão com Dores de Parto, o Que é Isso?

Intercessão com dores de parto, o que era isso afinal? Como funcionava? Sei o que eu achava que era, mas não estava satisfeito. *Será um modo válido de oração?* Eu me perguntava. *Será que existe mesmo uma oração que produz o nascimento de uma nova vida?*

Sim, agora creio que sim, apesar de não ser fácil definir e explicar isso. É controverso. Como um mero ser humano pode ter participação no nascimento de uma vida espiritual? O que gemer, chorar e trabalhar duro tem a ver com isso?

Um segmento do Corpo de Cristo provavelmente crê que já existe um entendimento adequado do que isso significa. Outro provavelmente ouviu o bastante para achar que não quer mais saber disso. E provavelmente há um grupo que nunca ouviu nada sobre o assunto. Peço a todos os três grupos: leiam os argumentos seguintes com uma mente aberta.

Este capítulo é bastante teológico e talvez requeira mais reflexão do que outros. Mas, por favor, percebam que a palavra "teologia", contrariamente à crença popular, não é um palavrão, nem significa "chatice". Na verdade, significa "a ciência ou o estudo sobre Deus".[1] E tenho certeza de que li em algum lugar na Bíblia: "*Procura [estude para]* apresentar-se a Deus aprovado." Então, não hesite em estudar um pouco. "Aquele entre vós que estudar este capítulo será, deveras, verdadeiramente incrível" (Acréscimos do Dutch, capítulo 1, versículo 1).

Essa oração chamada intercessão "com dores de parto" sempre me intrigou. Fui criado em uma linha do Corpo de Cristo que crê nela, apesar de não vê-la acontecer muito regularmente. As poucas vezes em que vi o que me disseram ser uma sessão de intercessão com dores de parto envolvia uma senhora que também era uma das poucas guerreiras de oração na igreja. Parecia-me que era tratado como algo um tanto místico, que ninguém realmente entendia (tipo "de onde vêm os bebês"), muito poucos praticavam (e mesmo assim muito raramente), mas todos reverenciavam.

Aconteceu Comigo

Na verdade, aconteceu comigo uma vez, apesar de eu não fazer o tipo de barulho que já ouvi outros fazendo. (O tipo de barulho que ouvi parecia muito com a minha esposa quando ela estava em trabalho de parto.) Eu provavelmente tinha uns 9 ou 10 anos de idade e aconteceu enquanto eu orava por uma tia que não era salva.

Certa noite, quando estava deitado em minha cama, senti um forte desejo de orar pela salvação dela. Eu me lembro de sair da cama, ficar de joelhos e começar a chorar incontrolavelmente, pedindo a Deus para salvá-la. Eu era tão jovem e foi há tanto tempo que não consigo me lembrar por quanto tempo orei — provavelmente de trinta minutos a uma hora. Finalmente não senti mais aquele peso e fui dormir.

Minha tia morava a uma hora e meia de distância de nós. Contudo, por alguma razão "desconhecida", ela ligou para nós mais tarde naquela semana e disse que queria vir à nossa igreja no domingo de manhã. Não sabíamos, na ocasião, que ela estava vindo ao culto com planos de entregar sua vida à Cristo, e foi o que fez. Eu fiquei maravilhado. Tinha intercedido por ela com dores de parto, e naquela mesma semana, ela dirigiu toda aquela distância para entregar seu coração ao Senhor.

A intercessão com dores de parto era algo maravilhoso, mas eu não a entendia. E só a praticara uma vez. Não tinha como evitar indagar por que algo que ajudava as pessoas a serem salvas era tão infrequente. Mas a verdade era que esse tipo de oração intensa e angustiante, simplesmente não "vinha" sobre ninguém regularmente. Porque era isto que definia as dores de parto para nós: simplesmente tínhamos de esperar e sermos pacientes — como o agitar das águas no tanque de Betesda em João 5.

Eu não questionava o conceito — sabia que seria blasfêmia. *Deus, não permita que ninguém questione algo tão espiritual!* As coisas que não podíamos explicar, tratávamos como santas demais para questionar. Tínhamos de agir como se não houvesse perguntas — admiti-las poderia ser desrespeitoso demais. Então, não deixávamos Deus nem ninguém saber que as tínhamos. (Ainda acho que consigo enganar Deus de vez em quando!)

A Unção de Tomé

Então, certo dia, descobri que os discípulos perguntavam a Jesus um monte de coisas quando eles não entendiam algo. Às vezes as perguntas até pareciam um pouco irreverentes, insinuando que o Mestre não ensinava tão bem assim. Eles faziam perguntas a respeito das parábolas e de algumas de Suas declarações difíceis. Ah, um detalhe: eles perguntavam com um linguajar bonito, chamando-o de "Mestre" e coisa e tal, mas você sabe tanto quanto eu que o que estavam realmente dizendo era: "O que é isso, do que você está falando?"

Certa vez, quando Ele lhes disse para comerem a Sua carne e beberem o Seu sangue, um grupo de discípulos comentou que aquele era "um duro discurso". Sabemos que o que eles quiseram dizer na verdade foi: "Que papo mais esquisito." E aquela turma não aguentou e o deixou.

Em outra ocasião, Cristo falava eloquentemente sobre os discípulos não se perturbarem, pois havia muitas moradas onde seu Pai vivia. Ele ia para lá construir mais algumas, e então voltaria para levá-los junto com Ele. E, claro, eles sabiam o caminho para tal lugar... (ver João 14:1-4). Foi então que Tomé — graças a Deus por ele — disse o que todos os outros estavam pensando: "Espera aí, Jesus. Não fazemos a mínima ideia do que você está falando. Nós nem sabemos para *onde* você está indo, muito menos *como chegar lá*." Tenho certeza de que a resposta de Cristo foi mesmo de muita ajuda: "Eu sou o caminho, vá através de Mim." Acho que só mais tarde os discípulos entenderam alguma coisa do que Jesus dizia.

Como os Doze geralmente faziam, a maior parte das vezes eu ainda opto pela maneira segura, reverente e espiritual: ajo como se tivesse entendido, mesmo quando não entendi. Isso me mantém ignorante, mas salva as aparências, que é realmente o que conta! Mas, de vez em quando, a unção de Tomé se manifesta e eu simplesmente vou e digo a Deus que Ele não se saiu muito bem ao explicar algo, como na questão da intercessão com dores de parto, por exemplo.

Ao pensar sobre esse assunto das dores de parto, decidi me permitir fazer algumas das perguntas que eu sempre me fizera, e arrisquei perguntar a Deus: *se a intercessão com dores de parto realmente ajuda a fazer com que as pessoas sejam salvas, então por que acontece tão raramente? E por que apenas algumas pessoas a praticam, e por que tem de ser feito com tanto barulho e parecer estranho, e por que o Senhor não falou mais sobre isso e como interceder dessa maneira?*

É uma péssima maneira de escrever, mas uma ótima pergunta!

Experiências Espirituais *Versus* Aparência Natural

Gostaria de sugerir duas coisas neste momento. Primeiro, acredito que a intercessão com dores de parto da Bíblia é uma importante, ou até essencial, parte da intercessão pelos perdidos. Em segundo lugar, não acredito que seja definida como gemidos, gritos, choros e trabalho árduo. As dores de parto naturais certamente incluem essas coisas, e a espiritual também *pode* incluir. Mas eu não creio que tenha de obrigatoriamente incluir tudo isso, e estou convencido de que tampouco é definida por essas coisas. Na verdade, acredito que uma pessoa pode interceder com dores de parto enquanto lava a louça, corta a grama, dirige seu carro — qualquer coisa que se possa fazer enquanto se ora.

Nós, pessoas da Igreja, fizemos com esse assunto o que fazemos com muitos outros: nossa natureza tem uma necessidade de ver ou sentir algo para crer em tal coisa. Portanto, nós *temos a tendência de julgar o que está acontecendo no espírito pelo que vemos no plano natural.*

Por exemplo, se oramos com alguém pela salvação ou por arrependimento, tendemos a crer que a pessoa que chora está provavelmente recebendo mais do que a que não chora. Até dizemos coisas como: "O Espírito Santo realmente a tocou." Dizemos isso porque vemos a reação da pessoa.

Mas, na verdade, tenho observado algumas pessoas que não choram nem demonstram nenhuma emoção enquanto oram e que são totalmente transformadas. E, por outro lado, tenho testemunhado alguns que choram e chegam a soluçar no que parece um arrependimento, muito parecido com o de Judas (ver Mateus 27:3-5), mas que não mudam nada. Repito, o ponto é, *não podemos julgar o que está acontecendo no plano espiritual pelo que acontece no plano natural.*

Nós, que somos dos círculos carismáticos e pentecostais, apresentamos um fenômeno que chamamos de "cair no Espírito". Apesar de não ser um termo bíblico e de certamente alguns abusarem de sua prática, acredito que as pessoas podem e caem sob o poder de Deus. Fazemos com isso, porém, algo semelhante à maneira como lidamos com essa experiência. Durante uma reunião na qual esse fenômeno em particular acontece, tendemos a crer que as pessoas que caem estão recebendo mais do Senhor do que aquelas que não caem. Às vezes até julgamos se algo está ou não acontecendo no espírito dependendo de as pessoas caírem ou não.

Já estive em reuniões nas quais observei isso acontecer a ponto de ter certeza de que a ênfase e a meta naquele momento tinham se transformado em fazer as pessoas caírem ao chão, em vez de levá-las a receberem uma fé que permitisse ao Espírito Santo fazer o que bem quisesse, como bem quisesse. Em outras palavras, *começamos a julgar o que estava acontecendo no plano do espírito pelo que víamos no plano natural.* Isso é perigoso. É algo que leva a ensinamentos extremos e desequilibrados, expectativas erradas e esforço na carne.

Em qualquer liberação espiritual de poder e unção, sempre existe a possibilidade de uma manifestação física — isso é bíblico. As pessoas podem chorar, podem cair debaixo do poder de Deus. Podem rir, e às vezes até de maneira hilária. Podem até parecer bêbadas. Às vezes, quando Deus se move, há uma manifestação física; outras vezes, não. Mas *nunca poderemos julgar o que está acontecendo no espírito pelo que vemos no plano natural.*

Dores de Parto, um Acontecimento Espiritual

O mesmo é verdadeiro na intercessão com dores de parto. Ao escolher um termo, o Espírito Santo usa um fenômeno *físico* — o parto — para descrever um evento ou uma verdade *espiritual.* Ao fazer isso, Sua ênfase não é o plano físico, mas sim o espiritual. E a comparação não é para ser literal ou exata. Em outras palavras, o Espírito Santo não está tentando descrever o que está acontecendo *fisicamente,* mas sim *espiritualmente* quando usa a expressão "dores de parto". Não é um nascimento natural, mas sim espiritual.

A ênfase deve estar no poder *espiritual* liberado para dar à luz *espiritualmente,* não no fenômeno *físico* que acompanha tal coisa (gemidos, choro, pranto, etc.). A maioria de nós que temos tido alguma ligação com a intercessão com dores de parto tem focado principalmente no que acontece no físico, perdendo totalmente, portanto, o principal aspecto espiritual: algo está nascendo no Espírito.

É fácil descobrir se você tem cometido esse erro. Pergunte-se o seguinte e responda honestamente: Quando ouve a expressão "dores de parto" no contexto da oração, pensa primeiro no *que* está acontecendo no espírito (no nascimento), ou em como está acontecendo no físico (no corpo)? A maioria de vocês provavelmente respondeu o último — *como.* Aqueles que responderam diferente... — bem, tenho minhas dúvidas. Acredito que a maioria de vocês provavelmente se apoiou na teologia do garotinho da escola dominical a quem perguntaram o que era uma mentira. "É uma abominação para Deus", ele respondeu, "e socorro bem presente em momentos de angústia".

A maioria de nós tem inconscientemente definido uma obra do Espírito pela obra do corpo. Seria provavelmente sábio usar um vocabulário diferente, talvez "dar à luz *por meio* de oração" ou "gerar" em vez "trabalho de parto" ou "dores de parto" para ajudar a mudar esse quadro. Essa frase poderia ser biblicamente aceita porque, como veremos mais tarde, as palavras hebraicas usadas na passagem bíblica, na verdade, significam "dar à luz" ou "gerar". Os tradutores, não necessariamente o Espírito Santo, resolveram quando usar o termo.

Ao definir a palavra pelo que aparenta, não só perdemos o verdadeiro significado, mas também aceitamos inconscientemente o que acredito ser uma mentira de Satanás: que apenas algumas pessoas podem realmente fazer a intercessão com dores de parto, e isso raramente. Não creio que seja verdade. Na verdade, acredito que todos nós podemos nos envolver na intercessão com dores de parto (gerar através da oração), e fazer isso regularmente. O segredo é entendermos que a ênfase está no nascimento de algo espiritualmente, não no que nos acontece enquanto oramos. (Por favor, lembre-se de que eu disse que intercessão com dores de parto pode incluir fortes manifestações físicas, mas não obrigatoriamente precisa ser assim, tampouco é definida por essas manifestações.)

A Oração de Nascimento

Para mudarmos de mentalidade, usarei daqui por diante neste capítulo as palavras "oração de nascimento" como variação de "intercessão com dores de parto" quando me referir a esse tipo de intercessão.

Tendo dito isso, permita-me dizer clara e enfaticamente: há um aspecto da oração que dá à luz as coisas no Espírito. Nós "damos à luz" para Deus. O Espírito Santo quer "produzir" através de nós. Jesus disse em João 7:38: "Do seu *interior* fluirão rios de água viva" (grifo do autor). "Interior" é a palavra *koilia*, que significa "ventre".[2] Somos o ventre de Deus na terra. Não somos a fonte de vida, mas os que carregam a fonte de vida. Não geramos vida, mas liberamos, através da oração, Aquele que a gera.

David e Polly Simchen, membros de nossa igreja em Colorado Springs, receberam recentemente a resposta a uma oração de mais de quatro anos pela salvação de seu filho, Jonathan. Polly e alguns de seus amigos foram durante todo esse tempo um dos exemplos mais tenazes e fervorosos de intercessão que já testemunhei, incluindo esse conceito de dar à luz. Seguem-se alguns trechos do testemunho de Polly. São um tanto extensos, mas cheios de ilustrações pertinentes das coisas que pretendo discutir tanto neste como em outros capítulos. Todos os grifos no testemunho são meus:

> Dedicamos Jonathan a Deus antes mesmo de ele nascer e o criamos na igreja, mas aos 17 anos de idade, depois de uma combinação de vários planos bem orquestrados do inimigo, ele começou a se afastar de Deus. Não demorou muito e ele vivia em rebelião contra Deus, caracterizada por drogas e tudo que acompanha esse estilo de vida. Com isso, seu diabetes tornou-se um problema ainda maior, e ele às vezes ia parar no hospital, mas, mal saía de lá, já voltava correndo a usar drogas.
>
> Foi quando o Pastor Dutch começou a ensinar intercessão na igreja. Apesar de, no princípio, estarmos arrasados e às vezes paralisados pelo medo, começamos a aprender cada vez mais sobre o assunto. À medida que os amigos e eu intercedíamos juntos, Deus nos instruía sobre como orar, juntamente com muitas promessas edificantes e palavras de encorajamento.
>
> Nós fazíamos *paga*, pedindo ao Espírito Santo para *pairar* — ao redor de sua cama enquanto ele dormia, em seu carro, onde quer que ele estivesse — e *gerar vida* nele. Fazíamos isso diariamente.

Muitas vezes, durante certos períodos até diariamente, ungíamos o quarto dele, as portas e janelas, sua cama, seu carro, suas roupas e qualquer coisa com que ele tivesse contato. Muitas vezes eu entrava em seu quarto e cantava no Espírito por uma hora ou mais. Cantava coisas como: "O nome de Jesus é exaltado neste lugar — sobre sua cama, suas coisas, suas roupas, tudo!" Cantava: "Jonathan tem um destino e sei que ele vai cumpri-lo." Minhas amigas Shirley e Patty e eu às vezes orávamos por quatro a seis horas até tarde da noite.

Uma ocasião, o Pastor Dutch nos ensinou sobre panos de oração. Imediatamente pensei, *podemos fazer isso para Jonathan!* Pastor Dutch, David e eu, juntos, impusemos as mãos em um pano de oração, liberando o poder de Deus e ungindo-o, concordando que a unção quebraria o jugo das drogas, do pecado, das amizades ímpias, de perversões e de qualquer outra coisa que precisasse ser quebrada. Cortamos o pano em 12 pedaços e os colocamos em seus lençóis, dentro do travesseiro, escondido na sua carteira, costurados na barra de suas calças, debaixo do bolso, dentro de buracos das paredes e na lingueta dos seus sapatos. Com cada pedaço *declarávamos*: "A unção quebra o jugo."

Às vezes parecia que as coisas iam piorar; era como se Jonathan estivesse em uma missão para destruir a própria vida. Mas continuamos firmes, amando-o, falando do plano de Deus para sua vida, ungindo e cantando em seu quarto e em seu carro, intercedendo diariamente e declarando versículo bíblico após versículo bíblico. Também declaramos e clamamos cada palavra e promessa que Deus já tinha nos dado sobre Jonathan. Quanto mais declarávamos as Escrituras, mais a nossa fé crescia. Em um intervalo de poucos meses levávamos um novo pano de oração para o Pastor Dutch e repetíamos o processo.

Também nos engajamos em uma *guerra espiritual* por Jonathan. Amaldiçoamos o poder das drogas e pedimos a Deus para remover cada influência ímpia na vida dele — apesar de sempre orarmos pela salvação de seus amigos, três dos quais também vieram para Cristo. Deus pegou os nossos temores e os converteu em luta!

Em janeiro de 1996, recebemos uma palavra de um amigo dizendo que Deus estava prestes a "inclinar a taça" das nossas orações. Pastor Dutch havia nos ensinado sobre isso, e mal podíamos esperar.

Em fevereiro do mesmo ano, depois de mais de quatro anos, dava para ver que Deus estava lidando com Jonathan. Ele queria que sua vida fosse reta. Ele começou a ler a Bíblia e a se preocupar com a salvação de sua namorada. Começou a odiar o poder que as drogas tinham sobre seus amigos. Então, certa noite, em uma das nossas reuniões de oração, ele fez uma oração de rededicação a Cristo. Nós observamos impressionados à medida que as coisas do mundo começaram a perder força na vida de Jonathan, e as coisas do Reino de Deus tornaram-se mais claras e mais atraentes. E, em maio de 1996, sua namorada também entregou a vida a Cristo. Deus responde à oração? Pode apostar que sim!

Durante quatro anos de intercessão, o Senhor nos ensinou sobre oração e nos encorajou muitíssimo o tempo todo — através de um pastor que se importou com a situação e nos ensinou, amigos que se importaram e oraram, palavras proféticas sobre o chamado de Jonathan e a mão de Deus na vida dele. Ele até permitiu que meu marido David visse o anjo que estaria no carro de Jonathan onde quer que ele fosse, até duas vezes quando ele passou a noite na delegacia. Todo o medo foi embora e pudemos confiar plenamente em Deus.

Obrigada, Pastor Dutch e Ceci também, por tudo o que fizeram. Estamos muito gratos a Deus pelo milagre que aconteceu com nosso precioso filho. Não há quem nos convença de que a oração não funciona! Deus é fiel e somos eternamente gratos!

Como disse antes, examinarei mais detalhadamente as muitas maneiras como Polly orou, as quais vou salientar com maiúsculas, no restante deste livro. Porém, examinemos agora este incrível aspecto da oração — intercessão com dores de parto. Que o Espírito Santo nos dê ouvidos que ouçam.

Podemos desmistificar esse assunto da intercessão com dores de parto? Creio que sim. As seguintes passagens mencionam diretamente esse tipo de oração (fazer nascer) ou o contexto e as palavras utilizadas têm a ver com isso:

> Então, disse Elias a Acabe: "Sobe, come e bebe, porque já se ouve ruído de abundante chuva." Subiu Acabe a comer e a beber. Elias, porém, subiu ao cimo do Carmelo, e, encurvado para a terra, meteu o rosto entre os joelhos, e disse ao seu moço: "Sobe e olha para o lado do mar." Ele subiu, olhou e disse: "Não há nada." Então, lhe disse Elias: "Volta." E assim por sete vezes. À sétima vez disse: "Eis que se levanta do mar uma nuvem

pequena como a palma da mão do homem." Então, disse ele: "Sobe e dize a Acabe: 'Aparelha o teu carro e desce, para que a chuva não te detenha'. Dentro em pouco, os céus se enegreceram com nuvens e vento, e caiu grande chuva. Acabe subiu ao carro e foi para Jezreel (1 Reis 18:41-45). (A postura de Elias nesta passagem é a de uma mulher da sua época dando à luz. Devemos ver que Elias estava, na verdade, em uma intercessão com dores de parto [processo de dar à luz]. Tiago 5:16 também se refere a esse evento e o chama de oração "fervorosa" [ACF].)

Os que com lágrimas semeiam com júbilo ceifarão. Quem sai andando e chorando, enquanto semeia, voltará com júbilo, trazendo os seus feixes (Salmos 126:5,6).

Antes que estivesse de parto, deu à luz; antes que lhe viessem as dores, nasceu-lhe um menino. Quem jamais ouviu tal coisa? Quem viu coisa semelhante? Pode, acaso, nascer uma terra num só dia? Ou nasce uma nação de uma só vez? Pois Sião, antes que lhe viessem as dores, deu à luz seus filhos (Isaías 66:7,8).

Jesus, vendo-a chorar, e bem assim os judeus que a acompanhavam, agitou-se no espírito e comoveu-se [...] Jesus chorou [...] Jesus, agitando-se novamente em si mesmo, encaminhou-se para o túmulo; era este uma gruta a cuja entrada tinham posto uma pedra [...] Tiraram, então, a pedra. E Jesus, levantando os olhos para o céu, disse: "Pai, graças Te dou porque me ouviste. Aliás, Eu sabia que sempre me ouves, mas assim falei por causa da multidão presente, para que creiam que tu me enviaste." E, tendo dito isto, clamou em alta voz: "Lázaro, vem para fora!" (João 11:33;35;38;41-43).

Em seguida, foi Jesus com eles a um lugar chamado Getsêmani e disse a seus discípulos: "Assentai-vos aqui, enquanto eu vou ali orar"; e, levando consigo a Pedro e aos dois filhos de Zebedeu, começou a entristecer-se e a angustiar-se. Então, lhes disse: "A minha alma está profundamente triste até à morte; ficai aqui e vigiai comigo." Adiantando-se um pouco, prostrou-se sobre o seu rosto, orando e dizendo: "Meu Pai, se possível, passe de mim este cálice! Todavia, não seja como eu quero, e sim como tu queres" (Mateus 26:36-39).

> E da mesma maneira também o Espírito ajuda as nossas fraquezas; porque não sabemos o que havemos de pedir como convém, mas o mesmo Espírito intercede por nós com gemidos inexprimíveis. E aquele que examina os corações sabe qual é a intenção do Espírito; e é ele que segundo Deus intercede pelos santos. (Romanos 8:26,27, ACF). (O contexto dessa passagem é intercessão com dores de parto — ver Romanos 8:22-25. O Senhor fala de toda a criação e nós gemendo e em trabalho de parto, e então diz que o Espírito Santo faz isso através de nós.)

> Meus filhos, por quem, de novo, sofro as dores de parto, até ser Cristo formado em vós (Gálatas 4:19).

Apesar de essas passagens não explicarem totalmente *o que* é ou *como* é feito, algumas coisas estão claras com relação à oração para gerar vida:

- O Espírito Santo está envolvido.
- Está relacionada à reprodução espiritual.
- Ajuda no processo de amadurecimento dos crentes.
- Pode ser muito intensa, envolver fervor, lágrimas e até gemidos.
- Partindo do pressuposto de que Cristo estava em trabalho de parto na tumba de Lázaro e Elias estava em intercessão com dores de parto na montanha, ela está associada a produzir milagres físicos, não apenas o novo nascimento.

O Espírito Santo, o Agente de Deus que Faz Nascer

Seremos poupados de errar, e aliviará algumas de nossas preocupações, se eu deixar desde já bem claro que não fazemos nascer nada espiritualmente; trata-se de uma obra do Espírito Santo. É Ele o agente de Deus que faz nascer (ver Lucas 1:34,35; João 3:3-8). Ele é o poder de Deus (ver Atos 1:8; 10:38; Lucas 4:14;18). Ele é o poder por trás da Criação que, como todos nós veremos, assemelha-se a dar à luz (ver Gênesis 1). É Ele quem dá poder à vontade de Deus, dando-lhe vida e substância. Ele faz nascer a vontade de Deus. É Ele quem sopra a vida de Deus nas pessoas dando vida física e espiritual (ver Gênesis 2:7; Ezequiel 37:9,10;14; Atos 2:1-4). Com relação à salvação, chamamos isso de novo nascimento ou nova criação.

Portanto, qualquer coisa que possamos realizar em intercessão para resultar em um nascimento, teria de ser algo que cause ou libere a operação e obra do Espírito Santo.

Por exemplo, Elias como ser humano, não podia fazer nascer ou produzir chuva. Contudo, Tiago nos diz que suas orações fizeram isso. Paulo não podia criar o novo nascimento ou dar maturidade aos gálatas, contudo, Gálatas 4:19 implica que sua intercessão o fez. Não podemos produzir filhos e filhas espirituais a partir da nossa capacidade humana, contudo Isaías 66:7,8 nos diz que a nossa intercessão com dores de parto pode. Se não podemos criar nem fazer nascer essas e outras coisas com nosso próprio poder ou nossa habilidade, então parece bastante óbvio que as nossas orações devem, de alguma maneira, causar ou liberar o Espírito Santo para que Ele o faça.

Estando entendido, portanto, que é o poder do Espírito Santo que, na verdade, faz a obra, digo, sem equívocos, que *há uma oração que faz nascer.*

Se isso é mesmo verdade, deveríamos encontrar algumas referências que usem as mesmas palavras que descrevam a obra do Espírito Santo ao fazer nascer ou produzir vida da mesma maneira como são usadas para descrever o que as nossas orações realizam. Será que encontramos? Sim! E os contextos deixam bem claro que o Espírito Santo, na verdade, libera o poder que dá vida.

Gênesis 1:1,2 diz: "No princípio [...] a terra [...] estava sem forma e vazia." As palavras "sem forma" é a palavra hebraica *tohuw*, que significa "uma desolação; estar a perder; um deserto; algo sem valor";[3] "confusão";[4] "vazio (estéril); uma massa sem forma e sem vida".[5] O conceito básico é falta de vida ou esterilidade; nenhuma ordem, nenhuma vida. Em seguida, o versículo 2 nos diz que "o Espírito de Deus se movia sobre as águas".* O que quer dizer quando a Bíblia diz que o Espírito Santo se movia?

Usamos esse termo hoje em dia nos círculos cristãos quando falamos do movimento do Espírito Santo em um culto. Dizemos coisas como, "o Senhor realmente se moveu sobre nós hoje", ou "o Espírito Santo se moveu poderosamente". Mas o que essas e outras declarações similares significam? Temos um vago conceito do que significa para nós: estamos querendo dizer que Ele estava fazendo algo; Ele estava ativo. Mas o que Ele estava fazendo? Estava se movendo de um lugar para outro? Estava se movendo no coração das pessoas? O que a palavra "mover" significa nesses contextos?

---

* As versões Almeida Revista e Corrigida dizem "se movia", mas outras versões em língua portuguesa dizem "pairava".

Na verdade, o uso dessa palavra tem raiz em Gênesis. A palavra em hebraico para "mover", *rachaph*, significa literalmente "cobrir".[6] A versão *Amplified Bible* em língua inglesa, na verdade, usa as palavras "estava movendo, pairando, cobrindo". A versão Almeida Revista e Atualizada em língua portuguesa usa a palavra "pairar". Portanto, *rachaph* é pairar sobre ou cobrir algo.

O *Dicionário Webster* define a palavra cuja definição seria o sentido literal de *rachaph* como "descendência; prole; o que é gerado ou produzido".[7] A prole de uma galinha, por exemplo, são os pintinhos que ela gerou. Vem da palavra gerar que, como sabemos, significa dar existência a.

Ao usar este termo para descrever a Criação, o Espírito Santo está usando a analogia de "fazer nascer" algo. Ele estava "produzindo" vida. Um estudioso hebreu me informou que *rachaph* é, verdadeiramente, um termo relativo à procriação em hebraico que pode ser usado para descrever um marido cobrindo sua esposa. É um exemplo bastante gráfico, mas confirma que *rachaph* é literalmente um termo relativo à procriação. Um léxico o definiu como "cobrir e fertilizar".[8]

Sabemos, a partir do Novo Testamento, que Jesus estava ordenando vida nesta passagem em Gênesis. A Bíblia diz que todas as coisas foram criadas pela Sua Palavra (ver João 1:1-3; Colossenses 1:16). Mas foi o Espírito Santo que cobriu e pairou sobre a terra, liberando Suas energias criativas ou Seu poder segundo as palavras de Jesus, dando à luz o que Cristo falou.

O Salmo 90:2 confirma isso, chamando, na verdade, o que o Espírito Santo fez na Criação de fazer nascer. O versículo usa duas importantes palavras em hebraico, *yalad*[9] e *chuwl*.[10] O versículo diz: "Antes que os montes nascessem [*yalad*] e se formassem [*chuwl*] a terra e o mundo, de eternidade a eternidade, tu és Deus."

Apesar de as palavras não estarem traduzidas assim nesse versículo, são palavras hebraicas usadas principalmente para trabalho de parto. Cada uma é traduzida de maneira diferente no Velho Testamento: "fazer nascer", "nascer", "dar à luz", "trabalho de parto", e outras (ver Deuteronômio 32:18; Jó 15:7; 39:1, para alguns exemplos). Apesar de como são traduzidas, o conceito é de dar à luz algo. Nem sempre se refere a um nascimento literal e físico, mas geralmente são usadas para criação. Fazemos a mesma coisa em nosso vocabulário. Dizemos que uma ideia, visão ou nação "nasceu" ou "foi concebida". Obviamente não estamos falando de um nascimento físico, mas de algo que passa a existir. De maneira bem semelhante, o Salmo 90:2 assemelha a Criação em Gênesis a dar à luz.

Pairando e Gerando Vida

Agora, façamos a conexão com a oração. Essas são as mesmas palavras usadas em Isaías 66:8: "Pois Sião, antes que lhe viessem *as dores* [*chuwl*] deu à luz [*yalad*] seus filhos." Isso é extremamente importante! *O que o Espírito Santo estava fazendo em Gênesis quando Ele "fazia nascer" ou "dava à luz" a terra e o mundo é exatamente o que Ele quer fazer por meio das nossas orações, fazendo nascer filhos e filhas.* Ele quer sair e pairar sobre os indivíduos, liberando Seu incrível poder para dar convicção, quebrar as prisões, dar revelações e aproximá-los dele para causar um novo nascimento ou uma nova criação neles. Sim, *o Espírito Santo quer fazer nascer através de nós.*

Marlena O'Hern, de Maple Valley, Washington, conta como fez isso para seu irmão. Vamos contar mais detalhes no capítulo 10, mas Marlena orava pelo seu irmão Kevin por cerca de doze anos. Sem saber como orar segundo as Escrituras e de maneira específica, ela muitas vezes se sentia frustrada e cometia o erro de tentar pressioná-lo a fazer o que era certo, o que só piorava as coisas.

No começo de 1995, ela me ouviu ensinar sobre interceder em oração pelos perdidos. Ela, Patrick, seu marido, e seus filhos começaram todos a orar por Kevin. Uma das coisas pelas quais eles oraram foi para o Espírito Santo pairar sobre ele. Cerca de duas semanas depois, Kevin nasceu de novo e hoje serve o Senhor.

O segundo exemplo do Espírito Santo pairar e produzir vida onde não havia nada está em Deuteronômio 32:10-18. As quatro palavras hebraicas mencionadas antes são usadas nessa passagem: *tohuw, rachaph, yalad* e *chuwl.* Nessa passagem, Moisés reconta aos israelitas sua história e lhes fala de Israel como um indivíduo, obviamente fazendo referência a Abraão, o pai da nação. No versículo 10, Moisés diz que Deus o encontrou em uma situação *tohuw* — em outras palavras, sem vida ou estéril.

Abraão estava na mesma condição estéril na qual a terra estava antes da Criação. Nem ele nem Sara tinham condições naquela época de produzirem vida. Estavam estéreis, sem vida. Lemos no versículo 11 que, assim como uma águia paira sobre (*rachaphs*) seus filhos, assim o Senhor pairou sobre eles. O Espírito Santo pairou sobre Abraão e Sara, liberando Sua vida e Seu poder, dando-lhes a capacidade de conceber!

Lemos em Hebreus 11:11 que, por fé, Sara recebeu *dunamis* (o poder milagroso do Espírito Santo)[11] para conceber. Ao agir, Deus estava, na verdade, fazendo nascer uma nação a partir deles. A renovação do Espírito Santo em seus corpos enquanto Ele pairou sobre eles foi tão real que foi depois disso que um rei desejou Sara como esposa porque ela era muito linda. Além disso, Abraão teve uma mudança duradoura e também outros filhos depois disso.

Mais adiante, nessa mesma passagem (Deuteronômio 32:18), *yalad* e *chuwl*, as principais palavras hebraicas usadas para "trabalho de parto" ou "dar à luz", são: "Vocês abandonaram a Rocha, que *os gerou*; vocês se esqueceram do Deus que *os fez nascer*" (NVI, grifo do autor). As palavras escolhidas nessa passagem para descrever o Espírito Santo cobrindo Abrão e Sara para gerarem vida são idênticas às usadas na Criação em Gênesis e em Isaías 66:8. *O pairar que deu à luz ao Israel natural também dará à luz o Israel espiritual.*

Nosso terceiro exemplo de o Espírito Santo gerar vida ao cobrir ou pairar está em Lucas 1:35, a concepção de Cristo por Maria. O anjo do Senhor veio a Maria lhe dizer que ela daria à luz um filho. Ela então perguntou: "Como será isto, pois não tenho relação com homem algum?" (v. 34).

A resposta foi: "Descerá sobre ti o Espírito Santo, e o poder do Altíssimo te envolverá com a sua sombra." "Envolverá" é a palavra grega para *episkiazo*, que significa "cobrir com uma sombra; envolver em uma nuvem de luz; investir com influência sobrenatural".[12] Em alguns momentos é o equivalente à palavra hebraica *rachaph*. Thayer diz que é usado "para o Espírito Santo ao exercer energia criativa no ventre da Virgem Maria impregnando-a".[13]

A palavra só é usada três vezes no Novo Testamento. Na transfiguração de Jesus em Mateus 17:5, a passagem diz que a nuvem do Senhor os "envolveu". Também é usada em Atos 5:15 quando as pessoas estão tentando se aproximar de Pedro — de sua sombra — para serem curadas. Você já se perguntou como a sombra de Pedro poderia curar alguém? Não curava. O que estava, na verdade, acontecendo é que o Espírito Santo estava "pairando" acima de Pedro — cobrindo-o — e quando as pessoas ficavam debaixo dessa nuvem ou sombra, elas eram curadas.

Você talvez já tenha visto esse fenômeno. Eu já vi. Estive em cultos nos quais Deus agia de tal maneira, tão poderosamente, que antes de as pessoas sequer orarem ou tocarem alguém, elas eram salvas, curadas ou libertas. As pessoas ficavam sob o *episkiazo,* ou o movimento, ou local onde o Espírito Santo estava pairando.

Você talvez já tenha participado de uma reunião na qual o Espírito do Senhor começou a pairar em toda a sala e a se mover de determinada maneira. Deus já fez isso até em comunidades inteiras. Em muitos reavivamentos clássicos do passado, contam-se histórias de pessoas terem se aproximado de uma igreja na qual Deus estava agindo de maneira poderosa e começarem a chorar, entrar na igreja, caminhar lá para dentro e dizer, "algo me trouxe aqui e quero ser salvo".

O que aconteceu? O Espírito Santo pairou ou envolveu toda uma região geográfica com tanto poder que gerou vida. Eu acredito que isso irá acontecer até mesmo a nações inteiras à medida que gerarmos mais orações por aqueles que ainda não alcançamos na terra. Nunca houve uma época na história com a quantidade de orações que existe hoje pelos perdidos. O Espírito do Senhor está sendo liberado por intermédio dessa intercessão para pairar não apenas sobre cidades, mas sobre nações inteiras. Nós veremos reavivamentos dramáticos ao passo que esse pairar continuar e se intensificar através das orações dos santos.

Uma Nação Pode Ser Ganha em Um Dia?

Eu estava pregando em Ohio em 1990, pouco depois da queda do muro de Berlim e de algumas das nações comunistas na Europa. Era uma época, como podem lembrar, em que os governos caíam como dominós, e cada semana aconteciam coisas que de modo geral levaria décadas para ocorrerem. Era indiscutivelmente um momento extraordinário.

Enquanto pregava sob uma unção muito forte, o Espírito Santo veio sobre mim e comecei a profetizar. No curso da mensagem, eu disse: "Assim como vocês têm visto as nações caírem politicamente em um único dia, verão nações prostrarem-se perante Mim espiritualmente e nascerem de novo em um dia." Enquanto eu falava isso, me vi perguntando a mim mesmo se aquilo realmente poderia acontecer. Depois do culto, busquei o Senhor em oração, dizendo: "Pai, não quero falar em Seu nome se não for o Senhor. Tampouco quero animar o seu povo com declarações sensacionais. Preciso saber se era Tu mesmo falando através de mim."

A resposta que o Senhor me deu foi surpreendente. Ele me deu a referência de Isaías 66:7-8 e eu sabia que o versículo 8 dizia: "Pois Sião, antes que lhe viessem as dores, deu à luz seus filhos." O que só fui entender quando li a referência é que a primeira parte do versículo é uma pergunta: "Pode, acaso, nascer uma terra em um só dia? Ou nasce uma nação de uma só vez?" O trecho: "Pois Sião, antes que lhe viessem as dores, deu à luz seus filhos", na verdade é a resposta a essa pergunta.

Eu sabia que o Senhor estava me tranquilizando de que fora Ele, realmente, declarando através de mim que as nações nasceriam de novo em um dia. Haveria um movimento tal do Espírito, Ele pairaria e cobriria de tal maneira, com tamanha liberação de poder pelo Espírito de Deus sobre regiões, que nações inteiras viriam a Cristo da noite para o dia. Eu não sei se da noite para o dia é literal ou figurativo, mas vou aceitar qualquer opção, e você?

A passagem no versículo 8 nos diz que isso acontecerá através das dores de parto de Sião. Se Sião inclui a Igreja, que certamente é o caso (ver Salmos 87; Hebreus 12:12; 1 Pedro 2:4-10), e os que estão nascendo são filhos e filhas de Sião, então essa é uma promessa que não só pertence a Israel, mas também a nós, o Corpo de Cristo. *Podemos dar à luz filhos e filhas por meio da intercessão com dores de parto.*

Uma Sensação de Nascimento

Carol Millspaugh, que também é do nosso convívio em Colorado Springs, nos conta de uma experiência que teve na Alemanha vários anos atrás. Na ocasião, ela trabalhava com aconselhamento, primeiramente como psicoterapeuta, e depois em um ministério em tempo integral como conselheira cristã. Carol passava seu tempo intercedendo pelas situações de seus pacientes e pela sua salvação.

Um casal em particular a quem ela aconselhou tinha muitos problemas: vícios, distúrbios alimentares, problemas familiares e outros. Nenhum dos dois era cristão; na verdade, a esposa se dizia ateia. Carol disse que sentiu como se estivesse grávida deles, e que estava carregando-os no espírito. Ela intercedia por eles diariamente, muitas vezes com gemidos e choro, por horas. Isso continuou por vários meses.

Durante seus momentos de intercessão, o Senhor revelava a Carol coisas sobre eles, e ela partilhava com eles essa informação individualmente. Carol não estava ciente disso no início, mas o Senhor estava preparando aquele casal para a salvação.

Então, certo dia, o Espírito pairou poderosamente sobre eles durante uma sessão, permitindo-lhes ouvir e entender Carol enquanto ela lhes citava passagens bíblicas. Da próxima vez que os viu, ambos receberam o Senhor juntos. Carol disse que uma forte sensação de nascimento estava acontecendo. Começou então o tempo de crescimento e amadurecimento, enquanto Carol os alimentava e ajudava a encontrar sólidos ensinamentos bíblicos e relacionamentos cristãos.

Com bases nesses exemplos da Bíblia — a Criação, o nascimento de Israel e a concepção de Cristo — gostaria de oferecer o seguinte como definição da intercessão com dores de parto espiritual: "Liberação do poder criativo ou energia do Espírito Santo em uma situação para produzir, criar ou dar à luz algo." Intercessão com dores de parto poderia simplesmente ser uma oração que causa isso. Arriscando ser redundante, gostaria de reiterar esta frase, usando-a para oferecer uma definição formal da intercessão com dores de parto: "Modo de intercessão que libera poder criativo ou energia do Espírito Santo em uma situação para produzir, criar ou dar à luz algo."

Usei as palavras "produzir" e "criar" porque a intercessão com dores de parto é mencionada na Bíblia não só no contexto de alguém nascer de novo, mas também de produzir outras coisas. Por exemplo, quando o Espírito Santo pairava sobre Pedro, Ele produzia cura (ver Atos 5:15). Através de Elias foi chuva (ver 1 Reis 18:45); através de Paulo incluiu maturidade (ver Gálatas 4:19).

A Intercessão de Cristo com Dores de Parto

Vejamos os dois exemplos anteriores mencionados do ministério de Cristo no qual Ele estava envolvido em uma oração intercessória com dores de parto ou de nascimento. O primeiro é João 11:33-44, a ressurreição de Lázaro. O versículo 33 diz que pouco antes de ir ao sepulcro, Jesus "agitou-se no espírito e comoveu-se". Uma tradução literal dessa frase é que Jesus "agitou-se com indignação em Seu espírito e comoveu-se profundamente".[14]

A palavra "comoveu" é *tarasso*. Significa "mexer, incitar ou agitar", como a peça central de uma máquina de lavar. Jesus estava incitando a unção em Si mesmo. O versículo 38 diz literalmente que Ele mais uma vez agitou-se novamente de indignação.

De acordo com esses versículos, as lágrimas que Cristo derramou não eram apenas de empatia, mas sim de indignação e agitação de Seu Espírito. Também sabemos o que estava ocorrendo no contexto de oração porque o versículo 41 nos diz que antes de ressuscitar Lázaro dos mortos, Jesus disse ao Pai: "Pai, graças Te dou porque Me ouviste." Ele então ordenou: "Lázaro, vem para fora!"

Apesar de não ser provado categoricamente, creio que Cristo estava em forte intercessão com dores de parto, liberando o poder que dá vida do Espírito Santo antes de ordenar, "Lázaro, vem para fora!" Como declarei anteriormente, não creio que seja *necessário* chorar e gemer, entre outras ações, para liberar o poder de fazer nascer do Espírito Santo. Isso *pode* acontecer às vezes, e *acontece*, porém, quando passamos por uma intercessão profunda, como nessa ocasião com Jesus.

Foi o que aconteceu quando intercedi pela minha tia. Eu estava envolvido em uma espécie de intercessão com dores de parto. Apesar de não gemer, chorava copiosamente. É óbvio que não foi a emoção que fez com que ela se salvasse, mas a minha reação à incitação do Espírito Santo, permitindo-lhe agir através de mim, pois o liberou para pairar sobre a minha tia, envolvê-la com o Seu poder e Sua vida, e convencê-la de seu pecado. Possivelmente, foi isso o que quebrou alguns grilhões que a prendiam.

Nem sempre acontece assim tão rapidamente. Há ocasiões em que passamos um tempo de intercessão e vemos os resultados quase que imediatamente, como foi o caso com a minha tia. Contudo, como no caso de Polly e seu filho, geralmente é necessário um período de oração no qual permitimos ao Espírito de Deus interceder através de nós regulamente. Isso o libera para pairar ao redor do indivíduo com Seu poder que muda vidas, fazendo o que é necessário para que a pessoa venha a nascer de novo.

Outra ocasião quando Jesus estava envolvido na intercessão com dores de parto foi no Jardim de Getsêmani. Não resta dúvida de que a redenção da humanidade — o trabalho de intercessão — começou com Suas dores de parto em Getsêmani. Isaías profetizou sobre Jesus: "Ele verá o fruto do *penoso trabalho* de Sua alma e ficará satisfeito" (Isaías 53:11, grifo do autor).

Em cumprimento a essa profecia, Jesus gritou no Getsêmani: "A minha alma está profundamente triste, até a morte" (Mateus 26:38). Foi no Jardim de Getsêmani que começou a redenção e a vitória sobre toda provação foi ganha.

Sabemos que a redenção estava tendo início com essa intercessão com dores de parto por duas razões: primeiro, Lucas nos diz que Jesus começou a suar grandes gotas de sangue. Jesus não estava apenas suando tão profusamente que parecia uma pessoa sangrando. Ele estava literalmente sangrando pelos poros de Sua pele, uma condição física conhecida no mundo médico como hematidrose. Temos de entender que quando o sangue de Cristo começou a fluir, a redenção estava começando, porque foi através de Seu sangue, dado por nós, que fomos limpos do pecado (ver Hebreus 9:22).

Também sabemos que a redenção estava começando no Getsêmani porque, quando Jesus disse "minha alma está profundamente triste, até a morte", a palavra usada para "morte" é *thanatos*. Essa palavra é muitas vezes usada para morte como consequência e penalidade pelo pecado.[15] Foi a morte que Adão sofreu quando caiu.

Outras duas palavras poderiam ter sido usadas para significar simplesmente a morte física. Quando se usa *thanatos,* porém, frequentemente implica morte como resultado do pecado. Se Cristo usou essa palavra, muito possivelmente o fez por significar que o pecado do mundo já tinha sido posto sobre Ele.

Com essas duas ocorrências, podemos ver que a redenção que terminou na cruz, muito provavelmente começou na intercessão com dores de parto do Jardim do Getsêmani. Creio que o termo "penoso trabalho" foi usado, não tanto por Jesus ter labutado arduamente, mas sim porque estava fazendo nascer uma nova vida. Também parece lógico que assim como a nossa intercessão libera os frutos desse fazer nascer, ela também seja chamada de intercessão com dores de parto.

Produzir os Frutos do Calvário

Em suma, o Espírito Santo quer desesperadamente liberar Seus poderes criativos e que produzem vida através de nós, dando origem assim aos frutos do Calvário. Ele quer nos usar em situações *tohuw* (sem vida, sem fruto, desoladoras, estéreis), para liberar Sua vida sobre elas:

- Assim como fez na Criação, Ele quer, através da nossa intercessão, produzir "novas criações" em Cristo Jesus.

- Assim como fez com Israel quando pairou sobre os corpos estéreis de Abraão e Sara, gerando uma nação, Ele quer gerar o "Israel espiritual" através de nós.
- Assim como fez com Maria quando pairou sobre ela, gerando ou concebendo o Cristo nela, Ele quer gerar Cristo nas pessoas através da nossa intercessão.
- Assim como aconteceu na ressurreição de Lázaro, através da nossa intercessão Ele quer trazer vida espiritual sobre a morte.
- Assim como foi no Getsêmani quando o fruto de nossa redenção foi extraído da videira, Cristo Jesus, Ele quer que o fruto daquele trabalho seja extraído novamente através da nossa intercessão.
- Assim como as pessoas eram curadas através de Pedro, Ele quer curar as pessoas através da nossa intercessão. Ele quer pairar sobre elas, liberando Sua vida.

Ele não só quer fazer isso para salvação e cura, mas quer que também haja intercessão com dores de parto para o amadurecimento e o desenvolvimento de crentes. Paulo disse em Gálatas 4:19: "Meus filhos, por quem de novo sofro as dores de parto, até ser Cristo formado em vós." Ele os chamou de filhos porque havia tido dores de parto até eles nascerem de novo. Ele então disse que sofria as dores de parto "de novo" até Cristo ser formado neles. Aquelas pessoas já eram nascidas de novo. Paulo estava obviamente se referindo ao seu processo de amadurecimento. Esse é um aspecto da intercessão no qual podemos nos engajar para ajudar os crentes a amadurecerem.

Os hospitais têm unidades de tratamento intensivo nas quais sua equipe consegue dar mais atenção aos pacientes que passaram por um transplante. Mesmo quando as operações são bem-sucedidas, é procedimento de rotina classificar os pacientes como "em condição crítica e instável" e mantê-los em observação na UTI até estarem mais fortes.

Transplantes de órgãos espirituais ocorrem quando as pessoas tornam-se cristãs e recebem um coração novo. Para se fortalecerem no Senhor, elas precisam de cuidado intensivo. É emocionante fazer parte de um trabalho de parto — orar por elas até entrarem no Reino de Deus. Todavia, também é preciso interceder por elas quando estão em estado crítico e em condição instável.[16]

Quando o Senhor me ensinou essa verdade, eu estava aconselhando quatro a cinco pessoas que estavam em situações muito difíceis. Três delas tinham muitos pensamentos suicidas. Diariamente, eu passava horas com essas pessoas tentando ajudá-las. Havia ocasiões quando elas me ligavam dizendo que iam tirar sua vida naquela hora. Lembro-me de que uma delas me ligou uma vez às duas da madrugada dizendo, "estou com um revólver na minha cabeça agora e vou estourar os miolos". Devo dizer que foi no mínimo muitíssimo estressante.

Foi na época que o Senhor me revelou esse conceito de nossas orações liberarem o Espírito Santo para pairar sobre as pessoas, levando-lhes vida. Ele disse as seguintes palavras muito claramente ao meu coração: *Se você dedicar uma fração de tempo liberando o Meu Espírito Santo para ir e pairar sobre essas pessoas e levar-lhes vida enquanto fala com elas, verá os resultados multiplicados.*

Sei que foi uma ótima ideia quando a ouvi! Comecei a dedicar umas duas horas por dia orando por elas. Boa parte da minha oração era no Espírito. Eu dizia simplesmente, "Pai, trago fulano de tal perante o Senhor agora, e peço que, ao orar, o Espírito Santo seja liberado e paire sobre ele, gerando Cristo." Eu então costumava apenas começar a orar no Espírito. Vi resultados imediatos. Maturidade sendo alcançada rapidamente. Grilhões caindo praticamente da noite para o dia. Vitórias sendo ganhas em sua vida. Foi impressionante.

O que estava acontecendo? O Espírito Santo estava sendo liberado através das minhas orações para pairar — *rachaph, episkiazo* — sobre aquelas pessoas, liberando Seu poder e Sua vida.

Liberando a Chuva do Espírito

A Bíblia fala de interceder com dores de parto por outras coisas também. Em 1 Reis 18, Elias orou fervorosamente sete vezes por chuva. Lemos nessa passagem que a postura que ele teve enquanto orava era como a de uma mulher no dia em que dá à luz.

O simbolismo é claro. Elias estava com dores de parto. Ele estava produzindo algo. Não resta dúvidas de que a postura de Elias serve para simbolizar isso para nós. Por que outro motivo Deus nos daria a informação sobre a posição na qual ele estava orando? E, por favor, não esqueça o que essa passagem está querendo dizer. *Apesar de ser a vontade de Deus dar a chuva e também o tempo dele de chover, ainda assim, alguém na terra teve de trazê-la por meio da oração.*

Nesse exemplo, a intercessão com dores de parto liberou chuva, literalmente. Poderíamos usar essa história em seu simbolismo máximo e dizer que nossa intercessão com dores de parto libera a chuva do Espírito. Tenho certeza de que seria válido porque a seca física retratava a seca espiritual de Israel, e a chuva era um símbolo da capacidade de Deus abençoar novamente depois de purificá-los de sua idolatria, mencionada anteriormente neste capítulo.

As nossas orações podem e fazem com que o Espírito Santo mova em situações nas quais Ele então libera o Seu poder para trazer vida. Fazemos a nossa parte ao produzir esse pairar do Espírito Santo. O poder que criou o universo pelo Seu *rachaph* tem sido depositado na Igreja — enquanto milhões incontáveis de pessoas esperam para nascer no Reino de Deus.

Assim como Elias, temos de assumir a nossa posição, crendo que as orações de meros homens podem realizar muito. Temos de liberar o poder do Espírito Santo por meio da nossa intercessão para que Ele paire, dando à luz o fruto do que Cristo já preparou. Somos parte integral do processo do Pai de dar à luz muitos para o Reino de Deus.

Repito, então, o que disse quando acompanhava minha esposa: "Vamos, Igreja, *empurre*!"

Questões para Reflexão

1. De que maneira temos definido intercessão com dores de parto inadequadamente e como isso tem atrapalhado a intercessão?
2. Explique a conexão entre Gênesis 1:1,2; Deuteronômio 32:10-18; Lucas 1:35 e a intercessão com dores de parto.
3. O que queremos dizer com o Espírito Santo "pairar"?
4. Quando e onde alguém pode interceder com dores de parto? Para que podemos fazer isso? Consegue pensar em alguma situação na qual Deus talvez queira produzir algo por meio das suas orações?
5. Deus responde à oração?

Capítulo nove

Lutadores Profissionais

O Irmão Maravilhoso e sua Intérprete

— Resisti ao diabo e ele fugirá de vós! Quantos de vocês conversam com o reino das trevas de vez em quando? — perguntei naquela minha voz mais ungida de pregação.

Eu estava mandando ver. "Pregando como um furacão", como costumamos dizer em Ohio, onde fui criado. Tinha acabado de sair da escola bíblica e me sentia o último modelo de Deus da Fraternidade Internacional dos Irmãos Maravilhosos Transformadores do Mundo. Eu tinha aquelas pessoas bem onde eu as queria — agarrando-se a cada palavra minha. Ah, se mamãe me visse agora! Ela e Deus provavelmente encontrariam um lugar para mim à direita do Senhor — ao lado de Tiago e João.

O único problema era que eu estava na Guatemala, pregando com o auxílio de uma intérprete.

"E daí?", você talvez pergunte, "por que isso seria um problema?"

Porque a minha intérprete não parecia partilhar da minha teologia, e suas convicções eram bem rígidas. Ela olhou para mim indignada e disse sem papas na língua:

— Eu não vou dizer isso!

Suas palavras meio que cortaram a minha eloquência.

— Quê? — respondi.

— Eu não vou dizer isso.

— Como assim, você não vai dizer isto? Você tem de dizer o que eu digo.

— Olha, não vou dizer não.

— Por que não?

— Eu não acredito nisso.

— Olha, é o que a Bíblia diz para fazer.

— Onde?

— Em Tiago 4:7.

Ora, tenha em mente que estávamos na frente de uma igreja cheia de pessoas observando essa óbvia troca verbal desagradável entre o Irmão Maravilhoso e sua intérprete.

Não haviam me preparado para isso na escola bíblica. E lá estava eu, me perguntando o que fazer a seguir, e ela começou a procurar Tiago 4:7. Levou uma eternidade para encontrar. Ela então leu para todos, acho. Pelo que sei, bem poderia estar dizendo como eu era um bobo.

Tentamos continuar. Mas ela não me permitia citar nenhum outro versículo. Assim que mencionava um, ela tomava o tempo que queria para encontrá-lo na Bíblia e lê-lo, acho eu... Contudo, não demorou muito para eu ver que ela não conhecia a Bíblia muito bem, de modo que comecei a parafrasear os versículos para ela não reconhecer que eram Escrituras. Depois que ela havia traduzido o versículo sem saber, eu então olhava para ela com um sorrisinho e dizia, "isso está em..." Quando ela então me fuzilava com seu olhar nada espiritual.

Nós simplesmente não conseguimos mais trabalhar direito, não fluía.

Apodere-se da Vitória

Intercessão, segundo a nossa definição, envolve duas atividades diferentes. Uma é *reconciliação*, a outra, *separação*. Uma é *divisão* — uma desunião, ruptura —, e a outra uma *junção* — uma união. É o que Cristo fez em Seu trabalho de intercessão, e é o que nós fazemos ao continuarmos essa intercessão. Em vista disso, é importante percebermos que muito da nossa intercessão deve ser uma combinação das duas coisas.

Muitas vezes não é suficiente simplesmente pedir ao Pai para fazer algo, apesar de isso ser o conceito geral de oração da maioria dos cristãos. Muitas vezes é necessário um pouco de "guerra" ou "luta" espiritual junto com o pedir, reforçando a vitória do Calvário. Como Arthur Mathews disse: "A vitória é um fato consumado, mas é necessário que um homem se apodere dessa vitória e precipite um confronto com o inimigo, e resista a ele."[1]

Jack Hayford, em seu livro *Prayer Is Invading the Impossible* [Oração é invadir o impossível, em tradução livre], diz:

> Ver os dois lados de Jesus é ver os dois lados da oração. É ver a necessidade de se ter compaixão, cuidado, interesse, de chorar com os que choram, ter empatia, gemer, sentir a dor profundamente por causa do que sente transpirar nas vidas humanas. E é aprender o lugar e a hora para se irar, quando vemos os ardis de Satanás terem êxito em destruir; para se indignar, quando o programa do adversário viola o território que pertence a Cristo por direito; para ousar, quando as hostes demoníacas anunciam sua presença; para atacar, quando o Espírito Santo o incita a avançar.[2]

Assim como aconteceu com a minha intérprete na Guatemala, muitos não acreditam na guerra espiritual. Acreditam que Jesus já cuidou do diabo e não precisamos nos preocupar com ele. Outros acreditam que as nossas ações, nossos estilos de vida santos, nossa obediência e, suponho eu, outras coisas amarram o diabo, mas que nós não devemos falar dele nem de seus demônios. Outros ainda creem que podemos lidar e falar sobre os espíritos malignos, mas só nas pessoas. Não podemos, dizem, ordenar ou repreender demônios em lugares ou situações.

Este livro não tem o intuito de ofender os que discordam, nem de defender a minha posição sobre o assunto. Seria necessário um livro inteiro — talvez vários — para provar adequadamente sua validade e demonstrar como se engajar na guerra espiritual. Há vários livros maravilhosos que defendem e explicam esse assunto detalhadamente. Tenho uma lista de vários deles na bibliografia no final deste livro. Minha intenção aqui é estabelecer uma conexão absoluta entre a guerra espiritual e a intercessão, especialmente — mas não limitado a isso — com relação à guerra pelos não salvos.

Paga Envolve Guerra

Certamente existem os extremos. Ouvi alguém recentemente descrever uma caricatura que retratava o diabo amarrado com umas 40 a 50 cordas e cercado de pessoas discutindo a situação.

— E o que fazemos agora? — perguntava um.

— Eu diria para amarrá-lo de novo! — foi a resposta de outro.

Apesar de haver extremos, é impossível separarmos a palavra "intercessão", *paga*, de guerra. Ela é usada quinze vezes nesse contexto.[3] Digo-lhe enfaticamente, *violência e guerra estão arraigadas no próprio significado da palavra*. Ela é traduzida de várias maneiras quando fala de guerra: "atacar", "arremeter-se", "estender a mão", "lançar-se sobre"; como também outras (ver Juízes 8:21; 1 Samuel 22:11-19; 2 Samuel 1:11-16; a essência é a mesma em todas as referências — pessoas em batalha atacando umas as outras). Ouça-me bem: *paga* envolve guerra!

Mais uma vez, Jack Hayford diz: "Mas há uma maneira de enfrentar a impossibilidade. *Invada-a!* Não com um discurso eloquente de esperanças. Não com ira. Não com resignação. Não com um autocontrole estoico. Mas sim com violência. E a oração provê o veículo para esse tipo de violência."[4]

Quando tentamos separar a guerra da intercessão, fazemos isso para nosso prejuízo. Muito tempo e energia são desperdiçados com os sintomas, quando, em muitas situações, a verdadeira causa do problema é espiritual ou demoníaca: "Pois a nossa luta não é contra seres humanos, mas contra os poderes e autoridades, contra os dominadores deste mundo de trevas, contra as forças espirituais do mal nas regiões celestiais" (Efésios 6:12, NVI). Precisamos estar alertas contra uma ênfase excessiva em Satanás e nos demônios, mas nós, nos Estados Unidos, erramos em outra direção. A maioria das pessoas "empaca" em Efésios 6:12 depois das palavras "nós não lutamos..."

Ignorância Custa Caro

A nossa ignorância com relação a Satanás e suas táticas, como também sobre como lidar com eles, nos custa caro. Em 2 Coríntios 2:11 a Bíblia nos diz: "Para que Satanás não alcance vantagem sobre nós, pois não lhe ignoramos os desígnios." O contexto é de perdão, mas um princípio geral também é revelado nesse versículo.

A palavra "ignoramos" é a palavra grega *agnoeo*, que significa "sem conhecimento ou entendimento de".[5] A palavra "agnóstico" é derivada dela. Tecnicamente, um agnóstico não é alguém que não tem certeza se crê ou não em Deus. Agora usamos a palavra assim; mas, na verdade, um agnóstico é alguém que não sabe nem entende, não importa que assunto seja. Também temos a palavra "ignora" proveniente da mesma raiz. Nesse versículo, somos exortados a não ignorarmos nem sermos agnósticos — sem entendimento — com relação ao diabo.

"Desígnios" é a palavra *noema*, que literalmente quer dizer "pensamento".[6] Esse versículo está dizendo, em essência: "Não fique sem entender a maneira como Satanás pensa." *Noema* também veio a significar "planos, ardis, esquemas, armações", porque essas coisas nascem a partir dos pensamentos. Para entendermos melhor, vamos inserir todas essas palavras no versículo: "Não fique sem entender a maneira como o seu inimigo pensa e opera — seus planos, desígnios, esquemas e ardis." Não há também uma promessa sutil aqui? Se Deus sugere que não devemos ser ignorantes com relação aos ardis de Satanás, então Ele deve estar disposto a revelá-los.

E se não estivermos cientes de seus ardis? Ele levará "vantagem" com relação a nós. A palavra é *pleonekteo*, uma palavra composta que significa literalmente "ter ou possuir a maior parte" (*pleon* — "a maior parte"; *echo* —"ter ou possuir").[7] Fica fácil ver por que é uma palavra usada para "cobiça". Também significa "estender além de".[8]

No boxe, a pessoa que "passa além de" tem a "vantagem" e geralmente é a que consegue dar mais golpes. A palavra também é traduzida por "aproveitar-se"; Satanás se aproveita muito daqueles que não estão cientes de seus caminhos. Bullinger diz que significa "saquear, defraudar".[9]

Vamos juntar todas essas definições. "Nosso adversário levará vantagem sobre nós, nos fará sua presa, nos defraudará do que é nosso, e ficará com a maior parte na mesma medida em que formos ignorantes da sua maneira de pensar e operar — seus planos, esquemas, desígnios e enganos".

A maior parte do quê? Seja o que for! Nossos lares, casamento, família, dinheiro, governo, nação e mais.

Há vinte e cinco anos a Igreja nos Estados Unidos não tinha entendimento do que Satanás planejava, e ele ficou com a maioria das nossas escolas. O mesmo poderia ser dito do nosso governo.

Já tiraram vantagem de você? Você alguma vez já ficou com a porção menor? Nos meus dias de faculdade de teologia, tínhamos uma maneira de descobrir quem eram os superespirituais da turma, que achavam que precisavam interceder pelo mundo quando iam dar graças por uma refeição. Eles ignoravam nossas intenções quando lhes pedíamos para orar pela comida. Enquanto atravessavam o planeta orando por todas as causas possíveis, nós tirávamos de seus pratos a maior porção de suas refeições! Era um teste e tanto da verdadeira espiritualidade deles. (Estou profundamente envergonhado por essa prática abominável do meu passado e nunca faria tal coisa hoje em dia. Mas, para aqueles que acham que têm de interceder ao orar pela comida, eu lhes digo: deixem para orar no seu quarto de oração!)

Tiraram vantagem de Paulo em 1 Tessalonicenses 2:18. Satanás ganhou dele (*pleonekteo*) na guerra incessante de espalhar o evangelho: "Por isso, quisemos ir até vós (pelo menos eu, Paulo, não somente uma vez, mas duas); contudo, Satanás nos barrou o caminho." Sabemos que Paulo ganhou mais batalhas do que perdeu. Mas ele era humano e às vezes Satanás tinha êxito em barrar seus planos. Por favor, veja que não diz que Deus mudou de ideia sobre onde Paulo deveria ir. Diz claramente que Satanás o atrapalhou. Aqueles que querem nos fazer pensar que Satanás não pode fazer nada a não ser o que Deus permite, e que devemos ignorá-lo, deveriam reler esses dois versículos. Deus não ignora o diabo e nós tampouco deveríamos ignorá-lo. E ele certamente faz muita coisa que Deus não lhe "permite" fazer.

Só podemos dizer que Deus permite tudo o que acontece na Terra no sentido de que Ele criou as leis e os princípios — semear e colher, causa e efeito, e o livre arbítrio dos seres humanos — que governam a terra. Nós, porém, colocamos esses princípios em ação e determinamos muito do que vamos colher e pelo que vamos passar. Satanás também entende essas leis e as usa para seu proveito sempre que possível.

Os Esquemas Ocultos de Satanás Prevalecem

Ouvi um ministro em Tulsa, Oklahoma, falar sobre a libertação de alguém por quem ele havia orado muito. Parecia que essa pessoa nunca chegaria a ser estável na vida ou na sua caminhada com o Senhor. Ele encontrava um emprego, e logo o perdia; caminhava com o Senhor por um tempo, e logo se afastava. Esse ciclo se repetiu várias vezes, e parecia que não importava o quanto orassem por ele, não fazia diferença.

Certo dia, quando o ministro orava por esse jovem, o Senhor lhe mostrou uma imagem de três demônios que o seguiam onde quer que ele fosse. Não estavam nele, mas sempre ali por perto para influenciá-lo. O ministro viu os nomes de cada demônio, descrevendo o que fazia. Ele amarrou um de cada vez no nome de Jesus e os ordenou a deixarem o jovem em paz.

Daquele momento em diante tudo mudou. Ele conseguiu estabilidade. O sucesso veio a seguir. Com o passar do tempo o jovem se tornou um rico empresário e também ministro, e caminha com Deus até os dias de hoje. É sempre bom e certo pedir ao Pai para fortalecer e amadurecer as pessoas, mas esse homem precisava de algo mais: alguém que exercitasse autoridade e fizesse uma libertação. Sua instabilidade era um sintoma de uma influência demoníaca contra a qual ele não era forte o suficiente para lutar e superar. Satanás levava vantagem e enquanto seus esquemas permanecessem ocultos, ele prevaleceria.

Apesar de algumas questões com relação à guerra espiritual estarem abertas para debate — certamente este é um assunto bastante subjetivo — outras são inquestionáveis:

- Estamos em uma guerra muito real (ver 2 Coríntios 10:4; 1 Timóteo 1:18).
- Somos soldados nesta guerra (ver Salmos 110:2,3; 2 Timóteo 2:3,4).
- Temos de lutar contra todos os níveis do reino das trevas (ver Efésios 6:12).
- Devemos resistir ao diabo (o que na maioria das vezes pode ser representado por seus demônios) e ele fugirá de nós (ver Tiago 4:7; 1 Pedro 5:9).
- Devemos pisar em Satanás e seus demônios (por exemplo, exercitar autoridade sobre eles — ver Lucas 10:19; Romanos 16:20).
- Devemos expulsar demônios (ver Marcos 16:17).
- Temos autoridade para amarrar (proibir) e libertar (permitir) ao lidarmos com os agentes e portões do inferno (ver Mateus 16:19).
- Temos armas poderosas designadas para vencer o reino das trevas (ver 2 Coríntios 10:4; Efésios 6:10-20).

De modo algum essa é uma lista exaustiva dos versículos sobre guerra espiritual. Para se certificar, Deus não nos dá fórmulas detalhadas para fazermos tudo o que foi mencionado anteriormente. Deus não gosta de fórmulas em nenhuma questão sobre as verdades bíblicas. Ele está preocupado com relacionamentos, e nos dá princípios que devem ser aplicados à medida que o Espírito Santo nos guia.

Por exemplo, o Senhor não nos dá uma fórmula em particular para um culto. Não é importante que adoremos exatamente da mesma maneira, mas sim que adoremos. Ele não estabelece fórmulas para o governo da igreja ou a ordenação de pastores. Cada linha do Corpo de Cristo parece fazer isso de maneira diferente. O que importa não é que todos nós governemos da mesma maneira, mas que tenhamos um governo segundo Deus.

Não estou com isso dizendo que não há absolutos nas Escrituras; mas sim que eles raramente se encontram no tocante ao método. Não há nada sagrado ou não sagrado sobre o método. O importante é que caminhemos de acordo com a revelação das Escrituras que nos foram dadas, e que façamos isso sob a direção do Espírito Santo. Só Ele sabe exatamente o que é preciso em cada situação.

Lute Como Um Profissional

Da mesma maneira, em uma guerra espiritual, o importante não é o quanto lutamos, mas que lutemos de algum modo. Nenhuma dessas afirmações da Bíblia é sobre uma guerra defensiva. São todas ofensivas. Devemos lidar agressivamente com as forças das trevas sempre que surgir um desafio ou uma oportunidade. A palavra "contra" é usada cinco vezes em Efésios 6. A palavra grega é *pros*, que é uma forma melhorada de *pro*.

Pro significa "à frente de",[10] quer literalmente quer figurativamente (no sentido de superior a). Usamos esse conceito hoje na palavra "profissional", ou na sua forma abreviada "pro". Um atleta profissional está "à frente dos outros" ou "é superior a". *Pros* também tem a conotação de dar um passo à frente e encarar algo ou alguém.[11] O simbolismo nessa passagem em Efésios é de um lutador que dá um passo à frente e encara o oponente. Deus está nos dizendo: "Dê um passo à frente e encare os poderes das trevas. Seja um lutador profissional!"

Não seja como o frequentador de academia que visitava a África, a quem o chefe do povoado perguntou o que ele fazia com seus músculos, como os usava. O cara achou que era melhor explicar lhe mostrando os músculos, então começou a flexioná-los, apertá-los, mostrar os bíceps e os tríceps, demonstrando como se apresentava em competições. Depois de admirar aquele incrível espécime por um momento, o chefe perguntou:

— Para o que mais você os usa?

— Para mais nada — respondeu o homem todo musculoso.

— É só para isso que usa todos esses músculos enormes? — reiterou o chefe.

— É.

— Que desperdício — murmurou o chefe desgostoso —, que desperdício.

Muitos de nós somos como esse cara musculoso. Somos fortes no Senhor, muito bem equipados para lidarmos contra o nosso adversário, mas nunca usamos a nossa força ou as nossas armas. Entre no ringue!

Ao esperarmos no Senhor, Ele nos mostrará a estratégia ou o método de guerra a usar. Deus é um Deus de relacionamentos. Ele é um Pai que tem paixão pela Sua família e prioriza amor e não labor. O que nos prepara para o aspecto da guerra espiritual é a nossa relação com Cristo por meio de nossa caminhada com Ele.

Devoção a Cristo, o Trampolim para Todas as Outras Coisas

É interessante, até paradoxal, porém verdadeiro, que a guerra nasce muitas vezes da adoração. *Da nossa espera muitas vezes surge a guerra*. É a simplicidade e a pureza da devoção a Cristo que devem ser o trampolim para tudo o mais que fazemos. "Mas receio que, assim como a serpente enganou a Eva com a sua astúcia, assim também seja corrompida a vossa mente e se aparte da simplicidade e pureza devidas a Cristo" (2 Coríntios 11:3).

Nossa profundidade de revelação em qualquer aspecto da verdade não diminui a necessidade de uma devoção simples e pura a Cristo. Na verdade, a aumenta. Quanto maior a árvore, mais profundas as raízes. Da mesma maneira, quanto mais nos espalhamos para cima e de dentro para fora, para os aspectos multidimensionais do Reino, mais devemos permitir que o efeito "descomplicante" da nossa relação com Cristo cresça como uma raiz, para baixo.

O contexto em 2 Coríntios 11:3 é engano. Seja em que grau for que Satanás consiga nos distrair de nossa relação com Cristo, é nesse grau que chegaremos a caminhar em engano, não importa o quanto possamos estar caminhando em outra revelação.

Quero mencionar três palavras do Velho Testamento para "esperar" no Senhor, cada uma com uma nuance um pouco diferente da outra. A primeira é *dumiyah*, que significa "esperar silenciosamente com uma confiança sossegada".[12] O sentido comunicado aqui é uma forte calma, confiança sossegada no Senhor. Davi disse no Salmo 62:1,2: "Somente em Deus, ó minha alma, espera silenciosa; dele vem a minha salvação. Só ele é a minha rocha, e a minha salvação, e o meu alto refúgio; não serei muito abalado."

A segunda palavra é *chakah* que significa "aderir a" ou "ansiar".[13] "Nossa alma espera no Senhor, nosso auxílio e escudo" (Salmos 33:20). Foi o que

Davi sentiu quando disse: "A minha alma tem sede de Deus" (ver Salmos 42:2; 63:1). Ele estava *chakah* — ansiando pela companhia de Deus.

A terceira palavra, *qavah*, significa "esperar por; com grande expectativa".[14] Também significa "amarrar algo junto, torcendo" ou "entrelaçar".[15] O principal pensamento, então, para *qavah* é "grande expectativa e unicidade; uma união, um entrelaçamento". Os seguintes versículos são exemplos disso:

> Espera pelo Senhor, tem bom ânimo, e fortifique-se o teu coração; espera, pois, pelo Senhor (Salmos 27:14).

> Mas os que esperam no Senhor renovam as suas forças, sobem com asas como águias, correm e não se cansam, caminham e não se fatigam (Isaías 40:31).

Vamos resumir os três significados, juntando todos? "Esperar silenciosamente com uma forte e calma confiança, ansiar pela presença do Senhor e com muita expectativa — pois você sabe que Ele virá —, antecipadamente e, então, exercitando a unicidade, que resulta de seus corações serem entrelaçados". Aleluia!

O Salmo 37:7,9,34 demonstra como esperar no Senhor se relaciona também à guerra:

> Descansa no SENHOR e espera nele, não te irrites por causa do homem que prospera em seu caminho, por causa do que leva a cabo os seus maus desígnios [...] Porque os malfeitores serão exterminados, mas os que esperam no SENHOR possuirão a terra [...] Espera no SENHOR, segue o seu caminho, e ele te exaltará para possuíres a terra; presenciarás isso quando os ímpios forem exterminados.

Esperar no Senhor traz consigo a habilidade de possuir nossa herança. "Herdar" é a palavra *yaresh*, também traduzida como "possuir", e significa "um herdeiro legal; invasão militar para conquista".[16] Os que esperam no Senhor herdarão e possuirão — adoração e guerra! É como Davi esperando no Senhor, ansiando por Ele, adorando-o, compondo canções para Ele e, no minuto seguinte, agarrando um leão pela juba e arrancando-lhe a cabeça! Guerra e vitória nasceram da adoração e da espera.

Parece Bom, mas não Tem Unção

Quando Maria estava sentada aos pés do Senhor e Marta ocupada na cozinha (ver Lucas 10:40), a passagem diz que Marta andava distraída em muitos serviços. A palavra "distração" é a palavra *perispao*. Significa literalmente "andar em círculos".[17] A palavra para "em muitos serviços" é a palavra do Novo Testamento para "ministério" — a mesma palavra que usamos para uma pessoa que tem um ministério. Até um ministério puro para Jesus pode se tornar um peso que arrastamos de um lado para outro.

A guerra espiritual e a oração, no geral, também podem se tornar um peso que se arrasta de um lado para outro. Elas muitas vezes perdem a vida, tornando-se legalistas e passando a ser uma tarefa — uma obrigação que você suporta. Tornamo-nos tão ocupados *por* Ele que não temos tempo para estarmos *com* Ele. Arrastamos nosso ministério em círculos, chegando a lugar nenhum e realizando nada para o Reino de Deus.

Há vários anos eu estava passando por um momento difícil em minha vida. Um querido amigo chamado Al Straarup me chamou e disse:

— Eu estava orando por vocês esta manhã com um amigo e o Senhor me deu uma visão.

Pensei, *Obrigado, Jesus. Aqui está a minha resposta.*

Al continuou:

— Tinha um círculo no chão. — (Eu estava pronto para uma grande revelação. Estava pronto para ouvi-lo dizer que havia um círculo no meio de outro círculo, ou algo parecido!) — Você estava andando naquele círculo.

— Sim? Sim? — respondi.

Ele disse:

— É só isso. Você só estava andando em círculos.

— Essa é a palavra que Deus tem para mim? — perguntei.

Ele respondeu:

— É, só isso. Sinto muito.

Desliguei o telefone e pensei: *Acho que é verdade. É o que tenho feito, Senhor — andado em círculos... Ocupado, mas sem chegar a lugar algum.* Saí daquele buraco e fui para a presença do Senhor. Parei de andar e comecei a esperar.

Jesus olhou para Marta e disse: "Maria, pois, escolheu a boa parte, e esta não lhe será tirada" (Lucas 10:42). A "boa parte" é a palavra *agathos*. Ela contrasta com outra palavra para "bom" em grego — *kalos*, que significa que algo é "constitucionalmente bom"[18] ou, em outras palavras, é bem feito. Mas *kalos* não implica necessariamente em nenhuma utilidade prática ou benefício. Pode simplesmente parecer bom. Não há nada de errado com isso, mas pode não ter nenhum propósito na prática.

Por outro lado, *agathos* — a palavra para "boa parte" que Maria escolheu — é a palavra que significa "bom e proveitoso; útil; benéfico".[19] É geralmente traduzida por "boas obras". O Senhor está dizendo: "Se você passar tempo esperando em Mim, sentado aos Meus pés, isso lhe confere algo. Você não só vai parecer bom, mas também será bom para alguma coisa." Muitas vezes parecemos bons, mas não temos a unção. Precisamos esperar na presença do Senhor e permitir que todo o nosso ministério, inclusive nossa luta na guerra espiritual, nasça desse relacionamento.

O Tempo, os Termos e o Método de Deus

Esperar no Senhor vai nos impedir de ter uma atitude reacionária com o diabo. Não reagimos nem damos satisfações ao diabo. Não fazemos nada nos seus termos, nem devemos fazer nada segundo sua agenda. Deus escolhe o tempo e os termos da batalha. Ele disse a Josué em Jericó (ver Josué 6), quando estava prostrado adorando: "Sete dias, Josué. Nem um minuto antes. Não faça nada até Eu lhe dizer." Ele estava dizendo: "Eu escolho a hora da batalha."

Deus também escolhe os termos. "Não faça ninguém prisioneiro — só Raabe vai escapar. Os despojos devem ser dados a Mim. Eu escolho os termos — não você, nem Satanás, nem ninguém. Se fizer da Minha maneira, sempre irá vencer. Faça do jeito do diabo e descobrirá que estará andando em círculos." Deus escolhe a hora, os termos e o método. A guerra não é uma reação responsiva, mas sim uma ação responsável. Deve nascer da obediência, não da necessidade. Seguimos nosso Capitão, não nosso inimigo.

O Senhor disse a Davi para ir para a batalha quando o vento soprasse no topo das árvores, não antes (ver 2 Samuel 5:24). Ele disse para Saul esperar sete dias até Samuel vir e oferecer o sacrifício (ver 1 Samuel 13:8-14). O inimigo estava acampado ao redor deles, e o povo estava ficando nervoso, de modo que Saul disse: "Vou ter de oferecer sacrifício eu mesmo — fazer da minha maneira — porque temos de andar com esta batalha." Samuel apareceu logo depois do sacrifício e deu-lhe a perspectiva de Deus: "Você pisou na bola, Saul, e o Reino lhe será tirado e dado a outra pessoa segundo o meu coração. Não posso ter um guerreiro ou líder reacionário — que guia o povo segundo a própria sabedoria e ideias. Tem de ser da Minha maneira. Você tem de esperar por Mim!"

Deus às vezes pode dizer que adoração é a chave, como foi o caso com Josafá no campo de batalha (ver 2 Crônicas 20:1-30) e para Paulo e Silas na prisão (ver Atos 16:16-36). Quando ministrávamos nas ruas de Mardi Gras alguns anos atrás, o Senhor guiou 200 de nós a marcharmos silenciosamente pela rua. Um incrível temor e a presença do Senhor começaram a pairar por toda a área. O Senhor havia estabelecido Sua incrível presença e silenciado Seus inimigos. Um silêncio tomou literalmente as ruas.

Em outra ocasião, porém, Ele nos guiou a marcharmos no meio da Rua Bourbon cantando a intensa canção de adoração de Bob McGee, "Emmanuel". Dessa vez, um espírito de convicção pairou nas ruas enquanto cantávamos essa poderosa canção que fala do verdadeiro destino da humanidade. Assim como antes, houve silêncio. Parecia que o Senhor estava totalmente no controle. Em uma interseção, que havia sido bloqueada à nossa marcha, nos reunimos e formamos um círculo e ali ficamos de joelhos e continuamos cantando. Ao nos ajoelharmos para adorar, um homem literalmente correu para dentro do círculo e gritou que queria conhecer Deus.

Isso sim é guerra de louvor! Também é intercessão (*paga*) — ataque ao inimigo. Assim como Cristo é entronado na adoração, Satanás é destronado dos céus (ver Salmos 22:3; 149:5-9). Ao erguermos o Filho, derrubamos a serpente.

Outras vezes, a estratégia do Espírito Santo talvez seja amor — atos de gentileza, doação, perdão. Fiz parte de uma cerimônia de reconciliação no Confluence Park, em Denver, no Colorado, no dia 12 de novembro de 1992, entre norte-americanos nativos e vários norte-americanos europeus. Fui o apresentador da reunião, na verdade, patrocinada pela Reconciliation Coalition [Coalizão de Reconciliação], um ministério de Jean Stephenson.

A estratégia, na verdade, era bastante simples: arrepender-se e pedir perdão por roubar sua terra, quebrar acordos e matar seus ancestrais. Quando um deles, em nome de seu povo, nos perdoou e nos deu as boas-vindas nesta terra, *algo se rompeu no mundo do espírito.* Era um dia feio e frio, mas assim que ele falou aquelas palavras, o sol começou a brilhar através das nuvens, até brilhar sobre nós. Aquele dia marcou o começo de um grande trabalho de reconciliação entre dois grupos de pessoas. Por quê? Nosso ato de humildade e amor, juntamente com o deles, também foi um ato de guerra que destruiu as fortalezas no mundo do espírito... Guerra através da humildade... Amor violento. Paradoxal, não é?

Em outras ocasiões o Espírito Santo talvez leve uma pessoa a se unir a outras e concordarem em destruir o inimigo. John G. Lake, um missionário na África do Sul da primeira metade do século, conta a história de uma epidemia de febre que atacou parte da África do Sul em uma única noite. A devastação era tamanha que, em apenas um mês, um quarto de toda a população da região morreu. Não havia caixões suficientes para satisfazer a demanda, e as pessoas eram enterradas envoltas em cobertores, tamanha era a devastação.

Lake conta que um intercessor poderoso começou a orar. Por dias — durante o dia inteiro e toda a noite — ele ficava debaixo de uma árvore e orava contra aquela pestilência. Lake perguntou ao homem várias vezes: "Está conseguindo?"

Ao que ele respondia: "Ainda não." Mas um dia ele respondeu a Lake: "Estou sentindo hoje que se tivesse uma pequena ajuda na fé, o meu espírito intercederia." Lake ficou de joelhos e se uniu ao homem em oração. O que aconteceu a seguir foi impressionante. Está registrado nas próprias palavras de Lake:

> O Espírito do Senhor tomou a minha alma e me vi, não ajoelhado debaixo da árvore, mas afastando-me gradualmente dela... Os meus olhos foram sendo lentamente abertos, e testemunhei uma cena tal como nunca havia visto — uma multidão de demônios como um rebanho de ovelhas! O Espírito também havia caído sobre este rebanho, e corria à minha frente, amaldiçoando aquele exército de demônios, e eles eram levados de volta para o inferno, de onde haviam vindo. Amado, na manhã seguinte, quando acordamos, a epidemia de febre havia acabado.[20]

Tempo para Gritar

Realmente há um momento para uma guerra de intercessão agressiva e violenta. Entendo que muitos fazem careta só de pensar em agir assim de maneira tão extrema em oração — correr e gritar contra o inimigo. Mas há um momento para tal intensidade espiritual. Mais de uma vez me vi gritando para as potestades espirituais ou montanhas de adversidade enquanto estava em intercessão. Não sou espiritualmente ignorante a ponto de acreditar que é preciso certo volume para repreender forças malignas, mas as Escrituras nos permitem fazer isso, e até mesmo sugerem isso às vezes, a fim de liberarmos algo no Espírito:

- Zerobabel gritou graças para uma montanha (ver Zacarias 4:7).
- Israel gritou em Jericó (ver Josué 6:16).
- O exército de Gideão gritou antes da batalha (ver Juízes 7:20).
- Jesus gritou na cruz (ver Mateus 27:50).
- Israel gritou quando a Arca da Aliança os guiava a um novo lugar: "Levanta-Te, Senhor, e dissipados sejam os Teus inimigos" (ver Números 10:35; Salmos 68:1).

Não estou tentando começar a Primeira Igreja dos Guerreiros Gritantes, mas apenas tentando demonstrar que a guerra, até mesmo guerra intensa e às vezes em alto e bom som, é válida. Jeoás, Rei de Israel, foi repreendido e derrotado por causa de sua falta de intensidade espiritual ao usar o arco e a flecha (ver 2 Reis 13:14-19).

Em outras ocasiões, a estratégia do Senhor pode ser você simplesmente falar a Palavra como uma espada ou fazer declarações com base na Bíblia sobre a situação. Quando guiada pelo Espírito Santo, essa estratégia é devastadora para o inimigo.

Certa ocasião, eu estava tentando mediar a paz entre três partes. A circunstância havia chegado a um ponto potencialmente violento, e eu tinha sido avisado por uma das partes que na manhã seguinte ela ia partir para a ignorância. Eu sabia que falava sério e que alguém poderia se ferir e outros iriam presos. Orei até tarde da noite pedindo a Deus para parar aquilo, quando então, às duas da manhã, no meio da madrugada, o Senhor me chocou com as seguintes palavras: *Por que você está Me implorando para fazer isto? Sabe qual é a Minha vontade nesta situação. E o problema está sendo causado por um espírito de ira e violência. Amarre-o! Declare a Minha Palavra e vontade para esta situação.*

Foi o que fiz, e fui dormir. Na manhã seguinte, por algum motivo "inexplicável", sem qualquer discussão, todos tiveram uma mudança de coração.

Paz e harmonia reinavam onde, na noite anterior, reinara violência e ira. O que aconteceu?

Paga aconteceu.

O Calvário aconteceu.

O Salmo 110:2 aconteceu: "O Senhor enviará de Sião o cetro do Seu poder, dizendo: 'Domina entre os Teus inimigos.'"

Tomar e Proteger Nossa Herança

Faz-se necessário uma palavra de atenção aqui. À medida que nos envolvemos na guerra espiritual, é imperativo que lembremos que não estamos tentando derrotar o diabo. Ele já está derrotado. Não voltamos a derrotar, mas sim a representar a vitória da Cruz. Tudo o que fazemos na nossa oração intercessória deve ser uma extensão do que Cristo fez em Sua obra de intercessão.

Cristo fez *paga* no diabo. Ele o atacou e esmagou sua soberania sobre a terra (ver Gênesis 3:15). A palavra hebraica para "cabeça" nesse versículo, *rosh*, na verdade refere-se à soberania ou autoridade.[21]

No Salmo 2:9, ao falar profeticamente de Cristo, a Bíblia diz: "Com vara de ferro a regerás e as despedaçarás como um vaso de oleiro." O ferir de Gênesis 3:15 e o reger e despedaçar do Salmo 2:9 têm essencialmente o mesmo significado: quebrar em pedaços e espalhar. Cristo despedaçou e dizimou a soberania da serpente como um pedaço de vidro quebrado. Foi uma derrota total.

Mas o que Cristo fez, devemos liberar e reforçar. O que Ele providenciou para nós, devemos agarrar por fé com as armas espirituais. Paulo diz a Timóteo em 1 Timóteo 6:12: "Combate o bom combate da fé. Toma posse da vida eterna, para a qual também foste chamado e de que fizeste a boa confissão perante muitas testemunhas." Timóteo já tinha a vida eterna, contudo lhe foi dito para "tomar posse" dela.

Não é interessante? Você pode ter e não ter a vida eterna. Pode tê-la, mas não possuí-la. A palavra é *epilambanomai* e significa "tomar"[22] algo. Como Israel no Velho Testamento, que recebeu sua herança do Senhor, contudo teve de tomá-la, o mesmo acontece conosco. Sua herança não estava necessariamente em sua posse. A nossa não cairá automaticamente em nosso colo tampouco, assim como a deles.

A tradução da Bíblia de Moffatt traduz o versículo como "Combate o bom combate da fé, *garanta* a vida eterna para a qual foi chamado" (grifo do autor). O Novo Testamento de Wuest diz: "Toma posse da vida eterna participando do que foi chamado" (ambas aqui em tradução livre).

Assim como se toma e garante um território em uma guerra, devemos tomar e garantir a nossa herança em Cristo. De quem a devemos tomar? Certamente não de Deus! Devemos tomá-la do mundo, da carne e do diabo.

Jack Hayford nos dá uma versão amplificada muito elucidativa de Mateus 16:18,19, fundamentada no que diz literalmente em grego:

> Seja o que for com que depare a qualquer momento (dentre os conselhos do inferno contra os quais declarei que a minha igreja prevaleceria), você se verá em face de uma decisão de ligar ou não tal coisa. O que resultar disso será condicional à sua ação. Se envolver-se pessoal e conscientemente no ato de ligar tal coisa na terra, você descobrirá, quando o fizer, que isso já foi ligado no céu![23]

Impressionante! Tanta coisa depende de nossa obediência e ação responsável... Nossa herança em Cristo não é garantida nem automática.

Ela Deu um Passo à Frente

Sue Doty contou o seguinte testemunho sobre travar uma guerra espiritual em sua cidade. Ela deu um passo à frente!

> Senti que o Senhor queria que uma equipe de intercessores e eu fizéssemos uma caminhada de oração em uma rota específica, mas que seria necessária alguma preparação. Primeiro, conversei com meu pastor sobre isso e então fui de carro até a rota na qual sabia que deveríamos fazer a caminhada. Ao me aproximar de um local (um cinema de filmes não recomendados, loja de vídeo e livraria), o Espírito Santo começou a me dar instruções específicas. Ele me disse para repreender os espíritos de pornografia e lascívia, e foi o que fiz. Ele também me disse para orar no Espírito. Depois de um curto período de tempo senti que não precisava mais orar, e continuei o restante da rota antes de voltar para casa.
>
> Na sexta-feira, o Senhor me revelou o que havia acontecido. Liguei no noticiário local e ouvi que aquele lugar em particular havia sido fechado. No dia seguinte de eu ter orado, a prefeitura fizera uma inspeção surpresa.

O local fora citado por várias violações e suas portas imediatamente fechadas e trancadas.

O impressionante é que a prefeitura já havia inspecionado o local pouco tempo antes, e ele tinha passado na inspeção. Mas, sem nenhum aviso, e por nenhum motivo aparente, foi inspecionado novamente. Deus tinha realmente se movido! O local realmente violava normas e fora reaberto por pouco tempo antes de o juiz decretar seu fechamento por um ano. Agora a propriedade está à venda.

Eu tinha feito o curso *Oração intercessória — um relâmpago de Deus*, de Dutch Sheets, e sabia que havia muitas "cargas" na parede, mas este era um tempo *kairós* e a parede caiu sob o poder de Deus. [Ela diz "cargas" em referência a *dunamis* — dinamite — do Espírito Santo sobre a qual ensino no curso anteriormente citado.]

Uma Quebra Legítima da Autoridade

"Mas por que haveria de ser necessário travar uma guerra se Cristo já derrotou Satanás e seus demônios?", muitos perguntam. "Cristo não lhe tirou o poder, o desarmou e destruiu suas obras? Ele não nos livrou do poder de Satanás?" A resposta a essas perguntas está em um entendimento preciso do que Cristo realmente fez quando derrotou Satanás. A destruição de Satanás não era literal, mas sim uma quebra legal de sua soberania ou autoridade. A Bíblia não diz em lugar nenhum que Cristo nos livrou do poder de Satanás. Diz que Ele nos livrou de sua *exousia* — autoridade — ou, em outras palavras, o direito de exercer seu poder sobre nós:

> Ele nos libertou do império [*exousia*] das trevas e nos transportou para o reino do Filho do Seu amor (Colossenses 1:13).
>
> Eis que vos dei autoridade [*exousia*] para pisardes serpentes e escorpiões e sobre todo o poder [*dunamis*] do inimigo, e nada, absolutamente, vos causará dano (Lucas 10:19).
>
> Despojando os principados e as potestades, publicamente os expôs ao desprezo, triunfando deles na cruz (Colossenses 2:15). A palavra "despojando" é a palavra grega *apekduomai* e significa que Cristo desapossou-se dos principados e autoridades.[24] É o jargão teológico para "Ele lhes deu uma surra!"

Poder nunca foi e nunca será a questão entre Deus e Satanás. Autoridade sim é a questão — a autoridade que Satanás adquiriu através de Adão. Jesus não veio para recobrar nenhum poder, nem para remover o poder de Satanás. Ele veio para recobrar, sim, a autoridade que Adão perdeu para a serpente, e para quebrar sua soberania na terra.

Satanás ainda tem os poderes e as habilidades inerentes que sempre teve. Ele ainda "anda em derredor, como leão que ruge" (1 Pedro 5:8). E, contrariamente ao que alguns ensinam, ele ainda tem dentes. Ele ainda tem "dardos inflamados" (Efésios 6:16). Se não acredita nisso, tente andar sem sua armadura. O que ele perdeu foi o direito (a autoridade) para usar seu poder naqueles que aceitaram Jesus como seu Senhor. Contudo, Satanás é um ladrão e um transgressor e usará de seu poder ou suas habilidades sobre nós de qualquer maneira se não entendermos que através de Cristo temos agora autoridade sobre ele e seu poder. *Autoridade é a questão.* O poder faz o trabalho, mas a autoridade controla o poder.

Essa verdade está ilustrada na batalha entre Israel e Amaleque em Êxodo 17:8-13. Nessa famosa passagem, Moisés vai para o alto de uma colina com a vara de Deus na mão enquanto Josué guia o exército campo abaixo. Enquanto Moisés tem a vara de Deus levantada, Israel prevalece; quando ele a abaixa, Amaleque prevalece.

A vitória não é decidida pela força nem pelo poder do exército de Israel. Se esse fosse o caso, eles não teriam vacilado quando a vara era baixada. Nem era um caso de estado de espírito — eles não estavam observando Moisés para se inspirarem enquanto estavam na batalha corpo a corpo! Uma batalha invisível nos céus era o que na verdade decidia o resultado daquela batalha. E quando a vara, que representava o Reino ou a Autoridade de Deus, era levantada pelo líder autorizado de Israel, Josué e o exército prevaleciam. Em outras palavras, não era poder no campo de batalha — apesar de isso ser necessário — o fator decisivo, mas sim a autoridade na montanha. *Autoridade é a questão-chave; poder nunca foi.*

Aproximando-se do Pai

Um último pensamento com relação a esse assunto da guerra: é mister sabermos que nossa luta não é com Deus. Não sei sobre você, mas esse pensamento para mim é aterrorizante! Os versículos mais usados para nos ensinar que deveríamos lutar contra Deus estão em Gênesis 32:22-32, em que Jacó lutou a noite inteira contra o anjo do Senhor. Muitas mensagens dinâmicas têm sido pregadas usando as palavras de Jacó como um exemplo do que deveríamos fazer ao orar: "Não te deixarei ir se não me abençoares" (ver versículo 26). Eu mesmo já fiz isso.

Contudo, as Escrituras não apresentam essa luta como um exemplo de como deveríamos orar. As razões porque aquele encontro durou tanto tempo são: (1) Deus o permitiu — o anjo poderia ter deixado Jacó fora de órbita se quisesse. Ele uma vez enviou um anjo para destruir todo um exército (ver 2 Crônicas 32:21); (2) Deus e Jacó buscavam coisas diferentes. Jacó queria proteção de Esaú; Deus queria mudar a natureza de Jacó.

Note que, se analisarmos superficialmente, a pergunta que o anjo fez a Jacó parece ridícula: "Qual é o seu nome?" Não lhe parece estranho que, no meio dessa luta toda, eles começassem uma conversinha de apresentação? Mas não é isso que está acontecendo. Deus estava tentando fazer com que Jacó reconhecesse a verdade sobre sua natureza, que é descrita pelo seu nome. A versão *The Amplified Bible* [Bíblia amplificada], demonstra isso claramente: "[O Homem] lhe perguntou, Qual é o seu nome? E [percebendo chocado, sussurrando] ele diz: Jacó [enganador, maquinador, trapaceiro, defraudador]!" (Gênesis 32:27).

Isso era tudo o que o Senhor precisava: revelação e confissão. Imediatamente foi liberada graça e a mudança de natureza ocorreu. Seu nome então foi mudado para Israel. Um estudo sobre Jacó desse momento em diante mostra a grande transformação de sua natureza.

"Mas Jacó prevaleceu", alguns diriam.

Só porque perdeu. A única maneira de ganhar uma luta com Deus é perdendo. Se você vencer, você perde; mas se perder, vence. A única maneira de encontrar nossa vida é perdendo-a (ver Mateus 16:24-26; Lucas 9:23-25). Jacó perdeu Jacó e encontrou Israel. Que doce derrota!

O ponto do nosso estudo, entretanto, é revelar que essa história não é um exemplo de como devemos fazer nossas petições ao Pai. Devemos abordá-lo com confiança e ousadia (ver Hebreus 4:16), sabendo que Ele é nosso Amigo e Pai. Devemos pedir "segundo a Sua vontade" (1 João 5:14), e não tentar lutar com Ele por algo que Ele talvez não queira nos dar. Somos cooperadores com Ele (ver 2 Coríntios 6:1), não estamos contra Ele. Devemos assaltar as portas do inferno (ver Isaías 28:6; Mateus 16:18), e não os portões do céu.

Persistência em oração é necessário, mas não é o que vai vencer a relutância de Deus. É vital sabermos e nos lembrarmos disso. É impossível pedir algo com fé, que é um requisito, se a pessoa não acreditar que o que está pedindo a Deus é a vontade dele. Por que então é preciso persistir em oração? Isso é assunto para outro capítulo. Aquele que persistir descobrirá!

O propósito deste capítulo, porém, é dizer: *Às vezes é necessário haver uma guerra ou luta em nossa intercessão. Paga* inclui o conceito e a Bíblia nos ensina isso. Devemos fazer isso com equilíbrio e entendimento, mas *temos de fazê-lo*! Ignorar Satanás é abdicar da nossa autoridade para dar lugar a ele.

No próximo capítulo vamos aplicar esse conceito de guerra à nossa luta em favor dos perdidos. Desempenhamos um papel vital na libertação dos cativos. Vamos fazer um estrago no reino das trevas!

Questões Para Reflexão

1. Que duas atividades opostas geralmente são necessárias na intercessão? Por que ambas são necessárias? O sentido e o uso de *paga* reforçam isso?
2. Explique 2 Coríntios 2:11. Como isso reforça o fato de que não devemos ignorar Satanás?
3. Você consegue explicar a conexão entre adoração, esperar e guerra? Como Josué retrata isso? Da mesma maneira, o que podemos aprender com a história de Maria e Marta com relação a isso?
4. Por que a guerra espiritual é necessária se Cristo derrotou e destruiu os poderes das trevas? Inclua comentários sobre a diferença entre autoridade e poder.
5. Nós devemos pelejar com Deus em oração? Explique.
6. Defina a palavra *pro*, de Efésios 6, comentando sobre sua conexão com a guerra espiritual.
7. Por que é tão importante escolher cuidadosamente os intérpretes de pregadores? (Sugestão: "Não vou responder esta").

Capítulo Dez

O Homem Altíssimo

"Descascando" os Véus

Assisti a um parto cesariana na tevê certa vez. Era um daqueles canais educativos que fala sobre algumas coisas de que precisamos saber para sobrevivermos na vida. Graças a Deus pela tevê a cabo!

Também vi uma cirurgia plástica de rosto no mesmo canal. Eles descascavam o rosto, tiravam toda a pele! E depois sugavam um monte de celulite. Não sei que tipo de células eram aquelas, mas também sugavam a gordura — eu sabia o que era aquilo. Parecia-me que deveriam ter deixado as células "lite" e sugado as células de gordura, mas reconheço que devem ter um motivo para fazerem o que fizeram. As coisas que fazemos para ficarmos mais bonitos! Pode acreditar em mim quando digo que agora sei por que dizem que beleza é superficial.

O parto foi o que mais me fascinou. Eu sempre havia imaginado que eles simplesmente cortavam a pele e pronto, já saía o bebê. De jeito nenhum! Eles praticamente viraram aquela pobre mulher ao avesso. Puxaram e mostraram coisas que eu nem sabia que existiam (!) — ovários e coisas assim. Quando finalmente chegaram ao bebê, a única coisa a fazer era tirá-lo dali. Não sei por que ele continuava ali. Se tivesse visto o que eu vi, ia querer sair bem rapidinho.

De qualquer maneira, todos nós precisamos ser instruídos nos detalhes das cesarianas e plásticas faciais. E se for ler um livro, provavelmente vai querer saber se a pessoa é bem versada em muitos aspectos da vida. Não precisamos de mais autores ignorantes!

Espero que a esta altura você já saiba que existe um método na minha loucura e, de alguma maneira — talvez dentro de poucos minutos —, você perceberá que isso tudo tem alguma relação com a intercessão.

A Bíblia diz que existe um véu que impede os crentes de realmente verem o evangelho:

> Mas, se o nosso evangelho ainda está encoberto, é para os que se perdem que está encoberto, nos quais o deus deste século cegou o entendimento dos incrédulos, para que lhes não resplandeça a luz do evangelho da glória de Cristo, o qual é a imagem de Deus (2 Coríntios 4:3,4).

Meus dicionários me dizem que a palavra "encobrir" significa "esconder, ocultar, embrulhar".[1] A palavra grega usada é *kalupsis*. Dizem que o interior de uma árvore é encoberto pela sua casca; o interior do corpo humano pela pele. Entendi imediatamente!

A palavra no Novo Testamento para uma "revelação" é simplesmente *kalupsis* com o prefixo *apo* acrescentado — *apokalusis*. *Apo* significa "para fora ou sem",[2] de modo que uma revelação é, literalmente, o descobrir, a retirada do que ocultava. Quando assisti àquelas cirurgias, me foi revelado o interior do corpo humano — pelo menos parte dele.

O Véu do Descrente

Este capítulo é todo sobre a guerra espiritual travada pelos perdidos. É talvez o mais importante de todo o livro. O principal propósito do capítulo anterior era nos preparar para este. Temos um papel a desempenhar em retirarmos o véu da mente do descrente. Na passagem de 2 Coríntios 10:4, sobre a qual falarei em detalhes mais tarde, fala-se das fortalezas que fazem parte desse véu. Participamos na destruição dessas fortalezas. As fortalezas não são demônios, mas sim locais que eles governam.

Vamos analisar várias palavras dessas duas passagens para entendermos melhor o que está sendo dito. A passagem em 2 Coríntios 4:3,4 nos diz que algo encobre as mentes dos descrentes e os impede de ver claramente a luz do evangelho. É importante sabermos que *eles não veem o evangelho porque não conseguem vê-lo. Eles não o entendem porque não conseguem entendê-lo.* Precisam que lhes seja descoberto — precisam de uma revelação.

Recentemente, estava visitando um irmão no Alasca que me contava sobre um amigo para quem tem testemunhado. "É como você ensina, Dutch. O homem chegou a me dizer: 'Eu sei que tem algo nisso que você me diz porque é óbvio o que fez por você. *Mas eu ainda não consigo ver*'" (grifos do autor).

Eu antes tinha dificuldade em entender como algumas pessoas podiam ouvir e rejeitar as apresentações poderosas do evangelho. Agora sei. Quando "ouvem", elas não ouvem o que eu ouço, não veem o que eu vejo nem entendem o que eu entendo. O que os descrentes ouvem é filtrado pelo seu sistema de descrença — algo que encobre o que é dito — e faz com que ouçam algo totalmente diferente. O quarto versículo de 2 Coríntios 4 deixa isso bem claro: "Para que não *vejam* a luz do evangelho da glória de Cristo, que é a *imagem* de Deus" (NVI, grifos do autor). Eles simplesmente não veem a mesma "imagem" de Cristo que nós. Vê-lo claramente é amá-lo e querê-lo. Vamos descrever alguns componentes dessa "fortaleza" mais detalhadamente adiante neste capítulo. Agora é imperativo que estabeleçamos que ela existe.

Uma Perspectiva Distorcida

Esta percepção distorcida do descrente é bem ilustrada pela história da mulher que dirigiu para casa sozinha certa noite, quando notou um homem em um enorme caminhão seguindo-a. Cada vez mais amedrontada, começou a correr, na tentativa de se livrar de seu perseguidor, mas foi em vão. Ela então saiu da estrada principal e pegou uma avenida, mas o caminhão continuava seguindo-a, até mesmo furando os sinais vermelhos.

Já em pânico, a mulher entrou em um posto, saiu correndo do carro e entrou na loja de conveniência gritando. O motorista do caminhão correu até o carro da mulher, abriu a porta de trás e tirou, do chão, atrás do assento do motorista, um homem que se escondia lá.[3]

A mulher estava fugindo da pessoa errada. *Ela fugia de seu salvador!* O motorista do caminhão, alto o bastante na sua cabine para ver atrás de assento da mulher, havia visto o estuprador e a estava seguindo para salvá-la, mesmo colocando a própria vida em risco.

Assim como aconteceu a essa senhora, a perspectiva do descrente é distorcida. As pessoas fogem de Deus que anda atrás delas querendo salvá-las da destruição. Aqueles entre nós que o conhecem sabem que nós o amamos porque Ele nos amou primeiro. Mas quando pecadores ouvem sobre um Deus amoroso que quer apenas o que é melhor para eles e morreu para lhes dar isso, eles muitas vezes, em vez disso, só veem a promessa de perda e uma falta de cumprimento.

Deixar a Luz Entrar

A palavra "luz" em 2 Coríntios 4:4 é *photismos*, que significa "iluminação".[4] É semelhante a outra palavra em Efésios 1:18, "iluminados", que é a palavra *photizo* —"deixar a luz entrar".[5] Quase podemos ver as palavras "foto" ou "fotografia" nessas palavras gregas; elas são, na verdade, derivadas das primeiras. O que acontece quando tiramos uma foto? O diafragma da câmera abre para a luz entrar e produzir a imagem. Se o diafragma da câmera não abrir, não há nem imagem nem foto, não importa quão linda seja a paisagem ou elaborado o cenário.

O mesmo acontece nas almas dos seres humanos. E isso é exatamente o que esses dois versículos em 2 Coríntios 4 dizem. Parece até linguagem de fotografia, pois não faz diferença o quanto o nosso Jesus seja glorioso ou quão maravilhosa seja a nossa mensagem — se o véu (o diafragma) não for removido, não haverá imagem (foto) de Cristo.

Às vezes convencemos as pessoas a fazerem a oração da salvação sem haver uma verdadeira revelação (descoberta), mas geralmente quando fazemos isso não ocorre uma verdadeira mudança nelas. Isso mostra porque menos de 10% — já ouvi estatísticas até de cerca de 3% apenas — das pessoas que "são salvas" nos Estados Unidos tornam-se verdadeiras seguidoras de Cristo. O motivo: não há verdadeiro arrependimento, que só advém da revelação bíblica.

Arrependimento não significa "dar a volta e seguir outro caminho"— uma mudança de direção. Essa é a palavra grega *epistrepho*, muitas vezes traduzida como "convertido" ou "virar", e é *resultado* do arrependimento. Arrependimento — *metanoia* — significa ter "um novo entendimento ou compreensão"— uma mudança de mentalidade.

Nos contextos bíblicos, arrependimento é um novo entendimento que vem de Deus por meio de uma descoberta (revelação). É o reverter dos efeitos da Queda que vieram através de Adão. A humanidade escolheu sua própria sabedoria, seu próprio conhecimento do bem e do mal, certo e errado. A humanidade agora precisa de um novo conhecimento — de Deus. Paulo disse em Atos 26:18 que ele fora chamado "para abrir-lhes os olhos"— iluminar, elucidar, revelar, arrepender — "*e* convertê-los [*epistrepho*][6] das trevas para a luz" (NVI).

Informação *Versus* Revelação

Precisamos entender — e temo que a maioria de nós não entenda — a diferença entre *informação* e *revelação*. A informação vem da mente; a revelação é bíblica, contudo, envolve e afeta a mente, mas origina-se do coração. O poder espiritual só é liberado pelo conhecimento por revelação. A palavra escrita (*graphe*)[7] tem de se tornar a palavra viva (*logos*).[8] Por isso que até mesmo os crentes não podem apenas ler, mas devem também viver ou meditar na Palavra, orando como o salmista: "Desvenda os meus olhos, para que eu contemple as maravilhas da Tua lei" (Salmos 119:18). A palavra "abre", *galah*, também significa "desvendar ou descobrir"[9] — revelação.

A informação pode vir imediatamente, mas a revelação é geralmente um processo. Como a parábola do semeador demonstra, todas as verdades bíblicas vêm em forma de semente. No começo de minha caminhada com o Senhor, fiquei frustrado porque as verdades maravilhosas que havia ouvido de alguns ilustres professores não estavam funcionando para mim. Quando ouvi os ensinamentos, me pareceram poderosos. Deixei as reuniões dizendo, "nunca mais serei o mesmo!". Mas poucas semanas ou meses depois, continuava o mesmo.

Quando fui reclamar com Deus e questionar a verdade que havia ouvido, o Senhor me disse algumas palavras que mudaram minha vida radicalmente: *Filho, toda verdade lhe vem em forma de semente. Talvez seja um fruto na vida da pessoa que está partilhando-a com você, mas ainda é uma semente na sua vida. Se essa semente dará fruto ou não, vai depender do que você fará com ela.* A semente da informação espiritual tem de crescer em uma revelação que dá fruto.

Conhecimento ou informação apenas, que têm sido tão glorificados pelos seres humanos e motivaram sua busca pelo sentido da vida desde a Queda, não produzem salvação. Não levam necessariamente a um conhecimento de Deus. Jesus disse aos Fariseus: "Examinais as Escrituras, porque julgais ter nelas a vida eterna, e são elas mesmas que testificam de mim" (João 5:39).

Os fariseus conheciam as Escrituras (*graphe*) provavelmente melhor do que você e eu, mas não conheciam a Deus. Muitos teólogos hoje em dia conhecem a Bíblia minuciosamente, mas não conhecem bem a Deus. Alguns, talvez, nem mesmo o conheçam. Não conseguiriam sentar-se quietos na Sua presença por duas horas sem morrerem de tédio. Eles têm muita informação, mas pouca ou nenhuma revelação. A revelação faz com que as Escrituras tenham "espírito e vida" (João 6:63). Ela lhes dá vida.

Por que isso é importante? Porque estamos sempre dando curto-circuito no processo de Deus e, ao fazermos isso, damos curto nos resultados. É a revelação que leva à fé bíblica e à verdadeira mudança. Sem ela estamos apenas apelando para a mente caída, egoísta e humanista que sempre pergunta: "O que tenho a ganhar com isto?" Quando apelamos para essa mentalidade a partir da sabedoria e do intelecto humano apenas, geralmente pregamos um evangelho humanista para as pessoas do tipo, "o que elas têm a ganhar", e produzimos, no máximo, convertidos humanistas e egocêntricos.

Se, por outro lado, pregarmos um evangelho puro, incluindo arrependimento e dar a própria vida (a soberania de Cristo), os descrentes certamente vão rejeitá-lo, a não ser que recebam uma revelação bíblica. Na verdade, nosso evangelho é muitas vezes ridículo ou tolo para eles: "Ora, o homem natural não aceita as coisas do Espírito de Deus, porque lhe são loucura; e não pode entendê-las, porque elas se discernem espiritualmente" (1 Coríntios 2:14). A palavra "loucura" é *moria*, no grego, a mesma raiz da qual se originou a palavra "idiota".

Produzindo Verdadeiro Arrependimento

Qual é a solução? Temos de permitir ao Espírito Santo tempo para produzir verdadeiro arrependimento por meio de uma revelação de Deus. Isso produz cristãos centrados em Deus e não em si mesmos. Deus bem sabe que poderíamos usar alguns desses, especialmente nos Estados Unidos.

Há dois ou três anos, uma senhora que chamaremos de Sara, me contou um testemunho. Tratava-se das orações que ela fazia pela irmã e pelo cunhado. Apesar de serem de modo geral boas pessoas, "eles eram muito anticristãos, e espiritualmente os meus maiores perseguidores e de meu marido, e estavam sempre zombando e caçoando de nós".

Sara orava por eles *há 20 anos*, mas eles não demonstravam interesse pelo evangelho. "Por causa de sua atitude com relação a Deus e ao evangelho", admite Sara, "fiquei com o coração endurecido com relação a eles. Eu tinha um orgulho religioso contra eles e orava com a motivação errada".

Depois de me ouvir pregar sobre intercessão, Sara voltou a ter esperanças e o Espírito Santo lhe fez a seguinte pergunta: *Quando é que você vai fazer isto por sua família?* Ela se arrependeu de sua atitude, endireitou seu coração e os perdoou pela sua atitude com relação a Deus. Então começou a orar como eu havia instruído.

A necessidade de Sara se arrepender e mudar a própria atitude é uma lição valiosa para nós. A atitude de nosso coração muitas vezes impede Deus de responder as nossas orações. Não é irônico e trágico que o nosso próprio pecado possa atrapalhar nossas orações por outro pecador? Jesus disse: "Tira primeiro a trave do teu olho e, então, verás claramente para tirar o argueiro do olho de teu irmão" (Mateus 7:5). Você talvez tenha de perdoar seu cônjuge, seu filho ou seu amado antes de Deus poder usá-lo para livrar tal pessoa.

Sara orou por várias coisas e lembrou-se de orar especificamente "para que fosse tirado o véu que cobria seus olhos, para eles entenderem a verdade do evangelho". Além disso, também orou "que viessem a Cristo juntos para não perseguirem um ao outro".

Uns dois meses depois — lembre que antes de aplicar esses princípios e lidar com o próprio coração, ela havia orado por *20 anos* — Sara ligou para sua irmã. Ela ouviu algo impressionante: cedo, naquele dia, seu cunhado acordou e sentiu que deviam ir à igreja. (Eles *nunca* iam à igreja.) Então eles encontraram uma pequena igreja e quando fizeram o chamado ao altar, *ambos entregaram sua vida à Cristo.* Ela então pediu perdão a Sara pela maneira como a havia tratado — suas atitudes mudaram totalmente. Eles ainda caminham com o Senhor. Cerca de nove meses depois, o pai de Sara também veio a conhecer o Senhor.

Isso também vai funcionar para você!

Cego pelo Orgulho

Como é que Satanás cega a mente do descrente? O que dá lugar a esse véu? Acredito que o Senhor me deu uma dica valiosa. A palavra "cegou" em 2 Coríntios 4:4 é *tuphloo*, que significa: "adormecer o intelecto; cegar."[10] O radical é *tupho*, que tem o sentido de fazer fumaça,[11] e cegueira nessa passagem é como uma cortina de fumaça que anuvia ou escurece o ar de tal maneira, que não permite a pessoa ver nada. Isso faz sentido para mim, mas não parecia responder totalmente à pergunta de como ele fazia isso. Então fiz uma descoberta fascinante.

Esse é o mesmo radical (*tuphoo*) usado para arrogante, orgulhoso ou inflado com relação ao pensamento de uma pessoa sobre si mesma.[12] A imagem é de alguém "cheio de si". Quando vi a conexão entre as palavras "cegueira" e "orgulho", descobri um grande elo. Percebi imediatamente que é o pecado do orgulho, que Lúcifer passou para a humanidade no Jardim, que

Satanás usa para cegar as pessoas. Percebi que a maior parte da rejeição a Cristo, quer pela motivação das obras, que faz parte da maioria das falsas religiões, quer pelo simples fato de a maioria das pessoas simplesmente não darem o domínio de sua vida a outro, é por orgulho. É o maior inimigo de Cristo e será finalmente derrotado quando cada joelho se dobrar e cada língua confessar que Cristo é o Senhor. O orgulho receberá o golpe fatal!

O capitão de um navio em uma noite escura viu uma pequena luz a distância. Ele mandou seu sinaleiro enviar a mensagem: "Mude seu curso em dez graus para o sul."

Imediatamente recebeu a resposta: "Mude seu curso dez graus para o norte."

O orgulhoso capitão ficou bravo por ter sido desafiado, de modo que enviou mais uma mensagem: "Mude seu curso dez graus para o sul. Aqui é o capitão falando!"

Recebeu a resposta: "Mude seu curso dez graus para o norte. Sou Jones, marinheiro de terceira classe."

O capitão, achando que ia aterrorizar aquele marinheiro insubordinado, enviou uma terceira mensagem: "Mude seu curso dez graus para o sul. Estou em um navio de guerra."

A resposta final veio: "Mude seu curso dez graus para o norte. Estou no farol."[13]

O Fator do Orgulho Masculino

Deus é a luz do mundo, sempre tentando fazer com que a humanidade que caiu de Sua graça altere o seu curso. Os humanos arrogantes, que escolheram ser os capitães de sua própria vida, geralmente são responsáveis pela própria destruição.

O orgulho é um fator que também responde a minha pergunta: por que, não importa a que parte do mundo eu vá, encontro mais mulheres salvas do que homens? Sei que não poderia ser por elas serem mais inteligentes! A razão é que essa raiz de orgulho é mais forte nos homens do que nas mulheres — pelo menos na maioria dos homens. Alguns de nós, que pertencemos à classe dos *hiper-humildes*, não temos mais problema com isso.

Os homens são mais orgulhosos porque *o que era mais forte em nós em uma forma pura antes da Queda tornou-se mais forte de uma maneira per-*

vertida depois da Queda. A motivação que, em seu cumprimento máximo, levava o homem a cobrir, alimentar, proteger e cuidar — algo que faz parte da natureza de um servo — virou ao avesso na Queda.

O desejo de liderar tornou-se o desejo de dominar ou de ser senhor sobre outro, e uma natureza doadora se transformou em uma natureza recebedora, e uma humildade segura tornou-se um orgulho inseguro. Para entender como nós, homens, devemos cobrir e guiar, basta olharmos para Jesus, que guiou e andou com autoridade e poder impressionantes, porém com uma disposição pura de servir.

Conselheiros dão conselhos a uma quantidade bem maior de mulheres do que de homens, porque é muito difícil para um homem dizer que precisa de ajuda. As mulheres geralmente são as primeiras a dizer: "Sinto muito" ou "Eu estava errada." Os homens são geralmente competitivos. As mulheres são mais doadoras e altruístas. Por que isso? Por causa do orgulho masculino.

Orar pelos Perdidos

Entender como o orgulho pode cegar as pessoas é uma dica tremenda para sabermos como orar pelos perdidos. É mencionado mais uma vez, juntamente com outras dicas importantes, em 2 Coríntios 10:3-5:

> Porque, embora andando na carne, não militamos segundo a carne. Porque as armas da nossa milícia não são carnais, e sim poderosas em Deus, para destruir fortalezas, anulando nós sofismas e toda altivez que se levanta contra o conhecimento de Deus, e levando cativo todo pensamento à obediência de Cristo.

A maioria dos cristãos tem interpretado esses versículos, especialmente o quinto, como algo que deve fazer por si mesmo. Apesar de eu não achar que há nenhum problema em fazermos isso por nós mesmos, o contexto é certamente de guerra espiritual pelos outros. *A Bíblia Viva* deixa isso bem claro. Ao ler esse versículo parafraseado pela Bíblia Viva, note também as referências e as inferências à raiz do orgulho que vimos em 2 Coríntios 4:4.

> É verdade que eu sou um ser humano comum e fraco, porém não emprego planos e métodos humanos para ganhar minhas batalhas. Uso pode-

> rosas armas de Deus — e não as que são feitas por homens — para derrubar as fortalezas do diabo. Estas armas podem derrubar todo argumento arrogante contra Deus e toda muralha que possa ser erguida para impedir os homens de encontrá-lo. Com estas armas posso capturar rebeldes e levá-los de volta a Deus, e transformá-los em homens cujo desejo do coração seja a obediência a Cristo.

Ao observarmos esses versículos mais de perto, vemos que o Senhor nos dá não só a solução para o problema com o orgulho, mas também identifica e oferece o remédio de Deus para outros aspectos dessas fortalezas. Essa passagem é tanto fascinante como elucidativa.

Note primeiro que Deus nos diz o que deveria ser óbvio: nossas armas de guerra não são carnais. Isso significa simplesmente que não são humanas. Deus sabe que nós muitas vezes não vemos o óbvio, portanto o diz claramente. Nunca conseguiremos ganhar as pessoas pelo intelecto, nem apenas com técnicas ou métodos inovadores. Certamente não as conquistaremos pela insistência, colocando bilhetinhos em seus sanduíches ou as repreendendo com declarações do tipo: "Quando é que você vai se endireitar com Deus?"

Quando abordamos as pessoas em termos humanos, especialmente se sentirem que as estamos pressionando, geralmente só pioramos as coisas. Isso porque a raiz do orgulho aparece e elas se defendem, dizendo: *Não quero ninguém me controlando ou me dizendo o que devo fazer*. Se atacarmos o orgulho em nível humano, só vamos fortalecê-lo.

Os Santos Detonadores de Deus

Por outro lado, temos armas "poderosas em Deus" para derrubar fortalezas, se ao menos entendêssemos isso. Deus diz: "Em vez de usar as suas armas, vou lhe deixar usar as minhas. As suas não vão funcionar, as minhas sim." A palavra "poderosa" é *dunatos*,[14] e, na verdade, é uma das palavras do Novo Testamento para milagre. Essas armas revestidas por Deus de poder vão operar milagres. E essa palavra também é traduzida por "possível". Gosto disso. Você tem alguém que lhe parece impossível? Vai requerer um milagre? Com esse poder, será possível. Essa também é a palavra grega da qual procede a palavra "dinamite". É coisa explosiva!

Essa dinamite é capaz de "destruir fortalezas" ou, como diz a versão Almeida Atualizada, "demolir fortalezas". "Destruir" e "demolir" são a tradução da palavra *kathairesis*. Essa palavra importante e poderosa tem uns dois sentidos pertinentes. Um deles é "derrubar com violência ou demolir" algo.[15] Com essa dinamite poderosa e que opera milagres por trás de nossas armas, podemos nos tornar agentes de demolição violentos para acabar com as fortalezas, o poderio de Satanás.

Lembro-me de quando era pequeno observar a destruição de uma escola antiga feita de tijolinhos. Fiquei fascinado ao ver aquela enorme bola de concreto sendo jogada de um lado para o outro por um caminhão guindaste gigantesco, de tempos em tempos, contra o prédio, destruindo paredes e tetos, causando uma incrível destruição. Acho que isso pode ser, em certo sentido, uma imagem viável de nossa guerra ao passo que nós sistematicamente — com um golpe divino de cada vez — causamos destruição às fortalezas das trevas. Costuma, verdadeiramente, funcionar assim, uma guerra sistemática, constante, um golpe de cada vez, contra a fortaleza de Satanás.

Contudo, vi outro prédio enorme em Dallas, no Texas, sendo demolido há vários anos. Era muito maior do que a escola que havia visto quando criança. Abrangia praticamente uma quadra inteira da cidade, ou pelo menos assim me pareceu. A equipe de demolição não usou uma bola em um guindaste nesse caso. E não levou dias para derrubar a coisa toda — apenas segundos. Eles usaram dinamite, estrategicamente colocada por peritos para demolir aquela estrutura maciça em menos de dez segundos.

Gosto de pensar que isso, de certa maneira, também pode ser um quadro de nossa intercessão. Diferentemente do caso desse prédio que mencionei, de modo geral, não vemos as respostas às nossas orações em questão de segundos — podemos levar até dias, semanas ou meses colocando a dinamite do Espírito em lugares estratégicos. Mas cada vez que pegamos nas nossas armas espirituais e as usamos contra as fortalezas do inimigo, estamos colocando nossa carga de explosivo em um lugar estratégico. E, mais cedo ou mais tarde, o Santo Detonador do céu vai dizer, "Chega!" E haverá uma explosão daquelas no espírito, uma fortaleza vai cair por terra, e a pessoa vai cair de joelhos.

A *Paga* de Mary

Eva Popham, de Ohio, me contou o seguinte testemunho. Disse que foi exatamente isto que aconteceu com uma senhora sobre quem ela estava ministrando:

A primeira vez que Sandra Sims e eu vimos Mary na casa de idosos, ela estava possuída por um demônio. Sempre que passávamos pelo corredor em direção a ela, Mary começava a tremer e fazer barulhos violentos e dizer coisas como, "Eu sei quem vocês são. Sei quem representam. Não quero vocês aqui". Falava um monte de palavras profanas e nojentas, realmente terríveis.

Todos naquele lar tinham medo de Mary. Ninguém, nem mesmo os auxiliares de limpeza, entrava no quarto dela sozinho, e ninguém queria cuidar dela por causa de sua natureza violenta. Ela, portanto, não era muito bem cuidada. Quando era estritamente preciso entrar em seu quarto, vários funcionários iam juntos. Mary não permitia que ninguém a tocasse nem se aproximasse dela.

Oramos e jejuamos por Mary consistente e regularmente. Só depois de uns dois meses Mary nos permitiu entrar em seu quarto. Oramos para que Deus removesse todos os calos e dores de seu coração [*logismos*] para que os demônios não tivessem mais nada a que se agarrar.

Deus nos mostrou que Mary tinha sofrido abuso quando criança. Amarrávamos Satanás para que não exercesse nenhum poder sobre Mary e declarávamos que ele não podia falar com ela [*noema*]. Pedimos um cerco de proteção que a envolvesse e que Deus lhe desse também sonhos e visões para que anjos pudessem ministrar a ela. Amarramos as forças do mal que já estavam nela para que não pudessem mais operar.

Depois que conseguimos entrar em seu quarto, continuamos orando e jejuando por ela por aproximadamente uns oito meses. Nessa época dei um testemunho na nossa igreja, Love and Faith Christian Fellowship, em Cincinnati, Ohio, de como nos aproximamos de Mary. Pedi a todos para orarem por ela. Nós nos unimos em oração por Mary naquele culto, e muitos continuaram a orar por ela. O Pastor Mike Murray recebeu uma foto dela para poder orar. Continuamos orando para que a perfeita vontade de Deus fosse feita na vida de Mary. Amarramos Satanás e oramos para que todas as portas dele fossem fechadas em sua vida.

Sandra e eu cuidamos das feridas de Mary e ela eventualmente deixou de lado sua raiva por um ato de fé [outro *logismos*]. Ela quis ter uma mudança em sua vida. Não havia mais nada nela em que o inimigo pudesse se agarrar.

Umas duas semanas depois, Mary entregou sua vida ao Senhor! Hoje ela é outra pessoa: permite que as pessoas a amem e a toquem; sua voz

> tornou-se cada vez mais doce e gentil; há uma diferença marcante até mesmo nas suas fotos. É como se a verdadeira Mary finalmente tivesse aparecido. Ela agora mostra a presença de Deus.
>
> A enfermeira-chefe do lar de idosos chamou Sandra e eu em seu escritório e nos deu um presente em agradecimento a tudo o que tínhamos feito por Mary. Ela nos disse que os funcionários andavam perguntando o que havíamos feito, visto que ela estava tão diferente! Como ela já não é mais violenta, os funcionários não têm mais medo dela, de modo que começaram a cuidar dela devidamente.

Aleluia! Isso é *paga*! Isso é demolição!

Vou explicar as palavras que apareceram em itálico no testemunho *logismos* e *noema* à medida que progredirmos — elas são componentes específicos das fortalezas. Mas antes... juntamente com a demolição, há outro sentido interessante de *kathairesis*. Foi usado figurativamente como "afastado do cargo".[16] Uau! Não é isso o que buscamos? Um novo Senhorio... Outro governante. As nossas armas, investidas da autoridade de Deus, podem reforçar a quebra da autoridade da serpente. Jesus a quebrou legalmente; vemos o cumprimento disso literalmente através de nossas orações. Aleluia!

A Fortaleza, A Prisão de Satanás

Mas o que essa palavra "fortaleza" que usamos de maneira tão difusa no Corpo de Cristo significa na verdade? A palavra *ochuroma*, que vem da raiz *echo*, significa "ter ou possuir".[17] Essa palavra traduzida como "fortaleza" ou "fortificação" é no sentido literal um lugar no qual há um forte, um castelo ou prisão.

Já vi fotos de trincheiras feitas em tempos de guerra nas quais os pelotões mantinham sua posição. Isso é uma fortificação. Por outro lado, visitei um castelo enorme no alto de uma montanha em Salzburg, na Áustria, vários anos atrás. Daquele forte aparentemente impenetrável na colina, alguém havia governado todo o território. Aquilo sim é uma fortaleza!

Em essência, isso quer dizer que Satanás tem um lugar fortificado nos descrentes a partir do qual ele os controla com força. Eles são prisioneiros, cativos, escravos. Cristo foi enviado "para proclamar libertação aos cativos" (Lucas 4:18). Posso lhe garantir, porém, que Ele agora faz Sua proclamação pela boca da Igreja!

Agora chegamos ao final do versículo quatro e ao versículo cinco de 2 Coríntios 10, um versículo extremamente importante. Leiamos novamente: "[Estamos] anulando nós sofismas e toda altivez que se levante contra o conhecimento de Deus, e levando cativo todo pensamento à obediência de Cristo." É importante sabermos que "anular" e "destruir" nesses versículos são a mesma palavra.

Infelizmente, as palavras "destruir" e "anular" são usadas como se fossem duas palavras diferentes. Mas é necessário sabermos que são traduções da mesma palavra para entendermos que o Espírito Santo está na mesma linha de pensamento. O versículo quatro diz que nossas armas divinamente poderosas podem destruir as fortalezas e segue, no versículo cinco, elaborando um pouco mais do que seriam essas fortalezas que vamos destruir. Em outras palavras, *Ele nos descreve exatamente o que são essas fortalezas ou prisões!* É uma informação crucial quando começamos a lutar pelos perdidos.

Ele nos dá especificamente três componentes dessa fortaleza. São coisas que vamos começar a anular e destruir ao guerrearmos pelas pessoas com as nossas armas poderosas em Deus. Acredito que podemos fazer isso por grupos de pessoas também, mas o contexto aqui parece indicar que está falando principalmente de indivíduos.

Mentalidades

O primeiro aspecto da fortaleza que Ele menciona é "sofismas" — *logismos.* Essa palavra expressa não os pensamentos individuais das pessoas, mas sim o raciocínio ou a lógica humana.[18] Nossa palavra "lógica", na verdade, é derivada dessa palavra grega. *Logismos* é a soma da sabedoria acumulada e da informação aprendida com o tempo. Torna-se aquilo *no qual todos realmente acreditam* — a mentalidade da pessoa. Moffatt chama de "teorias". A humanidade, antes da Queda, adquiria sua sabedoria e sua lógica — suas crenças — de Deus. Agora, Tiago 3:15 nos diz que elas são terrenas, animais ou do intelecto, e demoníacas.

Esses *logismos* poderiam incluir as filosofias (quer identificadas formalmente como tais, quer filosofias pessoais de vida), religiões, humanismo, Ateísmo, Hinduísmo, Budismo, Islamismo, racismo, intelectualismo, Judaísmo, materialismo, raízes de rejeição, perversões — qualquer coisa que faça alguém pensar de determinada maneira.

Como é que esses *logismos* cegam as pessoas? Como podem encobrir a verdade? De que maneira as faculdades da mente humana ditam essa cegueira quando a pessoa ouve o evangelho, *antes sequer de ter tido tempo para pensar ou ponderar nele?* Ele é filtrado pelo subconsciente onde todas as outras informações — inclusive esses *logismos* — se encontram. Ou seja, os descrentes não ouvem o que estamos dizendo, mas sim o que dizemos somado ao que já acreditam.

Por exemplo, eu estava falando do evangelho com uma garota que já sofreu terríveis abusos. "Deus é amor", eu disse. "Ele a ama tanto, que enviou o Seu Filho para morrer por você."

Ela não ouviu apenas o que eu disse. Ela também ouviu em sua mente — sei disso porque ela me disse: "Ah é? Se ele me ama, por que permitiu que eu sofresse? Não soa muito como a atitude de um Deus de amor." Isso é um *logismos* — uma descrença, uma filosofia; sua sabedoria, sua lógica. Alguém vai ter de interceder por ela e ajudá-la a derrubar isso.

Em outra ocasião eu estava falando do evangelho com alguém que tinha um *logismos* que chamarei de "eu-sou-bom-e-só-faço-o-bem". Ele era simplesmente um cara bom demais para sequer pensar que precisava ser salvo. "Eu sou um pessoa muito boa", disse. "Não traio a minha mulher, nem bato nas crianças, não minto, não falo palavrão nem roubo ninguém. Não acho que Deus me mandaria para o inferno."

Como é que o evangelho pode desarmar esses argumentos? Certamente que a verdade do evangelho em si tem poder para derrubar tudo isso quando ungida pelo Espírito Santo. Mas geralmente leva um bom tempo — *se* você conseguir fazer com que a pessoa o escute. É muito mais sábio arar o terreno de antemão, preparando-o para receber a semente destruindo essas fortalezas.

Você talvez já saiba quais são os *logismos* da pessoa por quem está orando. Se não souber, peça para o Espírito Santo lhe revelar e Ele o fará. E quando Ele fizer isso, repreenda-os pelo nome, citando 2 Coríntios 10:3-5. Diga: "No nome do Senhor Jesus Cristo estou destruindo você, fortaleza de..." Faça isso todos os dias até a pessoa entregar sua vida a Cristo.

Todo o Orgulho que se Levanta

A segunda parte da fortaleza que devemos derrubar é "toda a *altivez* que se levante contra o conhecimento de Deus" (v. 5, grifo do autor). Gosto de usar a KJV (versão King James da Bíblia) porque usa "*high thing*" [coisa altiva em tradução livre, altivez na nossa versão Almeida Revista e Atualizada] para traduzir a palavra grega *hupsoma*, que, aliás, vem da mesma raiz para *Most High* (o Altíssimo) de Deus. Na verdade, significa "qualquer lugar ou coisa elevado".[19] Está se referindo à mesma raiz de orgulho que descobrimos escondida em "cegar" em 2 Coríntios 4:3,4. É essa noção de "altíssimo" que veio à humanidade na Queda, quando Adão e Eva engoliram a mentira de que "sereis como Deus" (ver Gênesis 3:5, ACF).

A humanidade, assim como Satanás, tentou se exaltar de modo a se igualar com o Altíssimo. Nós não nos tornamos o Altíssimo; nós o somos apenas para nós mesmos, um altíssimo cheio de orgulho. Um dos principais dicionários define *hupsoma* como "todo orgulho exaltado".[20] A palavra então compreende todas as mentalidades que exaltam a nós mesmos contra o conhecimento de Deus.

A boa notícia é que podemos derrubar esse domínio sobre as pessoas em uma guerra espiritual, para que possam ser humildes e se curvem diante de Cristo. Veja este versículo inteiro da *Bíblia Viva*:

> Essas armas *podem* derrubar *todo* argumento arrogante contra Deus e *toda* muralha que possa ser erguida para impedir os homens de encontrá-lo. Com estas armas *posso* capturar rebeldes e levá-los de volta a Deus, e transformá-los em homens cujo desejo do coração seja a obediência a Cristo (grifos do autor).

Gosto de todos esses "possos" e "todos" no versículo. O Senhor não nos deseja sorte nem nos diz que vamos vencer de vez em quando. Ele nos informa que *podemos* derrubar *todo* argumento arrogante e *todos* os muros; *podemos* capturar os rebeldes! E é o que devemos fazer!

Pensamentos e Tentações

Levando em consideração o terceiro aspecto das fortalezas, o Senhor pode "capturar rebeldes e transformá-los em homens cujo desejo do coração seja a obediência a Cristo". A palavra "argumento" é *noema*, que também significa planos, desígnios, ardis e trama. Refere-se aos pensamentos espontâneos e às tentações que Satanás usa para atacar os descrentes, como também às tramas e aos planos que usa para mantê-los na escuridão. Na intercessão, devemos declarar com ousadia que nenhuma arma de Satanás prosperará. Temos de amarrar os seus planos e enfrentá-los por meio da oração. Podemos e devemos orar para que o descrente seja protegido dos pensamentos e das tentações de Satanás.

Marlena O'Hern, de Maple Valley, Washington, orava pela salvação de seu irmão Kevin há aproximadamente 12 anos, sem resultados aparentes. Ela orava basicamente: "Senhor, entre em sua vida", ou "Senhor, revele-se a ele". Como muitos de nós, ela não percebia que havia maneiras mais específicas de orar e que elas estavam descritas na Bíblia.

Além disso, assim como nós, ela também ficava às vezes frustrada e tentava fazer as coisas do seu jeito, dizendo coisas como, "você simplesmente precisa entregar sua vida para o Senhor" ou "você tem de parar de fazer essas coisas". É de se esperar que isso só fizesse com que ela testemunhasse ainda mais orgulho e rebelião em Kevin e, na verdade, só piorava ainda mais as coisas. "Eu então sentia que realmente tinha feito uma besteira", disse.

"Kevin estava indo de mal a pior. Ele tinha problemas graves, inclusive usava drogas, tinha depressão e uma ira extrema", Marlena relatou.

No começo de 1995, ela participou de uma aula minha na qual ensinei esses princípios com relação a orar pelos perdidos. Marlena contou o que ouviu ao seu marido Patrick e aos filhos. Eles então começaram a orar pelo Kevin usando esses princípios. Oraram especificamente o seguinte (todas as ressalvas entre parênteses são minhas):

- Que Deus tirasse o véu que o encobria (revelação e elucidação).
- Que o Espírito Santo pairasse sobre ele e o protegesse.
- Que houvesse pessoas de Deus no caminho dele cada dia.
- Para derrubar qualquer coisa que se exaltasse contra o conhecimento de Deus, especificamente orgulho e rebelião. (Isso incluía o aspecto *hupsoma* do domínio.)
- Para derrubar todas as fortalezas de que tinham conhecimento — mentalidades, opiniões sobre religião, materialismo, medo. (Essa é a dimensão *logismos* do domínio.)
- Para amarrar Satanás para que não levasse Kevin cativo; para amarrar quaisquer pensamentos e mentiras que Satanás tentasse colocar na cabeça de Kevin. (Esse seria o aspecto *noema* da fortaleza.)
- Que ele fosse revestido da armadura de Deus.

Depois de duas semanas orando assim, Kevin teve uma overdose, e naquele momento de necessidade, clamou a Deus. "O Senhor o ajudou de uma maneira poderosa. O véu foi definitivamente retirado e ele teve uma revelação de Deus. Ele agora entende a palavra e responde a ela. A confusão passou! Kevin se afastou de seu antigo mundo e de seus amigos. Ele agora segue a Deus e tem amizades cristãs. Seu foco é agradar a Deus e conhecê-lo cada vez mais. Ele está inclusive considerando servir ao Senhor em missões".

"Sabemos que somos de Deus e que o mundo inteiro jaz no maligno" (1 João 5:19). Contudo, nos foi dada autoridade! Podemos "converter [os descrentes] das trevas para a luz e da potestade de Satanás para Deus" (Atos 26:18). Somos chamados para levarmos e efetivarmos a liberdade que Cristo nos granjeou.

O descrente não pode lutar por si mesmo. Ele não pode e não vai superar os domínios das trevas, e não vai entender o evangelho até que o véu seja levantado. Temos de tomar nossas armas divinamente dinâmicas e lutar. Os poderes das trevas vão resistir, mas "não os temais, lembrai-vos do Senhor, grande e temível, e pelejai pelos vossos irmãos, vossos filhos, vossas filhas, vossa mulher e vossa casa" (Neemias 4:14).

Questões Para Reflexão

1. O que significa a palavra "véu" em 2 Coríntios 4:3? Como se aplica aos não salvos? Pode explicar como isso está relacionado à revelação bíblica?
2. O que significa quando se diz que Satanás "cega" as mentes dos descrentes? Qual é a ligação disso com a Queda da humanidade? Isso é significativo no que diz respeito à diferença entre homens e mulheres?
3. Explique o significado de "elucidar". Consegue descrever a analogia disso e da fotografia?
4. Qual é o verdadeiro significado de arrependimento? Como está relacionado à revelação bíblica?
5. Defina fortaleza. Agora descreva os três aspectos da fortaleza nos descrentes e como a intercessão pode ser aplicada em cada um.
6. Você vai usar isso com quem? Vai funcionar para a pessoa? Aleluia!

Capítulo Onze

O Relâmpago de Deus

Atingindo o Alvo

Esta foi a coisa mais legal que descobri desde o beisebol. Estava no quinto ano e era um pouco genioso, mas não mau. Estava naquele estágio da vida "não aguento tomar banho", "todas as garotas têm piolho". Havia acabado de conseguir minha primeira lente de aumento.

Não lembro bem como descobri que, se eu segurasse a lente a certa distância e ângulo, conseguia fazer com que o sol queimasse um pedaço de papel. Não fiz nada extremamente ruim, como na vez que quase queimei a sala de ciências na exibição do meu vulcão. Nunca entendi por que aquela professora me deu um C, só porque eu tive de sair correndo com o meu vulcão e jogá-lo pela janela. Ele parecia bem real para mim. Nem daquela vez que queimei os armários da cozinha porque esqueci o óleo no qual tinha feito umas batatas fritas. Não ganhei nota por essa façanha, apesar da reação de minha mãe ter sido muito educativa.

Não foi nada como esses outros incidentes. Havia acabado de queimar um pedaço de papel no pátio, quando me ocorreu uma brilhante ideia, que deve ter vindo da minha psique de Adão caído. Chamei os meus colegas lhes dizendo que tinha algo muito legal para mostrar. Voltei-me para Duncan, um dos piores caras da turma, e lhe disse na minha melhor voz: "Você é o sortudo. Duncan, me dê sua mão, quero lhe mostrar uma coisa."

Duncan não ficou ali com a mão estendida por muito tempo. Logo partiu para cima de mim e corremos por todo o pátio! Tem gente que não leva nada na brincadeira.

Existe alguma relação com a intercessão escondida nessa história? Sim. Uma das maneiras que *paga* é traduzida é "dardeja contra o adversário". A referência é Jó 36:32: "Enche as mãos de relâmpagos e os *dardeja contra o adver-*

sário" (grifos do autor). Quando Deus libera Sua luz, fazendo com que irradie da Sua presença como um relâmpago, o atingir o alvo é como a intercessão.

Apesar da palavra *paga* não ser usada, Habacuque 3:4 também fala de luz, raios que brilham da mão de Deus: "O Seu resplendor é como a luz, raios brilham da Sua mão; e ali está velado o Seu poder." A tradução da *Amplified Bible* também é muito descritiva: "E Seu resplendor era como a luz do sol; raios brilhavam de Sua mão, e lá [no resplendor da luz do sol] há o esconderijo de Seu poder" [tradução livre].

Somos, de certa maneira, como lentes de aumento — não, não acrescentamos nem aumentamos o poder de Deus, mas permitimos que o "Filho" brilhe através de nós, direcionando Sua luz às situações que Ele deseja alcançar, para que possamos "dardejar" o alvo.

Você já viu uma árvore atingida por um raio? Se viu, saiba que essa é uma figura de intercessão. Eu oro muito nos campos perto de onde moro. Às vezes passo por árvores atingidas por raios. O relâmpago é tão quente que literalmente muda a estrutura molecular da árvore e retorce o tronco até ele parecer listras em um doce de bengala. A temperatura de um raio ou relâmpago pode chegar a trinta mil graus Celsius, é mais quente do que a superfície do sol. Isso sim é quente! E Deus usa isso para retratar os Seus julgamentos!

Se a minha teologia estiver certa, o Criador deve ser maior do que a criação. Ou seja, o poder ou a energia de Deus é maior do que o de um relâmpago. Não admira que as Escrituras digam: "Como se dissipa a fumaça [...] assim à presença de Deus perecem os iníquos [...] Derretem-se como cera os montes, na presença do Senhor [...] Ele faz ouvir a Sua voz, e a terra se dissolve" (Salmos 68:2; 97:5; 46:6).

"Porque o nosso Deus é fogo consumidor!" (Hebreus 12:29).

Para explicar este capítulo adequadamente, preciso primeiro construir um bom alicerce. Portanto, veremos algumas passagens bíblicas que associam Deus à luz ou ao relâmpago. Um dos propósitos de lermos tantos versículos é demonstrar a consistência e a prevalência desse tema na Bíblia. Espero que não fique entediado ao ler a Bíblia. Se você fica, provavelmente deveria pular este capítulo. Ou melhor, se arrepender disso e seguir com a leitura!

Deus é Luz

Os seguintes versículos associam Deus à luz ou aos raios e relâmpagos, e poderíamos citar também vários outros. Enfatizei algumas palavras ou frases colocando-as em itálico para chamar sua atenção para o tema da luz:

> Ora, a mensagem que, da parte dele, temos ouvido e vos anunciamos é esta: que *Deus é luz*, e não há nele treva nenhuma (1 João 1:5).

> Ele é a única expressão da glória de Deus [*o ser de Luz, o resplendor ou radiância do divino*], e a expressão exata e a própria imagem de Sua natureza [de Deus], sustentando, mantendo, guiando e propelindo o universo pela Sua portentosa palavra de poder. Depois de ter realizado a purificação dos pecados entregando-se a Si mesmo, Ele Se assentou à direita da Majestade divina nas Alturas (Hebreus 1:3, AMP, em tradução livre).

> O único que possui imortalidade, que *habita em luz inacessível*, a quem homem algum jamais viu, nem é capaz de ver. A Ele honra e poder eterno. Amém (1 Timóteo 6:16; ver também Tiago 1:17; Êxodos 19:16; Ezequiel 1:14; Apocalipse 4:5).

Às vezes Sua luz, ou a irradiação dela, é associada à Sua glória. Os seguintes versículos são exemplos disso:

> E um anjo do Senhor desceu aonde eles estavam, e *a glória do Senhor brilhou* ao redor deles; e ficaram tomados de grande temor (Lucas 2:9).

> E aconteceu que, enquanto Ele orava, a aparência de Seu rosto se transfigurou e *Suas vestes resplandeceram de brancura.* [...] Pedro e seus companheiros achavam-se premidos de sono; mas conservando-se acordados, viram a Sua glória e os dois varões que com Ele estavam (Lucas 9:29;32. Lemos à margem da versão em língua inglesa *New American Standard Bible* que a palavra "resplandecer" significa literalmente "brilhar em um flash como um relâmpago". O Novo Testamento de Wuest também traduz dessa maneira. Não admira que Pedro quisesse edificar tabernáculos ali!).

> A cidade não precisa nem do sol, nem da lua, para lhe darem claridade, *pois a glória de Deus a iluminou, e o Cordeiro é a sua lâmpada* (Apocalipse 21:23; ver também 2 Coríntios 3:7).

Às vezes essa luz, ou raio, relâmpago ou glória de Deus é liberada da Sua boca e muitas vezes chamada de espada. Os primeiros quatro versículos chamam as palavras ou boca de Deus de Sua espada. Os demais versículos fazem a conexão com luz ou relâmpago:

> Tomai também o capacete da salvação e a *espada* do Espírito que é a *palavra* de Deus (Efésios 6:17).
>
> Portanto, arrepende-te; e, se não, venho a ti sem demora e contra eles pelejarei *com a espada da Minha boca* (Apocalipse 2:16).
>
> *Sai da Sua boca uma espada afiada,* para com ela ferir as nações; e Ele mesmo as regerá com cetro de ferro e, pessoalmente, pisa o lagar do vinho do furor da ira do Deus Todo-Poderoso (Apocalipse 19:15; ver também Hebreus 4:12.)
>
> *A voz do Senhor corta os céus com raios flamejantes* (Salmos 29:7, NVI).
>
> Filho do homem, profetiza e dize: "Assim diz o Senhor: '*A espada, a espada* está afiada e polida; afiada para matança, polida para *reluzir como relâmpago*!'" [...] Faço *reluzir a espada.* Ah! Ela foi feita para ser *relâmpago* e está afiada para matar [...] E tu, ó filho do homem, profetiza e dize: "Assim diz o Senhor Deus acerca dos filhos de Amom e acerca dos seus insultos; dize, pois: '*A espada, a espada* está desembainhada, polida para a matança, para consumir, para *reluzir como relâmpago*'" (Ezequiel 21:9,10;15;28).
>
> Se Eu afiar a Minha *espada reluzente como um relâmpago* e a Minha mão exercitar o juízo, tomarei vingança contra os Meus adversários e recompensarei aos que Me odeiam (Deuteronômio 32:41, AMP, em tradução livre; ver também Salmos 18:13,14; Oséias 6:5, NVI. Os filmes às vezes podem apresentar paralelos interessantes às Escrituras. Luke Skywalker, de *Guerra nas Estrelas* não é o único que vence o mal com uma espada de luz. Deus tem a verdadeira espada de luz!)

Até aqui, temos Deus associado à luz ou ao relâmpago, que às vezes resplandece como a Sua glória. Às vezes também sai da Sua boca e torna-se uma arma poderosa. Os seguintes versículos falam da luz de Deus no contexto em que Ele está lidando com Seus inimigos:

> Adiante dele vai um fogo que lhe consome os inimigos em redor. *Os Seus relâmpagos alumiam o mundo;* a terra os vê e estremece (Salmos 97:3,4).
>
> E o anjo tomou o incensário, encheu-o do fogo do altar e o atirou a terra. E houve trovões, vozes, *relâmpagos* e terremoto (Apocalipse 8:5).
>
> E sobrevieram *relâmpagos,* vozes e trovões, e ocorreu grande terremoto, como nunca houve igual desde que há gente sobre a terra; tal foi o terremoto, forte e grande (Apocalipse 16:18; ver também Salmos 78:48; Apocalipse 11:19).

Estes últimos versículos associam a liberação dos raios/relâmpagos de Deus ao contexto de livramento de Seu povo:

> Despediu as Suas setas e espalhou os meus inimigos, multiplicou os Seus *raios* e os desbaratou (Salmos 18:14).
>
> Grossas nuvens se desfizeram em água; houve trovões nos espaços; também as Suas setas cruzaram de uma parte para outra. O ribombar do teu trovão ecoou na redondeza; *os relâmpagos* alumiaram o mundo; a terra se abalou e tremeu (Salmos 77:17,18).
>
> *Despede relâmpagos* e dispersa os meus inimigos; arremessa as Tuas flechas e desbarata-os (Salmos 144:6; ver também Salmos 27:1).

De acordo com todas essas passagens bíblicas fascinantes, Deus é luz e às vezes essa luz ou glória irradia dele como relâmpagos. A Bíblia muitas vezes diz que, para lidar com Seus inimigos — quer por Si mesmo quer pelo Seu povo — Deus simplesmente libera essa glória ou luz em uma situação. Ela brilha como um relâmpago e *PAGA* ACONTECE! O poder de Deus "atinge o alvo".

Isso aconteceu certa vez há milhares de anos quando houve uma tentativa de golpe no céu. Lúcifer, inchado de orgulho, resolveu que ia se promover à posição de Deus. "Não acredito!", como muitas crianças diriam.

Má ideia, Satanás.

Essa guerra não durou muito — praticamente apenas o tempo de um relâmpago e sua luz radiante cruzar o céu. Jesus disse assim em Lucas 10:18-

20 (parafraseado por mim): "Não fiquem todos entusiasmados, pessoal, só porque os demônios se submetem a vocês em Meu nome. Isso não é nada demais. Vi Satanás caindo do céu. Não demorou muito — como um relâmpago, ele desapareceu. Fiquem entusiasmados por terem um relacionamento com Deus."

A Luz Supera as Trevas

Não sabemos se um relâmpago literalmente apareceu quando Satanás foi expulso, mas, por algum motivo, Jesus usou essa imagem. Ele disse "como um relâmpago" (v. 18). Acredito que realmente houve um. Mas, na verdade, não importa. Quer tenha literalmente acontecido o brilho intenso de um relâmpago quer não, a analogia é certamente da luz vencendo as trevas.

Na verdade, não acho que necessariamente as referências antes mencionadas relacionam-se literalmente a raios ou relâmpagos que vemos com nossos olhos naturais. Às vezes certamente que sim, como quando as roupas de Cristo estavam brilhando e irradiando na Sua transfiguração, ou quando Sua glória iluminou a sala do trono nos céus.

O ponto, porém, não é poderem ser vistos com os olhos humanos, mas sim o que acontece no plano espiritual: a luz vence as trevas. E a luz é mais do que uma representação simbólica de Deus ou de Sua pureza; ela representa Seu poder e Sua energia. Portanto, quer o relâmpago seja literal quer simbólico, os resultados são os mesmos: o poder de Deus vence o reino das trevas.

Essa analogia das trevas e da luz aparece em toda a Bíblia. Outro exemplo poderoso da luz de Deus que prevalece contra as trevas de Satanás é na Cruz. João 1:4,5 diz: "Nele estava a vida, e esta era a luz dos homens. A luz brilha nas trevas, mas as trevas não a compreenderam" (NVI).

A palavra "compreenderam" é a palavra grega *katalambano*, que pode significar ou "compreender" ou "apreender".[1] Muitos estudiosos acreditam que deveria ser usada essa última palavra na tradução dessa passagem porque os poderes das trevas não estavam tentando compreender ou entender Cristo. Estavam tentando apreendê-lo ou suplantá-lo, mais como um policial que apreende um criminoso. Faz muito mais sentido para mim.

O Novo Testamento de Wuest traduz o versículo 5 da seguinte maneira: "E a luz nas trevas está brilhando constantemente. E as trevas não a suplantaram."

A tradução da Bíblia de Moffatt diz da seguinte maneira: "Em meio às trevas brilhou a luz, mas as trevas não a controlaram." A Cruz foi uma guerra — luz vencendo as trevas. Deus levantou-se e Seus inimigos foram espalhados.

Bob Woods, na revista *Pulpit Digest*, conta a história de um casal que levou seu filho de 11 anos de idade, e sua filha, de 7, para o Parque Nacional das Cavernas de Carlsbad. Como sempre acontece, quando nosso *tour* chegou ao ponto mais profundo da caverna, o guia desligou as luzes para dramatizar como é completamente escuro e silencioso abaixo da superfície da terra. A garota, cercada de repente da mais profunda escuridão, ficou assustada e começou a chorar. Ela na mesma hora ouviu a voz de seu irmão: "Não chore. Tem alguém aqui que sabe como acender as luzes."[2]

Toda a criação ficou aterrorizada, andando sem saber bem por onde na escuridão do pecado. Dois mil anos atrás, Deus anunciou aos Seus humanos assustados e perdidos, "Não chorem. Alguém aqui sabe como acender as luzes."

Acredito que Satanás tem alguns pesadelos recorrentes. Um deles sobre quando a luz — o relâmpago — brilhou no céu e o expulsou de lá. Ele provavelmente odeia tempestades com trovões e relâmpagos. Afinal, eles soam como a majestosa voz de Deus!

> *Trovejou*, então, o Senhor, nos céus; o Altíssimo levantou a *voz*, e houve granizo e brasas de fogo. Despediu as Suas setas e espalhou os meus inimigos, multiplicou os Seus *raios* e os desbaratou (Salmos 18:13,14, grifos do autor).

A *voz* do Senhor sobre as águas; *troveja* o Deus da glória; o Senhor está sobre as muitas águas (Salmos 29:3, grifos do autor).

Imagine o horror de Satanás quando a luz de Deus irradiou na Cruz, a mesma luz que o havia expulsado do céu. Dá para ouvi-lo berrando: "Ai, não. Lá vem de novo! Ele não me deixou ter o céu e agora não vai me deixar ter a terra."

A Unção Relâmpago

Sim, na Cruz o falso "anjo de luz" encontra o Próprio Sr. Luz e nada mais foi o mesmo desde então! A grande "luz" até mesmo Se duplicou em várias pequenas luzes — "Pois, outrora, éreis trevas, porém, agora, sois luz no Senhor; andai como filhos da luz" (Efésios 5:8) — enchendo-os com a Sua glória!

Pela primeira vez Satanás entendeu Isaías 60:1-3:

> Levanta-te, resplandece, porque vem a tua luz, e a glória do Senhor vai nascendo sobre ti. Porque eis que as trevas cobriram a terra, e a escuridão os povos; mas sobre ti o Senhor virá surgindo, e a Sua glória se verá sobre ti. E os gentios caminharão à tua luz, e os reis ao resplendor que te nasceu (ACF).

Essa não! Ele deve ter pensado.

Pela primeira vez ele entendeu que o templo do Velho Testamento era uma representação de nós, esta nova raça de pessoas chamadas cristãos ("pequenos Cristos"), e que a glória de Deus estava em cada um deles. *Que horror!*

E isso traz tudo de volta para nós. Por favor, leia o seguinte trecho com atenção, fazendo cada conexão. Se a intercessão é representada pelo raio/relâmpago de Deus acertando o alvo... E se o trabalho de intercessão de Cristo quando Ele encontra Satanás, quebrando seu domínio, foi a luz suplantando as trevas... E se as nossas orações de intercessão simplesmente liberam ou representam a intercessão de Cristo... Então acho bastante seguro dizer que a nossa intercessão libera o raio de Deus para que brilhe nas situações, trazendo consigo uma destruição total aos poderes das trevas:

- O Calvário volta a irradiar luz
- A luz do mundo volta a brilhar
- O sacerdócio real proclama as excelências daquele que os chamou da escuridão para a Sua maravilhosa luz (ver 1 Pedro 2:9)
- O raio laser da oração queima intensamente.
- A espada de luz como um raio/relâmpago do Espírito resplandece em um *flash*.
- Jesus e o Pai são glorificados na Igreja (ver Efésios 3:21)!

Vimos a "unção do urso" e a "unção da borboleta" — talvez esta seja a "unção do relâmpago"!

Em João 1:5, quando citamos anteriormente a frase "a luz resplandece nas trevas", também poderia dizer: "A luz está constantemente resplandecendo", dado o tempo e o modo do verbo. Algumas traduções, na verdade, traduzem assim. A luz que venceu as trevas ainda está brilhando — a vitória continua. Contudo, a Igreja tem de liberá-la!

Em seu primeiro grande jogo, Roger Clemens, o arremessador do Boston Red Sox, começou a arremessar quando a liga norte-americana de beisebol ainda designava as regras. Depois de observar a bola de Dwight Gooden, que voou como um relâmpago passando por ele, Clemens virou-se e perguntou ao receptor, Gary Carter: "Os meus arremessos são assim?"

"Pode apostar!", respondeu Carter.

Dali em diante, Clemens começou a arremessar com muito mais ousadia, pois ele foi lembrado de como uma bola rápida pode ser tão poderosa para um rebatedor.[3]

Muitas vezes nos esquecemos de como o Espírito Santo é poderoso... Como destrói as trevas com o raio da espada de Deus. Ele tem um poder sobrenatural para vencer as obras das trevas — quando o liberamos com confiança.

Dutch encontra Golias na Bourbon Street

Eu fui o responsável por uma evangelização de 200 alunos do Instituto Christ for the Nations durante o Mardi Gras, o carnaval de Nova Orleans, em 1979. Focamos a maior parte de nosso ministério na Bourbon Street, onde se concentrava a maior parte da festa. Tenho visto poucos lugares em que as trevas dominam tanto como em uma celebração contínua do mal.

Antes de sairmos para testemunhar lá, orávamos e nos preparávamos por várias horas, até estarmos com o coração tranquilo de que tínhamos ganhado a vitória no Espírito. A luz havia nos precedido. Sentíamos que íamos lá no físico apenas para reunirmos os despojos. Vimos dezenas de pessoas entregarem sua vida a Cristo e passamos por muitos acontecimentos dramáticos, visto que uma vez após a outra, a luz triunfava nas trevas. Contudo, não foi sem algumas provas. Um desses eventos que me impactou sobremaneira foi um encontro que tivemos com um homem possuído que pretendia ferir alguns de nós fisicamente — nos matar.

Passei a maior parte do tempo subindo e descendo a Bourbon Street, intercedendo pelas "tropas" enquanto eles testemunhavam e oravam com as pessoas. Certa noite, o meu parceiro e eu atravessamos a rua para conversar com dois dos nossos alunos, que levavam consigo um cartaz que dizia: "Deus te Ama!"

Enquanto conversávamos, apareceu um homem enorme, que chamaremos de Golias, que parecia haver surgido do nada e veio em nossa direção. Ele tinha uns três metros de altura (pelo menos uns dois metros) e pesava uns duzentos quilos (pelo menos uns cento e vinte). Estava vestido dos pés à cabeça como um soldado romano — ou talvez um filisteu— e levava consigo um chicote comprido, aproximando-se de nós batendo com ele no chão. Seus lábios estavam cobertos de sangue seco, e sangue escorria pelos cantos de sua boca.

Ele se aproximou, batendo o chicote e grunhindo como um cão raivoso. Ficamos sozinhos naquela área, visto que as pessoas davam para trás ao se aproximarem e ficavam só por ali olhando. Golias então começou a berrar com sua voz rouca, forte e ríspida: "Deus é amor, né? Eu vou matar vocês!"

Isso não é bom, logo percebi, sendo o homem astuto que sou. Eu queria falar algum versículo poderoso como uma espada, mas o único versículo que veio à minha cabeça foi: *O viver é Cristo; o morrer é ganho.* Simplesmente não parecia o que eu queria!

Enquanto estava lá me perguntando por que nenhum dos outros membros fazia alguma coisa, de repente me ocorreu o motivo — eu era o líder! Sendo o líder sábio que sou, gritei: "É cada um por si." E então, acrescentei para mim mesmo: *Pernas, vocês não vão me decepcionar agora!* Sentia mais a unção da borboleta do que a do relâmpago.

É claro que não disse nem fiz essas coisas, mas havia um medo enorme tentando me tomar. O que fiz na verdade? Eu fiz *paga* — daqueles *pagas* caprichados! E quando olhei para os outros três, seus lábios moviam-se em silêncio. Eles também estavam fazendo *paga*!

Era um momento *paga* para nós quatro. Lente de aumento, não me decepcione!

Enquanto estava ali e amarrava os poderes das trevas em nome de Jesus, em poucos segundos o homem começou a mudar. Seu semblante mudou, sua voz e atitude também. Os demônios que o controlavam haviam sido dominados. A luz havia prevalecido. O homem na verdade parecia confuso. Ele olhou para nós com uma expressão estranha, balbuciou algo sobre continuarmos com o que estávamos fazendo e se afastou lentamente em meio à multidão, que observava impressionada.

A luz venceu as trevas. O poder de Deus "atingiu o alvo" (*paga*), silenciando os espíritos do mal e nos salvando do embaraço e provavelmente de sermos feridos.

Mais tarde, naquela mesma noite, quando todos nos juntamos para contar as nossas histórias de guerra do dia, todos estavam impressionados com o nosso relato de como fomos destemidos, confiantes e calmos quando "Golias" nos confrontou. "Nunca duvidamos", todos nós asseguramos ao grupo. "Nunca duvidamos". Que Deus nos perdoe!

Templos Vivos da Glória de Deus

Meu pai, Dean Sheets, que foi pastor em Ohio, viu a luz vencer as trevas enquanto estava em viagens missionárias no Haiti. Ele pregava o evangelho e estava orando pelos doentes segundo Marcos 16:15-18. Como devem estar cientes, a religião nacional no Haiti é o vodu; consequentemente, a atividade demoníaca é proeminente e forte nesse país. Os poderes das trevas governam livremente lá.

Meu pai se sentiu especificamente guiado pelo Espírito Santo a orar pelos cegos, de modo que os chamou para irem à frente. Vinte pessoas responderam ao chamado. Quando estava na frente deles, um de cada vez, esperando a orientação do Espírito Santo, recebeu a mesma instrução para dezenove das vinte pessoas que se apresentaram: "Expulse o espírito que lhe causa a cegueira." Cada vez que fazia isso, elas eram curadas instantaneamente, passando a enxergar perfeitamente.

Paga! Luz acertando o alvo, penetrando os olhos escurecidos, trazendo visão.

O que muitos crentes não têm ciência é de que somos cheios da mesma glória e luz de Deus. Quando o apóstolo Paulo, inspirado pelo Espírito Santo, disse, "não sabeis que sois santuário de Deus e que o Espírito de Deus habita em vós?" (1 Coríntios 3:16), ele usou a palavra grega *naós* para "santuário",[4] que sempre se referiu ao santo dos santos.

A palavra "habita" é tirada da palavra *shakan* do Velho Testamento, que significa "habitar ou morar".[5] A "glória de *shekinah*" era a glória que vivia ou habitava no santuário. Paulo estava dizendo que, em Cristo, a glória de *shekinah* de Deus agora *shakans* em nós (ver 1 Samuel 4:4; 2 Samuel 6:12-19). Somos o novo santuário, o templo de pedras vivas que não é feito por mãos, mas pelo Próprio Deus. A Bíblia diz em 2 Coríntios 4:6,7 da seguinte maneira:

> Porque Deus, que disse: "Das trevas resplandecerá a luz", Ele mesmo resplandeceu em nosso coração, para iluminação do conhecimento da glória de Deus, na face de Cristo. Temos, porém, este tesouro em vasos de barro, para que a excelência do poder seja de Deus e não de nós.

Israel carregou a Arca da Aliança, que representava a presença e a glória de Deus, para a batalha (ver Josué 6:6). "Partindo a Arca, Moisés gritava, 'levanta-te, SENHOR! e dissipados sejam os teus inimigos, e fujam diante de ti os que te odeiam'" (Números 10:35). O Salmo 68:1, um versículo de guerra, é uma citação desse versículo de Números. Aquela mesma presença e glória agora habitam em nós. A mensagem que devemos entender é que o segredo para a vitória é levar essa presença de Deus para a batalha, junto conosco. Ele se levanta e dissipa os Seus inimigos *através de nós*! Somos agora os Seus carregadores!

LIBERE A LUZ

Levanta-te e resplandece, Igreja, porque vem a tua luz, e a glória do Senhor vai nascendo sobre ti. Porque eis que as trevas cobriram a terra, e a escuridão os povos; mas sobre ti o Senhor virá surgindo, e a Sua glória se verá sobre ti. Os gentios caminharão à tua luz, e os reis ao resplendor que te nasceu (ver Isaías 60:1-3, ACF). Somos soldados da luz. Temos de liberar com ousadia o poder do Altíssimo nas situações e permitir a vitória do acesso de Cristo. Ele nos deu Sua luz, Ele nos deu Sua espada, Ele nos deu Seu nome. Use-os!

Coloque-se em uma posição com relação ao Filho que lhe permita brilhar através de você, e acertar o alvo! Segure a espada de laser do Espírito. Nós muitas vezes nos esquecemos de como o Espírito Santo é poderoso em nós — como sua espada relâmpago é destrutiva para a escuridão. Ela tem poder sobrenatural para vencer as obras das trevas — quando a liberamos com confiança.

Situe-se espiritualmente em frente a seus filhos rebeldes e peça a Deus para enviar um relâmpago de mansidão neles. Mire a luz da liberdade sobre os seus vícios, quer de drogas, sexo, bebida ou o que for. Seja agressivo no espírito.

Você que é casado, peça a Deus para brilhar na vida de seu marido ou sua mulher, perfurar as trevas do engano e livrá-lo ou livrá-la.

Pastores, invoquem o Espírito Santo para que brilhe, rompendo com qualquer contenda, divisão e complacência em suas congregações. Deus pode estar esperando por você, enquanto você está esperando que Ele faça alguma coisa. Libere a luz! Invoque o nome de Jesus.

Devemos levar a presença e a glória de Deus para a batalha assim como fizeram os israelitas. Tudo que havia na Arca da Aliança está em nós: o Pão da Vida, a vara da autoridade sacerdotal e a lei de Deus. E a glória que havia nela agora brilha em nós. Aja de acordo! Dê um golpe de espada — fale a Palavra! "Levante Deus" com a sua intercessão "e Seus inimigos serão dissipados".

Questões Para Reflexão

1. Como *paga* está relacionado a raio ou relâmpago?
2. Explique a conexão entre o raio/relâmpago de Deus e Seus juízos. Consegue explicar como isso aconteceu na Cruz?
3. Qual é a relação entre Deus, luz, Sua espada e nossa intercessão?
4. Onde está o santuário, o santo dos santos? Como isso está relacionado à intercessão?
5. Pense em uma situação na qual a luz venceu as trevas. Como Deus fez isso? Agora, pense em uma situação atual na qual a intercessão poderia ser usada para obter os mesmos resultados.
6. Você gosta de representar Jesus?

Capítulo Doze

A Substância da Oração

Dois sapos caíram num barril de leite,
assim me contou meu tio.
O lado do barril era alto e liso
e o leite fundo e frio,
"De que adianta", disse o primeiro,
"Não tem ninguém para salvar a gente".
"Este é o meu fim, adeus, companheiro."
E afundou o sapo lentamente.

Mas o segundo não estava vencido
e recusou a se entregar.
Bateu as pernas, fez marola
e começou a nadar.
"Eu vou nadando, onde há vida há esperança",
ele começou a pensar.
"Não vai mesmo melhorar o mundo
se mais um sapo definhar."

Por mais de uma hora ele se debateu,
sem parar para reclamar,
até que enfim disse: "Olha só, vou me safar,
bati o leite até manteiga ele virar."

(Autor desconhecido)

Lições de Três Homens e um Sapo

Faz 20 anos desde que ouvi esse poema espirituoso pela primeira vez em uma mensagem de John Garlock, um dos meus professores no Instituto Christ for the Nations, ao falar de tenacidade. Não são muitas as mensagens que lembramos depois de 20 anos, mas John Garlock tem um jeito e uma unção para pregar sermões "memoráveis". Outros, claro, têm um dom semelhante para pregar mensagens facilmente esquecíveis. Já ouvi muitas delas, e até já preguei algumas também.

O irmão Garlock mencionou a história que está em 2 Samuel 23:8-12 sobre os três valentes de Davi: Samá, Josebe-Bassebete e Eleazar. Samá foi tenaz face à humilde incumbência de defender um pedaço de terra cheio de lentilhas de um monte de filisteus. Josebe-Bassebete foi a personificação da tenacidade ao enfrentar uma esmagadora desvantagem e matar 800 filisteus sozinho. Eleazar foi um quadro de tenacidade perante uma extrema e incomensurável fadiga, pois após lutar por várias horas, tiveram de tirar sua mão que ficara pegada à espada.

Agradeço ao professor Garlock, por me ensinar sobre a importância da perseverança e da tenacidade por meio das histórias dos três homens e do sapo. Para mim a tenacidade está no topo da lista das atribuições espirituais mais importantes. E quanto mais vivo, mais alta ela fica em minha lista. "Aguente firme" não entrou para os Dez Mandamentos, mas entrou na lista dos nove frutos do Espírito.

A palavra *makrothumia*, traduzida como "paciência" em Gálatas 5:22 (NLH), é definida pela *Concordância de Strong* como "longanimidade ou firmeza".[1] Foi o que eu disse: "Aguente firme."

Nos dias de hoje em que tudo é instantâneo — desde a comida *fast-food* até os "esquemas para ficar rico rápido"; de conferências do tipo "como ter a maior igreja da cidade da noite para o dia", a seminários "quatro passos fáceis para ter suas orações respondidas" — estamos perdendo esse traço de personalidade muito rapidamente. Cozinhamos mais rápido, viajamos mais rápido, produzimos mais rápido e gastamos mais rápido... E esperamos que Deus siga o nosso ritmo, especialmente com relação à oração.

Dick Eastman, em seu livro *No Easy Road* [Não há uma estrada fácil], declara:

> Grande parte da sociedade se esqueceu do que é perseverar... Poucas pessoas têm o espírito determinado como o artista Rafael. Uma vez lhe per-

> guntaram: "Qual é o seu melhor quadro?" Ele sorriu e disse: "O próximo." Vemos que Rafael estava sempre se esforçando para melhorar. É o que precisamos na oração, uma atitude de persistência.[2]

Somos muito parecidos com a chita ou guepardo africano, que tem de correr atrás de sua caça. O animal é muito bem equipado para a tarefa, chega a correr até uns 130 quilômetros por hora. Mas ele tem um problema: seu coração é desproporcionalmente pequeno, de modo que faz com que se canse rapidamente. Se não conseguir pegar logo sua presa, tem de parar a caçada.

Quantas vezes somos como o guepardo com relação à oração. Vamos correndo aos nossos aposentos com grande energia, corremos para a frente da igreja, ou até alguém para pedirmos oração. Mas, como nos "falta coração" ou paciência, para sustentar o esforço, muitas vezes desistimos antes de realizarmos o que era preciso. E então decidimos que na nossa próxima jornada de oração vamos orar com mais força e velocidade, quando o que precisamos não é mais do poder explosivo, mas sim de um poder constante — a estamina que só vem de um coração maior em oração.[3]

George Müller era um exemplo de homem que persistia. Um exemplo de sua persistência foi relatado por Dick Eastman no livro citado anteriormente:

> "O grande segredo é nunca desistir até receber a resposta. Tenho orado por sessenta e três anos e oito meses pela conversão de um homem. Ele ainda não está salvo, mas será um dia. Não tem como ele não ficar salvo... Eu estou orando." Chegou o dia em que o amigo de Müller recebeu a Cristo. Só aconteceu quando o caixão de Müller foi baixado até a terra. Ali, em seu túmulo, seu amigo entregou o coração a Deus. As orações de perseverança haviam ganhado mais uma batalha. O sucesso de Müller pode ser resumido em três palavras poderosas: Ele não desistiu.[4]

"Tudo bem, vá com calma": A Atitude que Não Funciona na Oração

O próprio Filho de Deus passou noites inteiras orando para cumprir o Seu ministério. Levou três difíceis horas no Getsêmani para ganhar forças para enfrentar a cruz: "[Jesus] tendo oferecido, com forte clamor e lágrimas, orações e súplicas" (Hebreus 5:7).

Nós, por outro lado, nos especializamos na arte de orar com uma só frase, e achamos que se dermos a Deus um culto de duas horas uma vez por semana somos bastante espirituais. "Tudo bem" pode ser um bom conselho em algumas situações, mas na maior parte da vida, inclusive com relação à oração, uma atitude de "tudo bem" não funciona.

Um piloto, no começo do voo, foi até a traseira do avião porque uma luz de emergência havia acendido. O problema era a trava da porta, que acabou se abrindo quando ele se aproximou. O piloto foi imediatamente sugado para fora do avião.

O copiloto, vendo pelo seu painel que uma porta fora aberta, voltou imediatamente em direção ao aeroporto e pediu para um helicóptero fazer uma busca no local. "Acho que o piloto foi sugado para fora do avião", disse. Depois de pousar, todos ficaram chocados ao descobrirem que o piloto estava pendurado segurando-se a uma escada, que ele havia milagrosamente conseguido agarrar. Ele ficou ali agarrado por quinze minutos e, ainda mais impressionante, conseguiu evitar bater a cabeça contra a pista, apesar de ficar a apenas uns quinze centímetros de distância dela!

Quando o encontraram tiveram de desgrudar seus dedos da escada! Isso sim é perseverança![5]

Qualquer pessoa que está associada tempo suficiente com a Igreja sabe que os nossos problemas não são por falta de informação ou material para nos fortalecermos. Se falhamos em conseguir o que Deus nos pede ao corrermos a nossa carreira, é porque nos falta paciência, coração e espírito.

Assim como o sapo, já consegui mais vitórias batendo as pernas e nadando, do que com a atitude de "tudo bem, calma, tranquilo..." Já lutei até a minha mão estar pegada à espada. Descobri que perseverar com tenacidade é muitas vezes a chave para alcançarmos a vitória em oração.

Mas, POR QUÊ?

Por que é preciso persistir em oração? Tenho trabalhado nisso por anos. Será que Deus requer uma quantidade determinada de orações necessárias para certas situações? Nós o convencemos das coisas? Será que Deus decide "por fim" fazer algo? Fazemos por merecer a resposta às nossas orações através de trabalho duro ou da nossa perseverança?

A resposta a todas essas perguntas é não.

"E a oração de importunação em Lucas 11:5-13?", alguns perguntariam. "Ela não ensina que devemos importunar ou persistir com Deus até Ele decidir nos dar o que precisamos?"

A resposta é um enfático não! Não persistimos contra Deus.

A palavra "importunação" em Lucas 11:8 é uma tradução infeliz da palavra *anaideia*, que, na verdade, significa "sem vergonha"[6] ou "ousadamente, sem timidez".[7] *Aidos*, o radical que significa "modéstia ou vergonha"[8] e é traduzido como tal em 1 Timóteo 2:9, aqui, em Lucas 11, está no sentido negativo, fazendo com que fosse "sem modéstia ou vergonha".

O ponto dessa história é o mesmo de Hebreus 4:16, ou seja, chegar ao trono da graça com ousadia, e não se sentido indigno ou com vergonha. Como o pedinte dessa história, podemos nos aproximar de nosso amigo, Deus, a qualquer hora, sabendo que seremos aceitos.

Deus estaria usando esse período de espera para nos ensinar algo? Acho que às vezes esse é o caso, porém, se essa é a razão para a demora, não deveríamos precisar orar pela mesma coisa vez após vez — apenas uma vez e depois esperar em fé até o momento adequado.

Em outras situações, a demora talvez seja por Deus ter o tempo certo para responder à oração. "E não nos cansemos de fazer o bem porque a seu tempo ceifaremos, se não desfalecermos" (Gálatas 6:9). Mas, então, se esse for o motivo, pedir uma vez e esperar em fé deveria ser suficiente.

Então, por que é necessário persistência ou perseverança em oração? Por que foi preciso trinta horas de oração para dissolver o cisto no ovário da minha esposa? Por que foi preciso um ano para acontecer o milagre para a garota que estava em coma? Por que às vezes são necessários vários anos de intercessão para vermos alguém salvo? Por que Elias teve de orar sete vezes antes de haver chuva? Por que Daniel teve de orar por 21 dias antes que o anjo conseguisse chegar a ele com a resposta?

Seu Trono em Nosso Coração

Provavelmente há razões das quais não estou ciente para haver a necessidade de persistência na oração. Certamente não tenho todas as respostas com relação ao assunto, mas gostaria de dar uma explicação para sua consideração. Acredito que as nossas orações fazem mais do que apenas motivar o Pai a agir. Estou convencido de algo que Gordon Lindsay, o grande homem de oração e fundador do Instituto Christ for the Nations, chamou de "a substância" da oração.[9] Sendo bem honesto, devo dizer que não acredito que isso seja algo que pode ser provado de maneira conclusiva, mas são muitas as evidências que o sugerem, e eu as abracei como verdade.

O conceito é que as nossas orações podem fazer mais do que apenas motivar o Pai a agir. Elas, na verdade, liberam o poder do Espírito Santo em nós para realizar coisas. Certos tipos de oração fariam isso, claro, mais do que outros.

Por exemplo, em nosso capítulo sobre intercessão com dores de parto falamos que isso acontece quando oramos no Espírito. Outra maneira poderosa de acontecer seria falar a Palavra de Deus como uma espada nas situações que enfrentamos (ver Efésios 6:17).

Declarações ou ordens são outras atividades que liberamos com o poder do Espírito Santo (ver Mateus 17:20; Marcos 11:23). A prática de impor as mãos é outro método, segundo as Escrituras, de transmitir poder (ver Marcos 16:18; Hebreus 6:2).

Que há poder literal do Espírito Santo que pode ser liberado através de nós é algo inquestionável. O poder de Deus que traz vida, cura e sanidade à terra flui através de nós — a Igreja.

Por favor, não imagine um trono no céu e pense que está tudo lá. Ele agora fez Seu trono em nosso coração e nós somos o templo do Espírito Santo. Nós somos o *naós* de Deus. Em 1 Coríntios 3:16 e 6:19, essa palavra significa "o santo dos santos".[10] Nós agora somos o santo dos santos, a habitação de Deus na terra. Quando Ele se move para liberar poder sobre a terra, não tem que lançá-lo de algum lugar do céu — vem de Seu povo, onde Seu Espírito habita aqui na terra.

A Igreja, o Ventre de Deus na Terra

Quer seja ao falarmos, tocarmos, impormos as mãos sobre os doentes, declararmos ou adorarmos, quando o poder de Deus começa a fluir sobre a terra, ele flui através de vasos humanos. Nós, o Corpo de Cristo, somos o ventre de Deus por meio do qual Ele traz ou libera vida sobre a terra. A vida que Cristo produz flui do ventre da Igreja.

Em João 7:38, Jesus disse: "Quem crer em mim, como diz a Escritura, do seu interior fluirão rios de água viva." O interior, ou ventre (ACF), é a palavra *koilia*, que significa literalmente "ventre". A tradução literal seria, "do seu ventre fluirão rios de água viva". A palavra "ventre" fala de reprodução. Fala de dar à luz. Fala de trazer à vida.

Uma frase semelhante está em Apocalipse 22:1,2:

> Então, me mostrou o rio da água da vida, brilhante como cristal, que sai do trono de Deus e do Cordeiro. No meio da sua praça, de uma e outra margem do rio, está a árvore da vida, que produz doze frutos, dando o seu fruto de mês em mês, e as folhas da árvore são para a cura dos povos.

O quadro aqui é de Jesus como a fonte de vida. Dele flui o rio com árvores nas duas margens. As folhas são produzidas pelas árvores, que são alimentadas pelo rio, que é alimentado por Jesus. As pessoas — as nações — alimentam-se das folhas e são curadas.

O que quero salientar é que a frase "o rio da água da vida" nessa passagem é a mesma frase em grego que encontramos em João 7, "rios de água viva". Não tem nenhuma diferença entre o rio da vida fluindo do Cordeiro, trazendo cura e sanidade à terra, e os rios de água viva que estão fluindo do ventre da Igreja. Nós somos os Seus vasos que geram vida, Suas incubadoras. Por que isso haveria de nos surpreender? Não devemos estar ministrando à terra a própria vida de Jesus em nós?

João 7:39 nos diz que, "isto Ele disse com respeito ao Espírito". É o Espírito de Deus fluindo de nós. Ele não impõe as mãos sobre os doentes — nós é que fazemos isso. Ele não impõe as mãos em alguém e ordena tal pessoa — Ele nos diz para fazermos isso por Ele. Ele, em nós, libera um rio que flui para a pessoa, e ela então é ungida e ordenada por Deus. Quando Ele quer levar o evangelho, que é o poder de Deus para a salvação e a vida, Ele não ecoa desde os céus. Ele fala através de nós. A vida de Deus, literalmente o poder e a energia de Deus, flui de nossa boca e penetra no coração dos descrentes, e eles nascem de novo.

Somos nós que empunhamos a espada do Espírito — a Palavra de Deus falada. Quando o Espírito de Deus quer trazer juízo sobre situações, Ele não fala desde as nuvens, mas sim através de Seu povo — de nossos espíritos. Quando eu falo a Sua Palavra em uma situação sob a direção do Espírito Santo, é o próprio Cordeiro de Deus falando a Palavra. Ele libera a vida de Deus! Nós somos o ventre de Deus do qual o rio deve fluir.

Um Poder que Pode Ser Medido

É importante perceber que esse poder é mensurável. Há quantidades cumulativas dele. É facilmente provado que há níveis que podem ser medidos de praticamente qualquer substância espiritual.

Podemos medir os diferentes níveis da fé. Romanos 12:3 diz: "Segundo a medida da fé que Deus repartiu a cada um." A palavra "medida" usada aqui é *metron*, da qual procede a palavra "metro". Em outras palavras, Deus tem "medido" cada porção de fé; portanto ela deve crescer. Há níveis de fé. Há porções de justiça que podem ser medidas. Há porções e graus de pecado que podem ser medidos.

Em Gênesis 15:16, Deus disse a Abraão que Ele ia dar a terra à sua descendência em quatro gerações. Ele não podia dar tudo a ele ainda "porque não se encheu ainda a medida da iniquidade dos amorreus".

Há diferentes níveis de graça. Em 2 Coríntios 9:8 diz: "Deus pode fazer-vos abundar em toda graça, a fim de que, tendo sempre, em tudo, ampla suficiência, superabundeis em toda boa obra." Na verdade, em Atos 4:33, nos é dito que "com grande poder, os apóstolos davam testemunho da ressurreição do Senhor Jesus, e em todos eles havia abundante graça". A palavra grega para "grande" é *megas*, da qual procede "mega". Há graça, há uma mega-graça, e há a graça plena!

Há diferentes níveis de amor que podem ser medidos. João 15:13 fala do maior amor de todos. Mateus 24:12 fala de um amor que esfria. Filipenses 1:9 refere-se a um amor que abunda cada vez mais.

Há diferentes níveis do poder de Deus. Em Marcos 6:5, faltava um grau mensurável do poder de Deus. O versículo diz que, por causa da descrença das pessoas em Nazaré, "não pôde fazer ali nenhum milagre". A palavra grega não diz, "Ele escolheu não fazer" ou "Ele não fez". Diz literalmente, "Ele não pôde fazer" por causa do nível de fé ou descrença que o impedia de deixar o poder de Deus fluir. Apesar de poder curar os doentes, Ele não podia fazer um milagre.

O mesmo versículo que fala sobre uma "mega" graça também fala de um "mega" poder (ver Atos 4:33). Eles tinham um megapoder porque tinham uma mega-graça! Só quero deixar claro que os aspectos do domínio do espírito são muito tangíveis e reais. A unção é real. O poder é real. Nós não o vemos, mas está lá. Há quantidades cumulativas e que podem ser medidas com relação ao domínio do espírito.

Certas quantidades desse poder, ou rio ou vida, devem ser liberadas no domínio do espírito para realizar certas coisas. Diferentes coisas exigem quantidades diferentes. Assim como no plano natural você precisa de diferentes níveis de poder para diferentes coisas, o mesmo ocorre no plano do espírito. É como a diferença entre a quantidade de poder necessária para acender uma lanterna e a necessária para iluminar um prédio, ou a quantidade necessária para um prédio em comparação ao necessário para iluminar uma cidade. O mesmo ocorre no espírito. Diferentes quantidades do poder de Deus são necessárias para realizar certas coisas.

Diferentes Medidas de Poder

Vejamos novamente Marcos 6, quando Jesus não conseguia fazer com que poder suficiente fluísse em Nazaré para ali realizar um milagre. Havia poder suficiente para realizar algumas curas, a implicação é de que esse poder era de menor peso, porque o versículo diferencia entre as curas e os milagres. Poder suficiente fluía para operar um, mas não o outro. O que significa que são necessárias quantidades diferentes para diferentes coisas. Jesus poderia liberar poder suficiente para algumas poucas curas, mas não fluía o bastante, por causa da descrença deles, para realizar um milagre.

Os discípulos em Mateus 17:14-21 tinham expulsado demônios e curado os doentes porque Jesus tinha lhes dado autoridade e poder para tal. Levaram até eles um rapaz lunático, contudo, eles não puderam ajudá-lo. Jesus veio e não teve nenhum problema em exorcizar o demônio que lhe causava aquele mal.

Os discípulos tinham poder suficiente fluindo em seu ministério para lidar com a maioria dos demônios e doenças, mas se depararam com um que requeria mais fé e poder — e não tiveram o suficiente para superar aquele! Repito, a implicação óbvia é que há níveis diferentes necessários para se realizar diferentes coisas.

Estou totalmente convencido de que esse princípio é a razão porque leva um tempo para a maioria das orações serem atendidas. Receber um milagre instantâneo é de longe a exceção. Geralmente não é apenas uma questão de pedir ao Pai para fazer alguma coisa, mas sim de liberar poder suficiente no espírito para realizar o trabalho. A maioria dos cristãos não está ciente disso. Depois de pedir, tendemos a relaxar e esperar Deus, quando Ele muitas vezes está, por Sua vez, esperando por nós. Temos falhado em entender que algumas orações precisam de mais do que apenas pedir.

Às vezes, quando parece que Deus finalmente "conseguiu" ou quando achamos que algo simplesmente aconteceu de uma hora para outra, a verdade é que poder suficiente foi finalmente liberado pela oração para realizar tal coisa.

Profetas que Perseveraram pelo Poder

Quando o profeta Elias foi até o filho da viúva que havia morrido, ele se jogou em cima do cadáver do rapaz, cara a cara, e orou três vezes (ver 1 Reis 17:21). Por que três vezes? Porque o homem de Deus não estava no nível que precisava estar espiritualmente? Porque ele não tinha fé suficiente? Porque não fez direito das primeiras duas vezes?

Não nos é dito a razão, nem insinuado nenhuma dessas coisas. Eu acredito que ele estava liberando um pouco mais de vida de seu ventre espiritual, ou espírito, cada vez. Requer bastante vida para ressuscitar um morto!

Em capítulos anteriores analisamos a passagem de 1 Reis 18, em que Elias ora por chuva, e discutimos o significado de Deus escolher trabalhar através de um homem e do homem se esforçar para trazer à vida a vontade de Deus. Vejamos essa passagem novamente.

Em 1 Reis 18:1, o Senhor disse a Elias: "Vai, apresenta-te a Acabe, porque darei chuva sobre a terra." Deus não disse, "Eu talvez dê". Ele não disse, "Se você orar o suficiente". Ele não disse, "Estou pensando no assunto". Ele apenas disse, "Darei chuva". Era a hora de Deus, a ideia de Deus e Sua vontade.

Contudo, nos é dito no fim deste capítulo que Elias labutou em oração diligentemente sete vezes na posição de uma mulher em trabalho de parto antes de as nuvens aparecerem e a chuva chegar. Ele não estava andando casualmente no topo da montanha e dizendo, "Senhor, envie a chuva", e imediatamente choveu. Isso não é a "oração poderosa e eficaz" que Tiago 5:16-18 (NVI) diz que Elias fez para parar e depois trazer a chuva.

A pergunta que devemos nos fazer é: se era a vontade, o tempo e ideia de Deus, então por que Elias teve de orar sete vezes até a chuva chegar? A explicação mais plausível para mim é que era preciso perseverar até ele ter orado o suficiente — até poder suficiente ser liberado através de sua intercessão para subir até os céus e fazer a obra.

Por que levou vinte e um dias para Daniel receber a resposta quando Deus enviou um anjo a ele desde o primeiro dia em que ele começou a orar? Eu pensaria que, se Deus quisesse enviar um mensageiro angelical, Ele conseguiria enviá-lo imediatamente. Ele tem poder suficiente, não tem? Então, por que o anjo foi detido por vinte e um dias?

Acredito que Daniel foi fiel em orar todos os dias para liberar poder para o plano do espírito. Deus só pode levar o anjo até ele com a resposta depois de poder suficiente ter sido liberado para romper a barreira demoníaca no espírito!

Por favor, entenda que não estou limitando o poder de Deus. Estou totalmente ciente de que basta uma palavra de Deus para acabar com cada demônio do inferno. O que devemos levar em consideração é que Deus escolheu operar na terra por intermédio do ser humano. Parece-me razoável que, se as orações de um homem são responsáveis pela liberação de um anjo, elas também seriam a chave para romper barreiras para receber uma mensagem. Tal como Billheimer disse, "apesar de haver recebido a resposta à sua oração e ela já estar a caminho, se Daniel tivesse desistido ela provavelmente nunca haveria chegado".[11]

Liberando o Rio de Poder

Por que levou três horas para Jesus chegar a um resultado no Jardim de Getsêmani? Por que os anjos não vieram imediatamente e o consolaram? Deus certamente não estava retendo-o desse homem justo e sem pecado! Poder estava sendo liberado no espírito para romper a dificuldade.

Não estou tratando aqui de vãs repetições. Não estou falando de pedir a Deus vez após vez. Não estou falando sobre entender os caminhos e princípios de Deus o suficiente para saber como liberar o rio de modo a fazer nascer a partir de seu ventre espiritual. Quando intercedemos, cooperamos com o Espírito de Deus, isso o libera para sair de nós e pairar sobre uma situação, liberando Suas energias que dão vida até aquilo pelo que estamos orando ser realizado.

Por que levou um mês para nos livrarmos do cisto no ovário de minha esposa? O que eu estava fazendo por ele uma hora cada dia durante aquele tempo? Estava liberando o rio a partir do meu ventre!

Alguns diriam que Deus finalmente respondeu a minha oração depois de eu ter perseverado o suficiente. Não. A dor que ela sentia começou a diminuir durante todo aquele mês, e isso, segundo o nosso médico significa que o cisto estava diminuindo. Ele não desapareceu de uma hora para outra. Poder estava sendo liberado no domínio do espírito e realizando algo fisicamente em seu organismo. Cada dia, quando o poder era liberado, ele destruía paulatinamente o cisto um pouco mais.

Por que eu tive que orar por mais de um ano por aquela jovem que estava em coma sobre quem falei no começo deste livro? Fui visitá-la pelo menos uma vez por semana durante um ano, falava-lhe a Palavra de Deus, chorava, clamava por um novo cérebro para ela e lutava o bom combate da fé. Por que demorou um ano? Porque requer muito poder para formar um novo cérebro. Por que Deus não o fez instantaneamente? Não sei. Tentei tudo o que sabia para fazer com que Ele operasse.

Eu disse: "Menina, eu te mando, 'levanta-te!'" E ela não se levantou! Fiz tudo o que li que os heróis da fé fizeram. Em fé, eu até a sentei na cama e ordenei que acordasse, mas ela caiu de volta em seu travesseiro como uma boneca de pano molenga. Não sei por que Deus escolheu não fazer um milagre instantâneo, mas como Ele não fez, estou bastante certo do seguinte: uma quantidade mensurável do rio teve de fluir até haver o bastante para produzir aquele milagre.

Efésios 3:20,21 diz:

> Ora àquele que é poderoso para fazer infinitamente mais do que tudo quanto pedimos ou pensamos, conforme o seu poder que opera em nós, a Ele seja a glória, na igreja e em Cristo Jesus, por todas as gerações, para todo o sempre. Amém.

A palavra usada para "infinitamente mais do que tudo" é a mesma usada para a abundante graça de Deus em Romanos 5:20. É a palavra *huperperissos. Perissos* significa "superabundante";[12] *huper* significa "além" ou "mais que".[13] Juntas, elas significam superabundantemente com ainda mais acrescentado. É como dizer "mais do que mais que".

Efésios 3:20 diz que Ele tem poder suficiente para fazer mais do que podemos pedir ou pensar e ainda mais — mais que mais, infinitamente mais.

Então, por que tantas vezes somos insuficientes?

Poder que Opera

A fonte do poder não é o problema. O restante de Efésios 3:20 nos dá uma dica. Diz-nos que Ele vai fazer mais do que mais do que o suficiente "conforme o Seu poder que opera em nós". O Novo Testamento de Wuest traduz a frase como "na medida do poder que opera em nós". A palavra "medida" é *kata*, que não só implica o que é medido em nós, mas o dicionário Strong diz que ela também é usada às vezes com a conotação de "distribuição".[14] Ele vai agir superabundantemente mais do que podemos pedir ou pensar na medida do poder que é distribuído de nós. Você está distribuindo poder? Está distribuindo o rio?

Por favor, não pense que está liberando poder suficiente para realizar algo milagroso orando de vez em quando, porque não está! Você tem de liberar o poder de Deus que está dentro de você regularmente. Tiago 5:16 diz: "A oração de um justo é *poderosa e eficaz*" (grifos do autor). Wuest traduz esse versículo assim: "A oração de um justo pode fazer muito ao operar." Note que o versículo não diz, "a oração de um justo pode fazer muito porque faz com que Deus opere".

Certamente é o que ela faz, mas não é isso que o versículo nos diz. Ele diz, "a oração de um justo pode fazer muito ao operar [*ela, a oração*]". A tradução da *Amplified Bible* diz (em tradução livre), "a veemente (de coração, contínua) oração de um justo disponibiliza um poder tremendo [que opera com dinamismo]". Puxa! As nossas orações vão trabalhar. Note a palavra "contínua". A *Amplified Bible* captura o significado do tempo presente do verbo. Temos o poder que criou o mundo dentro de nós. Temos o mesmo poder em nós que foi às profundezas da terra e pegou as chaves do reino das trevas. Temos de liberá-lo. Liberar o rio! Liberar o poder! Liberá-lo e liberá-lo, e liberá-lo um pouco mais! Uma e outra, e outra vez!

Virando as Taças de Oração do Céu

A Bíblia diz que quando oramos acumulamos essas orações. Há taças no céu nas quais as nossas orações são guardadas. Não há apenas uma taça para todas as orações, mas várias. Não sabemos quantas, mas acho que é bem provável que cada um de nós tenha nossa taça no céu. Não sei se é literal ou simbólico. Não importa. O princípio ainda é o mesmo. Deus tem algo no qual guarda as nossas orações para serem usadas no momento oportuno:

> E, quando tomou o livro, os quarto seres viventes e os vinte e quarto anciãos prostraram-se diante do Cordeiro, tendo cada um deles uma harpa e taças de ouro cheias de incenso, que são as orações dos santos (Apocalipse 5:8).

> Vi outro anjo e ficou de pé junto ao altar, com um incensário de ouro, e foi-lhe dado muito incenso para oferecê-lo com as orações de todos os santos sobre o altar de ouro que se acha diante do trono; e da mão do anjo

> subiu à presença de Deus a fumaça do incenso, com as orações dos santos. E o anjo tomou o incensário, encheu-o do fogo do altar e o atirou à terra. E houve trovões, vozes, relâmpagos e terremoto (Apocalipse 8:3-5).

Segundo esses versículos, Ele libera esse poder quer no momento certo para Ele fazer algo, quer quando já foram acumuladas orações suficientes para realizar o trabalho. Ele pega a taça e mistura tudo com fogo no altar.

Quero que imagine isto. Ele pega esse mesmo fogo que cai no Sinai, o mesmo fogo que queimou o sacrifício consumindo as rochas e a água e tudo o mais quando Elias estava na montanha, o mesmo fogo que caiu em Pentecostes, o mesmo fogo que destruiu Seus inimigos, o mesmo fogo do Deus Todo-Poderoso, e mistura a sua taça de orações com o Seu fogo! Depois a derrama na terra... Relâmpagos começam a brilhar, trovões a ecoar, a terra treme. Algo impressionante acontece no domínio do espírito, que então afeta o mundo natural.

Deve ser o que aconteceu quando Paulo e Silas estavam presos e começaram a cantar louvores tarde da noite. Adoração começou a subir, Deus estava ungindo aquilo, as taças foram cheias e Deus as derramou. A terra literalmente começou a tremer, a porta da prisão se abriu e os grilhões caíram. Como resultado, o primeiro convertido na Ásia nasceu de novo em Filipo. O evangelho penetrou pela primeira vez em um novo continente na Terra.

Acredito que o Senhor me mostrou recentemente o que acontece às vezes quando o buscamos com uma necessidade, e lhe pedimos para realizar o que Ele diz em Sua Palavra. Em resposta aos nossos pedidos, Ele envia Seus anjos para pegarem as nossas taças de oração e misturá-las com o fogo do altar. *Mas não tem o suficiente em nossas taças para satisfazer a necessidade!* Podemos vir a culpar Deus ou achar que não é a vontade dele ou que a Sua Palavra talvez não signifique realmente o que diz. A realidade é que às vezes Ele não pode fazer o que pedimos porque não lhe demos poder suficiente nos momentos que passamos orando. Ele derramou tudo o que havia para derramar e não era o suficiente! Não é apenas uma questão de fé, mas também de poder.

Espero que isso não o assuste. Fico empolgado quando penso nisso. Eu não sabia na ocasião, mas quando estava com aquela moça em coma, cada vez que falava o nome que está acima de qualquer nome, cada vez que orei no Espírito, cada vez que invoquei a Palavra e as promessas de Deus, cada lágrima que derramei foi colocada em um odre (ver Salmos 56:8) — ou taça —, e Deus estava apenas observando até ele finalmente ficar cheio.

Seja Radical — Derrame o Poder

E, em uma manhã de sábado, em 1986, o Todo-Poderoso olhou para um dos anjos e disse: "Está vendo aquela moça ali cujo cérebro não está mais funcionando e que tem sido alimentada pelo estômago e respirado através do orifício na garganta e está deitada feito morta-viva, a quem os médicos já desenganaram? Estão vendo-a ali? Peguem esta taça que foi cheia e misturada com o Meu fogo, e derramem sobre a sua cabeça." O resto é história.

Entre no quarto de seu filho, se ele ainda não nasceu de novo e, de preferência, quando não estiver lá, e coloque o poder da oração — substância — em tudo o que ele toca. Esse poder pode entrar em suas roupas ou lenços e ministrar para eles. Unção e poder suficientes fluíram do rio do ser interior de Paulo e foram para o seu lenço de modo que milagres notáveis ocorreram quando as pessoas tocaram aqueles lenços. Havia poder e unção suficientes nas roupas de Jesus, de modo que quando as pessoas tocavam a orla de suas vestes algo fluía dele.

Você deve se lembrar do testemunho de Polly Simchen que veio até mim com um lenço e disse: "Você poderia orar sobre este lenço? Vamos cortá-lo e colocar um pedaço dele em todo o lugar por onde o nosso filho passa. Vamos esconder um pedacinho onde pudermos." Como disse antes, Polly me procurava de vez em quando e me dizia que já não tinha mais nenhum pedaço e precisava de mais. Nós então orávamos e encharcávamos outro lenço com a unção de Deus.

Ela escondeu um pedaço de lenço debaixo da palmilha de um sapato de Jonathan, ao qual ele emprestou a um amigo. Era a pessoa mais radical, beberrona e louca que eu havia visto em muito tempo. Mas esse cara cometeu um erro! Usou o sapato do amigo! Nada disso, na verdade aquilo salvou sua vida — ficou radicalmente salvo, e foi preenchido com o Espírito de Deus e se voltou para Jesus. Jonathan perdeu um amigo desarvorado porque ele foi preenchido com a presença de Deus de tal modo, que Jonathan não aguentava mais andar com ele. Como mencionamos antes, Jonathan agora também está vivendo para o Senhor.

Lambuze tudo o que seus filhos têm com a unção! A palavra no Velho Testamento para "unção" significa "derramar ou lambuzar com óleo". Não tem problema ser um pouco radical. Jesus gostava quando as pessoas abriam telhados, engatinhavam em meio de multidões, subiam em árvores, gritavam pedindo ousadamente misericórdia, banhavam Seus pés com lágrimas e os enxugavam com o cabelo — Ele simplesmente ama quem age de todo o coração.

John Killinger nos conta sobre um método interessante usado no passado para domar um garanhão selvagem atrelando-o a um burro. O garanhão saía correndo por todo o lado, contorcendo-se e dando coices, jogando o burro violentamente de um lado para outro. Uma cena e tanto! Ele então saía em galope, arrastando o burro junto consigo, até sumirem de vista — às vezes por dias. Depois acabavam voltando, com o burrinho todo orgulhoso no comando. O garanhão havia se esgotado lutando contra a presença do burro. Quando ficava cansado demais para continuar lutando, o burro então assumia a posição de líder. E muitas vezes é isso que acontece com a oração. A vitória vai para os mais persistentes, não os mais irados; para os mais dedicados, não para aqueles com grandes demonstrações de emoção e energia. Precisamos de orações sistemáticas, cheias de dedicação e determinação, e não de um fogo de artifício esporádico.[15]

Pai, Perdoe-nos

Pai, por que o que menos fazemos é justo aquilo de que mais precisamos? Por que a maioria de nós está tão ocupada que não tem tempo? Você deve ter muitos dias frustrantes quando Seus olhos observam de um lado a outro a terra buscando alguém cujo coração seja completamente Seu. Você deve chorar muitas vezes quando busca um homem ou mulher que pare na brecha para preencher a lacuna e não encontra ninguém. Seu coração deve doer às vezes por nós, Seu povo, esperando que nos levantemos e sejamos o que nos chamou para sermos.

Nós nos humilhamos perante o Seu trono e lhe pedimos para nos perdoar pela nossa falta de oração. E perdoe a nós, líderes, Senhor, que não dissemos ao Seu povo a verdade. Perdoe-nos como Igreja — o Corpo de Cristo — por permitir que o mal governe esta terra quando Você tem mais do que poder suficiente em nossos ventres para mudar isso.

Perdoe-nos, porque não é culpa Sua termos uma geração de jovens chamada de "Geração X", marcada pela falta de fé no Senhor. Não é a Sua vontade que matemos a próxima geração antes mesmo de ela tomar seu primeiro fôlego. Não é o Seu plano que ainda não tenhamos superado o principado do ódio que divide esta terra.

Perdoe-nos, Senhor. Limpe-nos agora e quebre as maldições que permitimos que nos governem. Perdoe-nos e nos limpe do pecado da apa-

tia, da complacência, da ignorância e da descrença. Lave-nos com a água da Sua Palavra. Arranque de nós essa falta de oração letárgica, da qual nos justificamos de milhares de maneiras. No fim é mesmo desobediência, descrença e pecado.

Pai, por favor, nos perdoe e nos livre. Liberte-nos de sermos ouvintes da Palavra apenas, e não cumpridores. Dê-nos lares e igrejas fundados na rocha da obediência à Sua palavra. Desperte em Seu povo a tenacidade que Jesus tinha, na qual a Igreja Primitiva caminhava. Faça com que nos livremos de tudo que se oponha ao Seu Espírito, e leva-nos a uma atitude de pagar o preço de se apoderar do Reino de Deus.

Preencha-nos com o Seu Espírito. Batize-nos com fogo. Que haja uma transmissão do Espírito de graça e súplica. Que haja uma unção vinda de Seu trono para os famintos que estão cansados do status quo, da mediocridade, da morte e da destruição. Estamos cansados disso tudo, Deus. Estamos cansados de sermos derrotados pelo inimigo. Estamos cansados de sermos detidos de nosso destino, tanto individualmente quanto como nação. Estamos cansados da falta e da doença. Estamos cansados do pecado. Temos fome de algo — do Deus da Bíblia!

Questões para Reflexão

1. Consegue explicar a verdadeira lição ensinada na história em Lucas 11:5-13? "A oração da importunidade" é uma boa frase para resumir essa passagem?
2. O que "substância" de oração significa? Como isso está relacionado à perseverança?
3. Cite alguns versículos que demonstrem que as coisas espirituais podem ser medidas. Agora aplique essa verdade à oração usando Efésios 3:20,21 e Tiago 5:16.
4. Consegue pensar em ocasiões em que talvez tenha parado de orar antes da sua "taça" de oração estar cheia? Tem alguma situação natural em sua vida que talvez precise liberar mais poder para receber uma resposta?
5. Você ama Jesus?

Capítulo Treze

Ações que Falam e Palavras que Agem

Uma Reunião de Oração das Mais Impressionantes

Em 1988, um querido amigo, Michael Massa, me convidou para ir à Inglaterra ensinar por uma semana. Dois amigos nossos, intercessores da Inglaterra, Derek Brant e Lew Sunderland, haviam nos convidado para ministrar a um grupo de cerca de quarenta pessoas que representavam as Ilhas Britânicas (Escócia, Inglaterra, Irlanda e País de Gales).

Eu não me dei conta de várias coisas que aconteceram naquela semana. Primeiro, não havia levado em consideração o total de *anos* de intercessão ali representados pelo grupo — só Lew intercedia pela Inglaterra há cerca de trinta anos. Esse detalhe significava simplesmente que *algo poderia acontecer.*

Em segundo lugar, eu não sabia que o Espírito Santo apareceria com tamanha intensidade na última noite, de modo tal que eu não conseguiria terminar a minha mensagem. Quando pausei e disse: "a presença de Deus é muito forte, eu simplesmente não consigo continuar", um espírito de arrependimento e intercessão pela Inglaterra caiu sobre todos naquela última noite.

Não resta dúvida de que aquela foi uma das experiências mais impressionantes que tive na vida. Vimos ações e declarações proféticas incríveis — termos que explicarei em breve. Falamos Ezequiel 37:1-10 sobre a terra da mesma maneira que o próprio Ezequiel profetizou aos ossos secos de Israel e ao Espírito de Deus. Sentamo-nos em silêncio por mais de uma hora — sem nos movermos nem falarmos palavra — em profundo arrependimento e temor do Senhor. Os homens entre nós andaram por onde estávamos em intercessão profética e de arrependimento, parando na brecha pelos homens da terra. Foi uma noite verdadeiramente impressionante.

Em terceiro lugar, eu não estava ciente na ocasião de que Deus estava me chamando e me dando autoridade espiritual sobre a nação da Inglaterra. Eu havia recebido palavras e passagens bíblicas proféticas de diferentes indivíduos falando do chamado para as nações. E certamente sentia que isso era verdade, mas não estava ciente do meu chamado particular para a Inglaterra, nem da autoridade divina que o acompanha.

Havia recebido Jeremias 1:10 em mais de uma ocasião: "Olha, que hoje te constituo sobre as nações e sobre os reinos, para arrancares e derribares, para destruíres e arruinares e também para edificares e para plantares." Eu, porém, não tinha certeza se queria tal chamado e devo admitir que não o abracei totalmente.

O Chamado para a Inglaterra de um Profeta Relutante

Em maio de 1994, esse mesmo grupo me convidou para voltar à Inglaterra, juntamente com um grupo de adoração dos Estados Unidos, guiado por um grande amigo e associado, David Morris.

— Está na hora de darmos prosseguimento à nossa última reunião unindo o Espírito e a palavra pela adoração profética, seguida por você, Dutch, dando uma mensagem profética sobre a nação — me disseram. — Vamos alugar uma das antigas catedrais na Inglaterra e fazermos nossos cultos lá. Sentimos que isso vai liberar algumas coisas no espírito e pavimentar um pouco mais o caminho para o mover de Deus.

— Eu não tenho uma mensagem profética para a Inglaterra, e além disso, estou muito ocupado — foi a minha resposta.

Mantive essa posição por meses, até várias semanas antes das reuniões acontecerem. Na época, três intercessores diferentes me disseram no período de uma semana que eu havia perdido a orientação de Deus e devia ir para a Inglaterra.

Ora, eles foram gentis e muito respeitosos, mas o Espírito Santo foi um pouco mais direto ao interpretá-los e me disse: *Acorde, Sheets!*

Sendo o homem espiritualmente astuto que sou, duas palavrinhas de correção foram o suficiente. Depois da última, comecei logo a pegar o telefone e instruir minha secretária a ligar para a Inglaterra, informando-os que eu havia falhado com Deus, mas iria para a Inglaterra, se eles não tivessem mais ninguém.

— Não, não temos mais ninguém — foi o que responderam. — Sabíamos que ele é que havia de vir. Estávamos apenas esperando-o ouvir o chamado.

E você fica se sentindo terrivelmente sem espiritualidade quando todo o mundo mais sabe qual é a vontade de Deus para a sua vida, menos você!

Para que não venham confundir este livro com uma autobiografia, vou direto ao ponto. Na nossa última reunião na Inglaterra, e todas foram muito poderosas, estávamos ministrando na Capela em Westminster.

Quando estava me preparando para pregar nesta igreja tão conhecida e de uma herança rica e maravilhosa, localizada a uma ou duas quadras do Palácio de Buckingham, ouvi as seguintes palavras no fundo do meu espírito (acredito que o leitor esteja pronto para isto. Provavelmente já sabe que posso ser um pouco radical às vezes): *Você não está pregando para as pessoas aqui presentes esta noite. Está pregando para esta nação. Está declarando a Minha Palavra para ela, chamando-a de volta à justiça, à santidade, ao arrependimento, a Mim. Clame pela Minha unção, pelo Meu fogo e pela Minha presença de volta a esta terra.*

Não querendo que os meus anfitriões me achassem muito estranho, lhes informei o que pretendia fazer. E foi o que fiz!

Preguei para o ar.

Preguei para o governo.

Preguei para os pecadores da Inglaterra.

Preguei para todo o Corpo de Cristo na Inglaterra.

Nunca trabalhei tão duro na minha vida. Sentia como se estivesse guerreando e tentando vencer um exército de demônios. No fim da minha mensagem, sentei-me atrás da plataforma, exausto, molhado de suor e quase tonto. Não sentia nem vitória nem derrota, só a exaustão da batalha.

Lew Sunderland, a intercessora matriarcal responsável por me convidar e orar para que eu fosse, uma verdadeira mãe na fé, aproximou-se de mim com um sorriso doce e compreensivo. Colocando minhas bochechas em suas mãos me disse afirmativamente:

— Está tudo bem, querido, você venceu a barreira. Fez o que era preciso.

Mais tarde ela me disse:

— Você agora aceitou, não foi, querido — para Lew todo o mundo é querido —, que Deus o chamou para esta nação e lhe deu autoridade aqui?

— Sim, senhora — respondi manso e submisso, como uma criança diria à sua mãe depois de ter acabado de aprender uma lição valiosa.

— Não vai mais questionar, não é?

— Não, senhora.

— Que bom. Vamos trazê-lo de volta assim que o Senhor disser que é a hora certa. Tudo bem?

— Sim, senhora.

E eu voltei no mês seguinte!

Recebemos uma ligação da Inglaterra na semana seguinte à nossa ministração que dizia: "Rompeu um reavivamento em Londres." Indubitavelmente, um reavivamento havia caído sobre a nação, e muitas pessoas buscaram a Cristo e milhares receberam um toque do Espírito Santo.

A Unção Bumerangue: Ação e Declaração

Eu nunca pensaria que um reavivamento ocorreria somente por causa da nossa ministração. Os anos de intercessão de muitos e as horas incontáveis de labuta altruísta de centenas de homens e mulheres tiveram muito mais a ver com ele do que qualquer coisa que a nossa equipe poderia jamais fazer.

Qual foi o nosso papel? Adoração profética — declarar e cantar a pompa, o esplendor, a grandiosidade, o governo e a autoridade de Deus — e declaração profética — proclamando a vontade e a Palavra do Senhor no domínio do espírito.

Há um aspecto interessante da intercessão que poucas pessoas entendem e ainda menos pessoas praticam. É a *ação e a declaração profética*. O que queremos dizer com isso? Quando dizemos que algo é "profético", queremos dizer que prediz (que fala de algo ou prediz coisas futuras) ou anuncia (ações ou palavras que declaram algo por Deus). No último caso não tem de ser nada com relação ao futuro. Algo profético por natureza pode ser ou um ou ambos — uma predição ou uma declaração em nome de Deus.

Qualquer uma delas tem por motivo uma antecipação ou preparação. Palavras ou ações proféticas abrem caminho, da mesma maneira que João Batista, o profeta, abriu caminho com suas palavras e ações para o Messias por vir e para a glória de Deus ser revelada (ver Isaías 40:1-5). O ministério profético libera o caminho para a glória do Senhor e para o ministério de Jesus a seguir. Ações e declarações proféticas abrem caminho para Deus operar na terra.

Em certo sentido, elas liberam Deus para fazer algo, tornam-se a realização dos meios ou métodos pelos quais Ele escolheu operar. Elas não o liberam no sentido de que Ele esteja preso — Deus obviamente não está preso. Mas o liberam no sentido de que:

1. Obediência a Deus traz uma resposta de Deus. Como veremos mais tarde neste capítulo, ações e declarações proféticas não significam nada se não forem direcionadas por Deus. No mesmo sentido, quando Ele nos instrui, devemos obedecer. Ele escolhe fazer as coisas de certa maneira e quando essa maneira é seguida, ela libera Deus para fazer o que Ele quer fazer. Ele nem sempre explica por que devemos fazer de determinada maneira. Como é Deus, tem esse direito. Mas quando a maneira pela qual escolhe operar é realizada, Ele então faz o que precisa fazer.
2. Fé libera Deus. Quando Ele diz, "faça isto", fé e obediência o liberam.
3. Elas o liberam no sentido de que Sua Palavra criativa e eficaz é liberada na terra. O poder criativo, a energia e a habilidade de Deus que procedem de Suas Palavras são liberadas na terra pela declaração profética! Se você não estiver aberto para a revelação, nunca será capaz de abraçar isso. Abra o seu coração para ser iluminado.

Uma definição mais completa seria: ação e declaração profética são coisas ditas ou feitas no plano natural sob a direção de Deus, que abrem caminho para o Seu mover no plano espiritual, que consequentemente efetua uma mudança no plano natural. Que parceria entre Deus e o homem, não é? Deus diz para fazermos ou dizermos algo. Nós obedecemos. Nossas palavras ou ações causam um impacto no plano celestial, que então causa um impacto no plano natural. Essa talvez seja a "unção bumerangue"!

Estou certo de que a esta altura você poderia usar alguns exemplos bíblicos disso, então, permita-me lhe dar vários. Primeiro gostaria de citar exemplos bíblicos de ações proféticas que precederam e/ou liberaram literalmente ações na terra. Depois examinaremos algumas declarações proféticas.

Ações Proféticas

Moisés estendeu a mão com sua vara para o mar Vermelho como um exemplo de ação profética (ver Êxodo 14:21). Por que ele teve de fazer aquilo? Porque Deus lhe disse para fazê-lo. Ele queria que a simbólica vara da autoridade fosse estendida sobre o mar Vermelho. Se ele não tivesse estendido a vara sobre o mar Vermelho, o mar não teria se partido. Deus estava dizendo, em essência: “Eu quero um ação profética para Me liberar para fazer isto!”

Outro exemplo de uma ação profética é Moisés segurando a vara de autoridade em Refidim quando Israel estava batalhando com Amaleque (ver Êxodo 17:9-13). Eu contei a história no capítulo 9 para salientar a diferença entre autoridade e poder, mas ela também é uma demonstração vívida de ação profética.

Moisés estava na montanha com a vara da autoridade levantada. Quando ele a tinha levantada, Israel prevalecia. Quando cansava e a baixava, Amaleque prevalecia. A moral não era a questão. Acha que os soldados no campo de batalha estavam olhando para Moisés em vez de lutar? Não tinha nada a ver com a moral dos soldados — eles provavelmente nem viam a vara subindo ou descendo.

Tinha sim a ver com algo que estava acontecendo no plano do espírito. Essa ação profética estava liberando algo nos céus. E ao fazer isso, a autoridade de Deus refletia até a terra e dava a vitória aos israelitas. Não posso explicar mais do que já expliquei. Algumas coisas, quando tratamos com Deus, simplesmente não têm explicação.

À Maneira de Deus, Mesmo Quando Não Faz Sentido

Moisés batendo na rocha em Êxodo 17:6 é outro exemplo de ação profética. Ele pegou a vara da autoridade, bateu na rocha e dela saiu água. Por quê? Porque Deus queria que fosse dessa maneira. Poderíamos falar sobre todo o simbolismo dessas ações e possivelmente entender por que Deus fez o que fez, mas a conclusão é a seguinte: quando Ele escolhe fazer algo de determinada maneira, alguém tem de fazer na terra uma ação que não faz sentido, mas quando a faz, libera algo no espírito, que então libera algo na terra. Não conseguimos normalmente água de uma rocha quando batemos nela com uma vara... A não ser que Deus nos diga para fazermos isso. Repito, quando Ele nos diz para fazermos algo, essa ação causa um impacto no espírito, que por sua vez afeta a terra e produz resultados — como extrair água de rochas. Isso é uma ação profética!

Muitos desses exemplos aparecem na Bíblia. Em 2 Reis 13:14-19, Elias estava para morrer e o rei Jeoás foi visitá-lo. Os assírios estavam acampados ao redor de Israel e ele queria uma instrução do profeta. Elias disse: "Toma seu arco e flecha e atira para fora da janela em direção ao campo do inimigo!" Era uma declaração de guerra. O rei e o profeta colocaram as mãos no arco juntos e lançaram a flecha. Elias disse: "Essa é a flecha do livramento do Senhor, Rei. Agora toma essas flechas e atira contra a terra."

O rei estava prestes a ser testado. Suas ações seriam proféticas. Sem saber o que o profeta estava para fazer, ele atirou as flechas contra a terra três vezes.

O profeta ficou indignado. "Você terá vitória sobre os seus inimigos três vezes e então eles o conquistarão", disse. "Deveria ter atirado as flechas pelo menos cinco ou seis vezes, pois então os teria conquistado!"

Essa história não me parece justa. Como é que o rei ia saber que deveria ter atirado mais vezes? Acho que o ponto é que se Deus diz para atirar três vezes, então você atira três vezes. Mas se Deus simplesmente diz atira, então deveria atirar até Ele mandar parar! Deus buscava uma ação profética, mas não obteve o que queria. Nem o rei!

As pessoas eram curadas nas Escrituras por uma ação profética. Jesus fez argila com saliva, esfregou os olhos do homem cego e lhe disse para ir se lavar no tanque de Siloé (ver João 9:6,7). Naamã, o leproso, mergulhou no Rio Jordão sete vezes (ver 2 Reis 5:10-14).

"Eu não quero", ele disse. "Então, não fique curado", respondeu o servo de Naamã. Por quê? Porque Deus escolheu operar daquela maneira. E quando Deus escolhe determinado método, nada mais funciona.

Cindy Jacobs descreve as ações proféticas em seu livro *A Voz de Deus*:

> Outras vezes, Deus pedia ao Seu povo, como um todo, para fazer algo que não só era profético, mas também tinha grande poder como modo de intercessão para efetuar uma mudança profunda quando obedecido. [...] Em 1990, uma equipe da Women's Aglow [Mulheres Radiantes] foi para a Rússia interceder por aquela nação. Elas foram guiadas a fazer várias ações proféticas. Nossa viagem ocorreu antes da queda do comunismo soviético e várias coisas aconteceram que nos levaram a acreditar que estávamos sendo monitoradas. Antes de partirmos, minha amiga Beth Alves teve um sonho que havíamos literalmente enterrado a Palavra de Deus no solo. Isso mais tarde resultou em uma ação profética crítica em nossa viagem.

Uma estratégia que usamos para intercessão era pegar um ônibus para turistas e fazer um *tour* pela cidade. Esses passeios pela cidade são ótimos porque levam os visitantes a todos os sítios históricos. Um dos lugares que visitamos foi a Universidade Estadual de Moscou, um bastião do ensino comunista. Enquanto estávamos sentadas ali em um muro perto da faculdade, de repente me lembrei do sonho de Beth e pensei no folheto sobre *As Quatro Leis Espirituais* que eu tinha em minha bolsa. Em um *flash* sabia que era ali que devia fazer o que Beth havia visto em sonho.

Pulei rapidamente (só tínhamos alguns minutos antes do ônibus seguir) e disse: "Vamos lá, vamos plantar a Palavra na terra!" Várias das senhoras me acompanharam. Arfando enquanto corríamos, eu lhes lembrei do sonho de Beth e lhes contei sobre o folheto. Olhei ao redor e vi o abrigo de algumas árvores no qual podia fazer a ação profética. (Tínhamos encontrado alguém na Praça Vermelha naquele dia que estávamos bastante certas tratar-se de um agente da KGB, e como não estávamos interessadas em ser lançadas em um prematuro ministério na prisão, tínhamos de ter cautela!)

Ao encontrar um local abrigado, me ajoelhei e cavei. Foi um fracasso, visto que tudo o que consegui foi quebrar as minhas unhas. Finalmente, consegui um graveto e fiz um buraco. Joguei o folheto e o cobri rapidamente enquanto as senhoras oravam. Apontando para a universidade, comecei a profetizar: "A semente deste folheto vai crescer em escolas de evangelismo, e teologia será ensinada aqui." Mais tarde, depois da queda do comunismo na Rússia, Billy Graham começou escolas de evangelismo ali. A Irmã Violet Kitely, uma amiga minha, me disse que o Shiloh Christian Center (uma igreja grande em Oakland, Califórnia) estabeleceu uma igreja na Universidade Estadual de Moscou. O que acontece com essas ações proféticas? Elas são intercessoras por natureza. Na verdade, poderiam ser chamadas de ações intercessoras. Certos aspectos do que acontece podem parecer de natureza especulativa. Não podemos provar a correlação entre obediência em fazer uma ação profética e, digamos, começar escolas de evangelismo. Mas, vezes sem conta, vemos nas Escrituras que Deus falou aos Seus filhos para fazerem uma ação profética de intercessão, e operou poderosamente como resultado disso.[1]

Declaração Profética

Vejamos alguns exemplos bíblicos de palavras proféticas que procederam a ação por parte de Deus. Em Jeremias 6:18,19, Jeremias profetizou e disse: "Portanto, ouvi, ó nações [...] ó terra." Semelhantemente, em Jeremias 22:29, ele voltou a profetizar dizendo: "Ó terra, terra, terra! Ouve a palavra do Senhor."

Muitos me considerariam um louco varrido se eu saísse de casa e dissesse, "Toda a terra, ouça-me agora! E, todas as nações, estou falando com vocês." Mas foi o que Jeremias fez. Ele fez uma declaração profética que no natural não fazia nenhum sentido.

Devemos entender que não é uma questão do que as nossas palavras normalmente fazem, mas sim o falar *por Deus* que libera o Seu poder para realizar algo. Não é o que acontece quando pregamos ou declaramos o evangelho, que é o poder de Deus para salvação (ver Romanos 1:16)?

A nossa boca, ao falar a Palavra de Deus, libera o poder dessas palavras. Não é isso também o que acontece quando falamos Sua Palavra e a usamos como uma espada na guerra espiritual? Ele enche nossas palavras de poder divino. Por que então Ele não permitiria que fôssemos a Sua voz em outras situações? Quando Jeremias disse, "ó terra, terra, terra! Ouve a palavra do Senhor!", era como se o Próprio Deus estivesse dizendo, "ó terra, terra, terra! Ouve as Minhas Palavras!".

Deus disse a Jeremias antes que ia usá-lo para "arrancar, despedaçar, arruinar e destruir; para edificar e plantar" (Jeremias 1:10). Note, então, em Jeremias 31:28 que Ele diz que fez justo isto: arrancar, despedaçar, arruinar e destruir. É imperativo que vejamos que Deus fez essas coisas pelas palavras de Seu profeta.

Em Miqueias 1:2, o profeta disse: "Ouçam, todos os povos; prestem atenção, ó terra e todos os que nela habitam."

Você não se sentiria um pouco tolo dizendo, "ó terra e tudo o que há nela, Deus quer que eu fale com você. Estão ouvindo?" Mas foi o que Miqueias fez. Obviamente ele não foi ouvido por toda a terra, tampouco a tempestade ouviu Jesus lhe dizer para acalmar ou a figueira o ouviu mandá-la morrer. Quer algo nos ouça quer não, essa não é a questão. O que estamos tentando entender é o poder da declaração inspirada pelo Espírito Santo — ela libera o poder de Deus nas situações.

Tornamo-nos a Voz de Deus

"Mas eles eram os profetas e Jesus", alguns podem argumentar. Sim, mas depois de repreender a tempestade, Jesus repreendeu os discípulos pelo seu medo e sua descrença, implicando que eles deveriam tê-la repreendido. Após ter amaldiçoado a figueira, Ele nos deixou uma promessa de que poderíamos dizer às montanhas que se precipitassem ao mar. Ele estava descrevendo o poder da declaração inspirada pelo Espírito Santo. Tornamo-nos a voz de Deus sobre a terra.

Em seu livro *The Praying Church* [A igreja que ora], Sue Curran cita S. D. Gordon:

> A oração certamente influencia Deus. Ela não influencia o Seu *propósito*. Mas influencia Sua *ação*. Tudo pelo que já foi orado, claro que falo de tudo o que é certo, Deus já Se propunha a fazer. Mas Ele não faz nada sem o nosso consentimento. Seus propósitos têm sido impedidos por não estarmos dispostos. Quando entendemos os Seus propósitos e fazemos deles as nossas orações, damos-lhe a oportunidade de agir.[2]

Oséias 6:5 é um versículo poderoso que fala do julgamento de Deus: "Por isso Eu os despedacei por meio dos Meus profetas, Eu os matei com as palavras da Minha boca." Como é que Ele fez isso? Por meio das Suas palavras ditas pelos profetas. As palavras de Deus, que os Seus humanos liberaram por Ele.

É importante afirmarmos claramente que para as declarações serem eficazes, devem ser as palavras e as ações que Deus nos manda dizer e fazer. "Assim também ocorre com a palavra que sai da *Minha* boca: ela não voltará para Mim vazia, mas fará o que desejo e atingirá o propósito para o qual a enviei" (Isaías 55:11, grifo do autor).

Por favor, entenda que, quando Deus diz isso, não está falando sobre Ele mesmo falar do céu, das nuvens. Ele se refere ao que Ele dizia, e ainda estava dizendo a eles pelo profeta Isaías. Em essência estava declarando: "As palavras deste homem são as Minhas palavras. Ele é a Minha voz. Suas palavras não voltarão para Mim vazias, mas farão exatamente o que Eu as enviei a fazer através deste homem!" Isso é muito impressionante!

É claro que tem gente que diz que Deus não fala nada diretamente a nós hoje em dia — que Ele só usa a Bíblia — e, portanto, só podemos declarar as Escrituras por Ele. Tenho o maior respeito pelos meus irmãos e irmãs que creem nisso, e gostaria de encorajá-los a dizerem as palavras da Bíblia apropriadas em todas as situações. Mas, para outros que acreditam que o Espírito Santo pode falar aos nossos espíritos, ouçam a Sua orientação ao orar e, quando sentirem-se guiados, falem e façam ousadamente o que Ele os instruir. É claro que tudo o que fazemos deve ser julgado pelas Escrituras e não deve nunca violá-las.

Beth Alves, em seu notável manual de oração, *Becoming a Prayer Warrior* [Tornando-se um guerreiro de oração], nos dá instruções excelentes e detalhadas sobre ouvir a voz de Deus.[3] Seria prudente estudá-lo, ou estudar outro livro semelhante, para certificar-se de que está aprendendo a ouvir a voz de Deus. Além disso, verifique com líderes divinos e maduros antes de fazer alguma coisa de natureza pública ou algo que pareça extremamente estranho. Não dê uma de Isaías saindo nu pela cidade (ele provavelmente vestia um saco). Use de sabedoria e, na dúvida, sempre verifique com alguém. Se não for possível, não faça. Nunca faça nada que contradiga as Escrituras ou que possa ser uma vergonha para o nome do Senhor.

Dizer o que Deus Diz

A palavra no Novo Testamento para "confissão" é *homologia*, que significa "dizer o mesmo".[4] A confissão bíblica é dizer o que Deus diz — nem mais nem menos. Se não for o que Deus está dizendo sobre uma situação, não faça nada. Mas se é o que Ele diz, realiza muito.

A Palavra de Deus é chamada de "semente" nas Escrituras. A palavra base no grego é *speiro*. *Spora* e *sperma* são variações dessa palavra, ambas traduzidas por "semente" no Novo Testamento. É fácil ver as palavras "espora" e "esperma" nelas.

O método de reprodução ou de dar vida de Deus é a Sua Palavra, pela qual nascemos de novo (ver 1 Pedro 1:23), somos limpos (ver João 15:3), amadurecemos (ver Mateus 13:23), somos libertos (ver João 8:31,32), curados (ver Salmos 107:20) — e obtemos muitos outros resultados. Quando Deus fala a Sua palavra, Ele jorra sementes que darão fruto. A Palavra de Deus nunca é ineficaz; ela sempre produz algo. Quando falamos as Palavras de Deus nas situações, como o Espírito Santo nos orienta, estamos semeando as sementes de Deus, que então lhe possibilita fazer com que haja vida!

Jó 22:28 (NVI) declara: "O que você decidir será feito, e a luz brilhará em seus caminhos." A palavra "decidir" significa literalmente "decidir e decretar"[5] — determinar algo e então decretá-lo. O significado real de *omer*, a palavra traduzida por "o que" é "uma palavra; uma ordem; uma promessa".[6]

Seria mais preciso dizer, "você deverá decretar ou declarar uma palavra". E Ele então diz que aquilo será feito. "Será feito ou estabelecido" é a palavra *qum*, que significa não só fazer, mas também "surgir ou levantar".[7] Acredito que o que Deus está dizendo é: "você decretará uma palavra e ela surgirá. Você regará Minha semente. Ela surgirá (crescerá) e fará alguma coisa na terra."

Por que você não promove alguma salvação na terra decretando as sementes de salvação? Determine a libertação de alguém declarando sementes de liberdade. Determine que haja união em sua igreja ou cidade, dando ordens às sementes de união. Estabeleça o destino de Deus para os seus filhos plantando sementes de destino. Plante seu jardim. Cuide bem dele. Veja só se a Palavra de Deus não vai produzir uma seara. Represente a vitória do Calvário com sua boca!

Jó 6:25 diz: "Como são persuasivas as palavras retas!" "Persuasiva" é a palavra *marats*, que também significa "pressionar".[8] Como o anel do rei que é pressionado em um documento para selá-lo, nossas palavras também selam as coisas. Elas selam nossa salvação, as promessas de Deus, os nossos destinos e muitas outras coisas.[9]

Eclesiastes 12:11 nos diz: "As palavras dos sábios são como aguilhões, e como pregos bem fixados as sentenças coligidas, dadas pelo único Pastor." As nossas palavras são como pregos para construir no espírito. Assim como um prego é usado para manter algo em seu lugar, as palavras são usadas para manter as promessas de Deus em seu lugar, permitindo-nos construir e edificar coisas no espírito.[10]

Profetizando para os Ossos e o Espírito

A passagem de Ezequiel e o Vale dos Ossos Secos é outro exemplo de declaração profética. "Profetiza a estes ossos!", disse Deus ao profeta.

Dá para imaginar o que Ezequiel pensou? *Falar com ossos? Deus, se Você quer que algo seja dito a esqueletos, por que não diz Você mesmo?* Mas Ezequiel obedeceu e disse: "Ossos secos, ouvi a palavra do Senhor." E foi o que fizeram! Os ossos se juntaram, e cresceu carne neles.

Contudo, eles não tinham vida, e a nova incumbência de Ezequiel me impressiona ainda mais do que profetizar para ossos. O Senhor disse, "Profetiza ao espírito". Mais adiante nessa passagem, ouvimos que o espírito para o qual ele estava profetizando era o Espírito Santo. Deus não disse: "Profetiza *através do* Espírito Santo", nem disse, "Profetiza *no lugar do* Espírito Santo". Deus disse: "Quero que você profetize *para* o Espírito Santo." Ezequiel fez isso e o Espírito de Deus fez o que o homem lhe disse para fazer. Incrível!

O profeta deu uma ordem ao Espírito Santo? Na verdade não. Ele não estava dando ordem a Deus, mas sim *por* Deus. Esse tem sido o plano e a intenção de Deus desde a Criação: operar em parceria com o homem. "Pai e Filhos Ltda.", administrando o planeta! Deus operando através da declaração profética de um ser humano. Quem consegue entender um negócio desses?

Falando ao Muro

Há vários anos, o Senhor enviou Dick Eastman, presidente da Every Home for Christ [Todo lar para Cristo], para Berlim. Imagine receber uma incumbência dessas de Deus? O Muro de Berlim ainda existia, e Dick sentiu que o Espírito Santo o estava impelindo com as seguintes instruções: *Quero que pegue um avião, voe para a Alemanha, vá até o Muro de Berlim, imponha as mãos nele e diga estas cinco palavras: "Em nome de Jesus, caia!"* Era tudo — fim da incumbência! Cinco palavras e poderia voltar para casa.[11]

Que acha deste diálogo entre você e sua esposa:

— Sabe, querida, o Senhor me disse algo.

— É mesmo, o quê?

— Olha, Ele quer que eu vá para a Alemanha.

— Tudo bem, o que você vai fazer lá?

—Vou para o Muro de Berlim.

— Quê? O que vai fazer no Muro de Berlim?

— Vou colocar as minhas mãos nele e dizer, "Em nome de Jesus, caia!" e aí volto para casa.

Seria uma conversa interessante, não acha?

Mas foi exatamente o que Dick fez, porque ele entendia o poder da ação e da declaração profética. Dick nunca proclamaria ter sido a única pessoa usada por Deus para fazer cair o Muro de Berlim. Contudo, pouco depois disso o muro caiu.

Uma Visão para os Jovens

Anos atrás, eu estava em Washington, na capital dos Estados Unidos, para o Dia Nacional de Oração com o Master's Commission, um grupo de jovens de Spokane, Washington. Ceci, minha esposa, e eu os acompanhávamos porque, embora ministrasse para eles há dois meses, vi um quadro incrível — acredito que foi uma visão. Era um estádio cheio de jovens radicalmente compromissados com Deus. Ao observar melhor, vi que essa multidão de jovens saía do estádio e inundava a nação, levando um reavivamento da fé com eles.

Contei a minha visão a esses jovens e um espírito de intercessão caiu sobre nós por uns trinta minutos. Foi verdadeiramente uma hora de oração incrível pelos jovens dos Estados Unidos. Quando terminamos de orar, senti que devia me unir a esses jovens em sua futura viagem a Washington.

Pouco depois de chegarmos à capital, senti o Senhor falando comigo: *Vou confirmar para você nesta viagem que estou enviando um reavivamento a esta nação. Também lhe mostrarei que os jovens vão desempenhar um papel importante nisso.*

A Visão Confirmada

Minha primeira confirmação foi no Dia Nacional de Oração. Havia provavelmente de 400 a 500 pessoas reunidas na primeira reunião de oração da manhã — senadores, congressistas, figuras do governo e líderes espirituais da nação. Eu não fazia parte do programa, mas estava ali para concordar em oração, como a maioria dos participantes. O Master's Commission havia, de algum modo, recebido permissão para estar no programa, e isso em si era um milagre. Quando esses jovens foram convidados para subir ao palco para os seus quinze minutos, foram pelo corredor cantando, *Heal Our Land* [Sara a nossa terra].

Ao cantarem, o Espírito de Deus caiu sobre o lugar como um cobertor. Talvez "pairou" seja uma palavra melhor para descrever o que aconteceu. A presença de Deus não foi sentida tão fortemente em nenhum outro momento. Não vi ninguém presente que não estivesse chorando. Dr. James Dobson, que falou depois do Master's Commission, comentou, entre lágrimas, que não é sempre que testemunhamos um momento no qual se faz história. Tenho certeza de que todos os presentes acreditam que aquele dia impactou a história da nossa nação.

Aqueles jovens então tiveram um encontro com Norm Stone, um senhor de sua igreja, a Harvest Christian Fellowship. Deus chamou Norm anos atrás para cruzar os Estados Unidos sete vezes como uma ação profética de arrependimento e intercessão pelos bebês assassinados em abortos no país. Isso é uma ação profética! O grupo do Master's Commission, formado por jovens cuja maioria pertencia à mesma igreja, o seguiram, caminhando trinta e cinco quilômetros por dia por duas semanas, orando.

Na noite antes desses jovens se unirem a Norm, ouvi as seguintes palavras do Senhor: *Esta é uma declaração profética Minha de que esta geração que Satanás está tentando aniquilar pelo aborto — Minha próxima geração de guerreiros na terra — não foi e não será destruída. Estou enviando estes jovens para marcharem atrás de Norm como uma mensagem profética que diz, "Não! Esta geração é Minha, Satanás, e você não a terá!"*

Mais tarde, naquela noite, ouvi as palavras: *Vou confirmar a você, mais uma vez, que estou enviando um reavivamento da fé a esta nação, no qual os jovens têm um papel proeminente. Farei isso através da sua leitura da Bíblia esta noite.*

Eu estava escalado para uma maratona de leitura de três dias, na qual a Bíblia seria lida na íntegra por diversos indivíduos voltados para o prédio do Capitólio. Cada participante podia ler por quinze minutos, não mais. Estávamos preparados para ler a partir de onde o último leitor havia parado. Não escolhi o momento em que ia ler — alguém havia me escalado no dia anterior e me informado que eu deveria estar lá à meia-noite do dia seguinte.

Dada a natureza das maneiras como o Senhor tratava comigo na época, eu lhe disse: "Senhor, só tem um jeito de eu saber com certeza que Você está me confirmando essas coisas com a leitura da Bíblia. Quando eu chegar, eles terão de me dizer que posso ler ou o livro de Habacuque ou de Ageu." Não era uma prova do velo da lã, nem eu estava colocando Deus à prova. Fiz aquilo por causa do que já sentira o Senhor falar comigo quando li esses dois livros.

Sabe o tamanho desses livros? Eles têm *oito páginas* na minha Bíblia. Quais seriam as chances de eu chegar lá e alguém me dizer para ler justamente aquelas oito páginas, sendo que não havia escolhido o que iria ler, nem mesmo o momento?

Fui até a senhora responsável.

— O senhor é Dutch Sheets?

— Sou eu mesmo.

— O senhor vai ler daqui a quinze minutos, depois dessa pessoa. Fica à sua escolha. Pode ler o livro de Ageu ou o de Habacuque.

Eu quase desmaiei! Pode crer que li a Palavra do Senhor com autoridade, fazendo uma declaração profética sobre o governo desta nação com plena fé no reavivamento que estava por vir.

Faça o que Ele Disser, Não Importa o quê!

Deus está chamando a Igreja para um novo entendimento da ação e da declaração profética, para servirem como Sua voz e Corpo na terra. Quando Ele nos fala de Seu plano, por mais tolo que pareça — levante sua vara, fale com os espiritualmente mortos, ande pelo seu bairro, marche em nossas ruas, bata em rochas, cruze os Estados Unidos a pé, leia a Bíblia para o Capitólio, fale a uma nação que não está ouvindo — Ele precisa que FAÇAMOS o que Ele diz!

O Senhor talvez o oriente a ir para o quarto de um filho rebelde e ungir com óleo e orar pelas suas roupas, falar para a cama de seu filho, ou fazer alguma outra ação simbólica. Outros serão chamados para fazerem declarações às suas cidades e aos seus governos. Alguns serão instruídos para marcharem na terra, proclamando o Reino de Deus. Faça o que Ele lhe disser, não importa o quê. Declare com ousadia a Palavra de Deus sobre e nas situações. Espalhe a semente da Palavra de Deus na terra e espere uma colheita. Será feito. Vai surgir! Haverá vida!

"Você agora sabe que foi chamado para fazer isto, não sabe, amado?"

Questões para Reflexão

1. Defina ação e declaração profética. Explique como elas "liberam" Deus. Agora dê alguns exemplos bíblicos.
2. Pode explicar a conexão entre a palavra de Deus, sementes e as nossas declarações inspiradas pelo Espírito Santo?
3. Pode citar alguns versículos das Escrituras que seriam bons para decretar a salvação de alguém? A cura? E os versículos que pode decretar pela sua cidade?
4. Deus não é bom?

Capítulo Quatorze

A Unção da Sentinela

A Praga Genética

A única coisa pior do que fazer compras é assistir a alguém fazer compras. Com exceção da minha esposa, é claro. Eu não me incomodo nem um pouco de segui-la pelo shopping por duas ou três horas. Eu me mostro interessado de vez em quando com pequenas expressões de apoio — "Hu-hum... Hã... Hum." E algumas vezes até uso palavras — "sim"; "não"; "claro"; "Quanto?!" Eu aprendi rapidinho a corrigir essa última: "Puxa, que preço ótimo!" Acho que a única coisa que se compara com assistir a alguém fazer compras é uma competição de costura.

É por isso que eu estou sentado na praça de alimentação enquanto minha esposa e minha filha caçula, Hannah, fazem compras. É um desses shoppings com ponta de estoque, onde eles vendem peças com pequenos defeitos "em promoção". Minha filha mais velha, Sarah, está comigo lendo. Ela também não gosta de fazer compras — ainda. No caminho para o nosso "refúgio da praça de alimentação" eu a ensinei sobre os genes que ela tem — genes que Deus deu a todas as mulheres — só que não começaram a se manifestar ainda. Expliquei que ela não precisa se preocupar, um dia desses vai acontecer.

Em meus estudos dessa praga genética — estudos que em sua maioria acontecem em conversas com outros homens nas praças de alimentação —, eu descobri que ninguém sabe ao certo quando esse gene desperta ou o que o estimula. Pode ocorrer em qualquer momento entre os 6 e os 13 anos de idade. Às vezes acontece no meio da noite; elas de repente acordam tremendo — sintomas semelhantes aos de uma virose. Quando chegou a vez da Hannah, eu estava pronto para ungi-la com óleo, mas Ceci me avisou que isso não iria adiantar.

— Como assim, não vai adiantar? — eu perguntei surpreso. — Claro que vai.

— Não — ela me disse —, é o gene das compras despertando. Nós temos que levá-la ao shopping imediatamente.

A mãe estava certa, é claro. Ela sempre está. Hannah voltou pra casa toda orgulhosa com sua sacola, parecia que tinha pescado seu primeiro peixe. Mulheres! Quem consegue entendê-las?

Para provar minha teoria, eu acabei de contar a quantidade de homens e mulheres na praça de alimentação e nas lojas ao redor — 26 do sexo feminino e 9 do sexo masculino. Metade dos homens era de crianças que tinham sido arrastadas até ali contra sua vontade. Outro homem escrevia — este cujas palavras você está lendo neste momento — e o restante estava gemendo, "Humm". Fiquei com pena de um cara; ele parecia mesmo um zumbi. Eu acho que ele acabou surtando por conta do estresse.

Ceci e Hannah estão de volta para beber algo e nos mostrar seus "achados". Eu estou grunhindo. Ceci está na verdade deixando a Hannah comigo para que ela possa voltar correndo para comprar mais uma coisa. Compradoras aprendizes de sete anos de idade não conseguem acompanhar o tempo todo o ritmo das profissionais. Elas ainda não tiveram aquelas aulas de aeróbica, cuja verdadeira motivação é, na verdade, o condicionamento físico para as compras.

Cuidado com o que Você Assiste

Por que Deus não poderia ter feito as mulheres gostarem de coisas normais como sentar em uma floresta com um frio abaixo de zero esperando que um veado ou um antílope apareça de repente? Puxa, isso sim é especial! Ou assistir ao jogo de futebol! Eu não gosto tanto assim de assistir à televisão — a não ser que seja um bom programa de esportes. Ceci nem sempre me entende nessa área, mas ela tenta ser compreensiva.

— Para quem você está torcendo? — às vezes ela pergunta.

— Não faz diferença quem ganha ou não — eu normalmente respondo.

— Um desses é seu time favorito?

— Não exatamente.

— Ah, então talvez tenha um ou dois jogadores prediletos?

— Não, eu não sei nada sobre esse pessoal não.

— Então por que você está assistindo a esse jogo? — ela pergunta, curiosa.

— Porque é um jogo de futebol — eu explico com toda a paciência do mundo.

As pessoas algumas vezes não conseguem enxergar o óbvio. Vou contar o que me intriga — o porquê de ela e minhas filhas gostarem de assistir a coisas que as fazem chorar. Vai entender!

Há uma variedade de coisas que se pode assistir: televisão, um desfile, observar o relógio, observar a bolsa de valores, observar os pássaros (se equipara com competições de costura para mim), e milhões de outras coisas. Eu gosto de ver crianças rindo, eu odeio ver pessoas chorando. Tenho assistido a indivíduos nascer e tenho assistido a indivíduos morrer.

Certa vez, observei uma mulher em San Pedro, Guatemala, procurar um relógio. Era de seu marido — ele morreu no terremoto de 1976. Três de seus filhos também morreram naquele terremoto. Tudo que restou para ela e seu bebê sobrevivente eram as roupas que vestiam. Sua pequena casa de sapê virara um monte de terra.

Quando o nosso intérprete perguntou o que ela procurava ao cavar, ela respondeu: "Um saco de feijão que tínhamos e o relógio do meu marido. Ele estava dormindo mais ou menos aqui quando morreu", disse ela, apontando para uma área de aproximadamente três metros quadrados. "Significaria tanto para mim se eu pudesse encontrar seu relógio."

Nós começamos a cavar.

Embora fosse como procurar uma agulha em um monte de palha, nós pedimos a Deus que nos ajudasse, e entramos naquele monte de entulho de um metro de profundidade. Naquele momento eu enfrentaria o inferno por aquele relógio. Nós o encontramos pouco mais de uma hora depois.

"Muchas gracias", ela repetia entre lágrimas, enquanto apertava o relógio ao peito.

"Tesouro" é um termo tão relativo, eu pensei ao limpar as lágrimas dos meus olhos. *Eu queria que o mundo pudesse ver isso. Quem sabe algumas prioridades mudariam.*

Também observei outra mulher, segurando sua filha de três anos, se afastando da fila de alimentos onde eu ajudava a servir. Ela era a última na fila para pegar a sopa. Ela estendeu a jarra que havia encontrado, nós olhamos para ela e dissemos, "No mas" [Não tem mais]. Eu então a observei se afastando, segurando sua criança faminta.

As coisas começaram a se complicar daquele dia em diante em minha vida. Minhas listas bonitinhas de coisas que eu precisava comprar desapareceram. Certos objetivos importantes se tornaram estranhamente irrelevantes. Coisas que antes eram importantes de repente perderam valor. Contas de banco assumiram uma forma diferente; sucesso foi redefinido. Estranho como um rápido olhar nos olhos de duas pessoas pode causar um caos tão grande! Em muitos sentidos a ordem nunca mais foi restaurada.

Cuidado com o que você assiste.

Fique Alerta

A Bíblia fala sobre vigiar — das mais variadas maneiras e por diferentes razões, das quais a menos importante certamente não é vigiar em oração. Este capítulo é sobre a "unção da sentinela" — nosso chamado e nossa preparação como intercessores para estarmos cientes e orarmos de antemão contra os esquemas e planos de Satanás. É um aspecto vital da nossa intercessão. Efésios 6:18 diz, "com toda oração e súplica, orando em todo tempo no Espírito e para isso *vigiando* com toda perseverança e súplica por todos os santos" (grifo do autor).

Em 1 Pedro 5:8, ao alertar-nos sobre o nosso inimigo, a Bíblia diz: "Sede sóbrios e *vigilantes*. O diabo, vosso adversário, anda em derredor, como leão que ruge procurando alguém para devorar" (grifo do autor). O contexto de ambos os versículos é de batalha espiritual. Cada um menciona nosso adversário e nos desafia a estar alertas ou vigilantes, tanto por nós mesmos como para nossos irmãos e irmãs em Cristo.

Outro versículo relacionado, o qual discutimos minuciosamente no capítulo 9, é 2 Coríntios 2:11: "para que Satanás não alcance vantagem sobre nós, pois não lhe ignoramos os desígnios." Então, para não duplicar o material, eu vou simplesmente resumir o significado que deduzimos do versículo com base nas palavras gregas utilizadas: "A ponto de nosso adversário levar vantagem sobre nós, nos fazer sua presa, nos defraudar do que é nosso, e ficar com a maior parte na mesma medida em que formos ignorantes da sua maneira de pensar e operar — seus planos, esquemas, desígnios e enganos."

Vou ressaltar quatro conclusões tiradas desses três versículos — Efésios 6:18; 1 Pedro 5:8 e 2 Coríntios 2:11— como uma introdução a esse ensinamento:

1. *Proteção contra os ataques do nosso inimigo — até para crentes — não é automática.* Há uma parte que nós mesmos temos de fazer. Apesar de Deus ser soberano, isso não significa que Ele esteja no controle de

tudo que acontece. Ele tem permitido que muitas coisas dependam das escolhas e ações da humanidade. Se Deus fosse nos proteger ou salvaguardar dos ataques de Satanás, independentemente do que fizemos, esses versículos seriam totalmente irrelevantes para os cristãos. Em algum lugar na nossa teologia, nós devemos reconhecer o papel da responsabilidade humana. Em algum momento devemos começar a acreditar que nossas ações têm importância, que somos relevantes, para nós mesmos e para os outros.

2. *O plano de Deus para nos avisar e conscientizar das táticas de Satanás.* Isso é deduzido do simples fato que desde que Deus nos disse para não sermos ignorantes dos ardis do diabo, Ele deve estar disposto a nos fazer conscientes deles. Se Ele nos diz para estarmos alertas, isso deve dizer que, se estivermos, Ele irá nos avisar. Deus não iria nos responsabilizar por uma tarefa para a qual Ele também não tenha nos capacitado para cumprir.

3. *Nós devemos estar alertas — permanecermos em guarda — ou não seremos capazes de perceber quando Deus tentar nos advertir sobre os ataques e planos de Satanás.* Se esses ataques fossem sempre óbvios, estar alerta não seria necessário. Isaías 56:10 fala das sentinelas cegas. Que alegoria! Receio que seja uma descrição relativamente boa de muitos de nós em nossa tarefa enquanto sentinelas. Somos frequentemente como os antigos discípulos: nós temos olhos, mas não podemos ver (veja Marcos 8:18). Está na hora de fazermos mais do que observar, devemos vigiar atentamente!

4. *Se nós não estivermos alerta e vigiando, se somos ignorantes dos esquemas de Satanás, ele ficará com a porção maior.* Ele nos vencerá, aproveitando-se da nossa ignorância. Contrário à crença popular, podemos ser efetivamente destruídos devido à nossa ignorância (veja Oséias 4:6). Nós não gostamos de admitir, mas, na verdade, Satanás tem ganhado muito território. Não sejamos como o nômade no deserto que decidiu fazer um lanchinho no meio da noite. Ele acendeu uma vela e mordeu uma tâmara. Olhando a tâmara perto da vela, ele viu um bichinho e imediatamente jogou fora a tâmara. Pegou outra e mordeu, e essa também tinha um bichinho e ele a jogou fora. Percebendo que não conseguiria comer se isso continuasse, ele apagou a vela e comeu as tâmaras.[1]

Às vezes nós também preferimos a escuridão à luz da verdade. A verdade pode vir a doer, mas ainda assim é a verdade. Negar não muda nada. Vamos reconhecer onde Satanás tem conseguido a vantagem, e nos determinar a tomá-la de volta!

Duas palavras do Novo Testamento para "vigiar" fazem a conexão com o conceito do Antigo Testamento das sentinelas: *gregoreuo* e *agrupneo*. As duas querem dizer essencialmente estar acordado, no mesmo sentido em que um guarda precisa abdicar do sono. Alguns versículos onde encontramos essas palavras:

> Perseverai na oração, vigiando com ações de graças (Colossenses 4:2).
>
> E lhes disse: "A minha alma está profundamente triste até à morte; ficai aqui e vigiai. Vigiai e orai, para que não entreis em tentação; o espírito, na verdade, está pronto, mas a carne é fraca" (Marcos 14:34;38).
>
> Sede sóbrios e vigilantes. O diabo, vosso adversário, anda em derredor, como leão que ruge procurando alguém para devorar (1 Pedro 5:8).
>
> Sede vigilantes, permanecei firmes na fé, portai-vos varonilmente, fortalecei-vos (1 Coríntios 16:13).
>
> Orem no Espírito em todas as ocasiões, com toda oração e súplica, orando em todo tempo no Espírito e para isto vigiando com toda perseverança e súplica por todos os santos (Efésios 6:18).
>
> Vigiai, pois, a todo tempo, orando, para que possais escapar de todas estas coisas que têm de suceder e estar em pé na presença do Filho do Homem (Lucas 21:36).

Os últimos dois versículos combinam *agrupneo* com *kairós*, o tempo estratégico (do qual falamos no capítulo 6), nos desafiando a estarmos à espera dos tempos *kairós* e agirmos de acordo. Para não ser repetitivo, não citarei aqui todos os conceitos. Entretanto, ler novamente as definições completas de *paga e kairós* no capitulo 6 o ajudará a fazer a conexão entre ser uma sentinela e formar um cerco de proteção.

Os Troféus da Intercessão

Eu usarei uma história para ilustrar melhor essa questão. Cindy Jacobs, em seu livro *Possuindo as Portas do Inimigo*, conta sobre estar na unção da sentinela durante o tempo *kairós*. Enquanto participava de uma reunião de oração em 1990, ela acordou de repente com uma sensação de urgência. Ao buscar o Senhor, Ele trouxe à sua mente a visão de um casal e seus três filhos, uma família que ela sabia que estava a caminho daquela reunião em uma van. Na visão que ela teve, uma das rodas da van se soltava causando um acidente terrível.

Cindy orou fervorosamente pela segurança deles e continuou a fazê-lo durante toda a noite. Quando o casal chegou no dia seguinte, ela perguntou se eles tiveram algum problema com a roda do lado direito. Embora não houvesse até então nenhum problema, Cindy insistiu que eles verificassem em uma oficina. O mecânico ficou impressionado com o que viu. Ele disse que de modo algum eles teriam viajado naquela van sem aquela roda se soltar.

Ao retornar da oficina, o marido de Cindy que havia ido junto com aquele irmão, segurava um saco plástico declarando, "Os troféus da intercessão!" Ali estavam os parafusos gastos da roda direita dianteira.[2]

Essa é a unção da sentinela em ação, percebendo o perigo em um tempo *kairós* (estratégico) e estabelecendo um cerco de proteção (*paga*) através da intercessão.

Sentinelas Bíblicas

Vamos ampliar nosso entendimento das sentinelas bíblicas. Quais eram os seus propósitos? O termo sentinela vem do Antigo Testamento e era usado para descrever o que hoje chamamos de vigias, guarda-costas ou seguranças. Esses indivíduos eram inicialmente responsáveis pela proteção de duas áreas: as videiras ou as plantações dos ladrões, de animais e proteger as cidades das forças invasoras.

As sentinelas que guardavam a lavoura tinham seu posto em rochas, torres ou construções para conseguirem um campo de visão mais amplo. Essas torres contavam com alojamentos porque durante a colheita era necessário vigiar noite e dia. As sentinelas se revezavam — enquanto um dormia, o outro trabalhava — e assim o campo era vigiado vinte e quatro horas por dia.

Há aí um grande simbolismo para a atualidade. Em épocas de colheita, há um senso de urgência em vigiar, porque o "ladrão" fará tudo o que puder para roubar e se aproveitar. Não é de se espantar que Deus tenha preparado o terreno para a maior colheita de almas que o mundo já viu — a qual está acontecendo agora — com o maior reavivamento de oração da história. O Senhor da colheita é sábio. Eu posso afirmar que Ele tem seguranças vinte e quatro horas "vigiando" a colheita. Que possamos dizer com o nosso Senhor: "Quando eu estava com eles, guardava-os no teu nome, que me deste, e protegi-os, e nenhum deles se perdeu, exceto o filho da perdição, para que se cumprisse a Escritura" (João 17:12).

Essas sentinelas também estavam a postos nas muralhas das cidades, onde atuavam como porteiros. Aqui estão algumas referências do Antigo Testamento:

> Pois assim me disse o Senhor: "Vai, põe o atalaia, e ele que diga o que vir. Quando vir uma tropa de cavaleiros de dois a dois, uma tropa de jumentos e uma tropa de camelos, ele que escute diligentemente com grande atenção." Então, o atalaia gritou como um leão: "Senhor, sobre a torre de vigia estou em pé continuamente durante o dia e de guarda me ponho noites inteiras" (Isaías 21:6-8).

> Arvorai estandarte contra os muros de Babilônia, reforçai a guarda, colocai sentinelas, preparai emboscadas; porque o SENHOR intentou e fez o que tinha dito acerca dos moradores da Babilônia (Jeremias 51:12).

> Sobre os teus muros, ó Jerusalém, pus guardas, que todo o dia e toda a noite jamais se calarão; vós, os que fareis lembrado o SENHOR, não descanseis (Isaías 62:6).

Das muralhas das cidades elas procuravam por duas coisas: mensageiros e inimigos.

Esperando pelos mensageiros

Elas esperavam os mensageiros para informar os guardas dos portões sobre quando deveriam abrir os portões e quando não deveriam abri-los. Naqueles dias era costume haver corredores, homens ligeiros que levavam mensagens de uma cidade para outra, e as sentinelas avisavam com um grito quando um mensageiro aliado estava chegando. Sentinelas habilidosas podiam até reconhecer os corredores pelo seu tipo de passo antes mesmo de poder ver seus rostos. Em 2 Samuel 18:27, a sentinela disse: "Vejo o correr do primeiro; parece ser o correr de Aimaás." Você consegue ver algum simbolismo importante aqui?

Sentinelas veteranas são frequentemente alertadas pelo Espírito Santo, antes mesmo de terem qualquer evidência concreta, que não se deve confiar em certos "mensageiros". Eles reconhecem "lobos" enviados para devorar o seu rebanho, ou "mercenários" com motivos obscuros. Eles trazem avisos para os que estão na liderança. Eles os reconhecem "pelo seu passo" por assim dizer — que alguma coisa parece não estar certa. Eles sentem e discernem. Para ter certeza, nós devemos nos acautelar da desconfiança humana e do julgar com os olhos da carne. Mas eu tenho aprendido a escutar minhas sentinelas de confiança (uma delas é a minha esposa) quando elas me dizem que estão receosas em relação a isso ou aquilo. Elas geralmente estão certas.

Às vezes, elas não conseguem me dar razões específicas, o que é difícil para a minha atitude analítica, mas eu tenho aprendido a confiar nelas. Em geral, a maioria das falsas doutrinas, divisão e destruição no Corpo de Cristo poderiam ser evitadas se as sentinelas observassem e os líderes as escutassem! Pedro fala dessa necessidade em 2 Pedro 2:1,2:

> Assim como, no meio do povo, surgiram falsos profetas, assim também haverá entre vós falsos mestres, os quais introduzirão, dissimuladamente, heresias destruidoras, até ao ponto de renegarem o Soberano Senhor que os resgatou, trazendo sobre si mesmos repentina destruição. E muitos seguirão as suas práticas libertinas e, por causa deles, será infamado o caminho da verdade.

Paulo alertou os efésios sobre isso em Atos 20:28-31:

> Atendei por vós e por todo o rebanho sobre o qual o Espírito Santo vos constituiu bispos, para pastoreardes a igreja de Deus, a qual ele comprou com o seu próprio sangue. Eu sei que, depois da minha partida, entre vós penetrarão lobos vorazes, que não pouparão o rebanho. E que, dentre vós mesmos, se levantarão homens falando coisas pervertidas para arrastar

> os discípulos atrás deles. Portanto, vigiai, lembrando-vos de que, por três anos, noite e dia, não cessei de admoestar, com lágrimas, a cada um.

É evidente que obedeceram ao conselho de Paulo, porque o Senhor os elogia em Apocalipse 2:2:

> Conheço as tuas obras, tanto o teu labor como a tua perseverança, e que não podes suportar homens maus, e que puseste à prova os que a si mesmos se declaram apóstolos e não são, e os achaste mentirosos.

Em Guarda Contra o Inimigo

As sentinelas na muralha também estão em guarda contra os inimigos. Quando avistavam um perigo em potencial se aproximando, elas soavam um alarme, ou aos gritos ou com um toque de trombeta. Os soldados então se preparavam para a batalha e para defender a cidade. Sentinelas fazem o mesmo hoje em dia, em um sentido espiritual. Elas alertam o Corpo de Cristo sobre os ataques do inimigo, tocando o alarme. Quando as sentinelas estão fazendo o seu trabalho direito, nós não precisamos ser pegos de surpresa por Satanás e suas forças.

Como sentinelas nós não vivemos com medo de nosso adversário, nem vivemos em ignorância dele. Contrário ao ensinamento de alguns, estar alerta e vigiar não é o mesmo que se preocupar. Eu devo ressaltar: é uma tática comum do inimigo dissuadir os cristãos de permanecer em guarda acusando-os de estar dando uma ênfase errada à questão.

É triste dizer, mas essa mensagem é difundida com frequência por cristãos bem intencionados. Eles ensinam que Satanás deve ser ignorado ou que devemos não prestar muita atenção a ele. Não há nenhuma passagem na Bíblia que confirme isso. É claro que não é necessário nos concentrarmos em Satanás, mas um bom soldado é um soldado bem informado sobre o inimigo. Concentre-se em Jesus e se maravilhe com Jesus — mas esteja consciente do inimigo. Ame a adoração, não a batalha espiritual; mas quando necessário, vá à luta.

Em seu livro *How to Pray for Your Family and Friends* [Como orar por sua família e amigos], Quin Sherrer e Ruthanne Garlock contam sobre um pastor de um amigo que tinha essa atitude. "Eu não acho que você deveria ensinar sobre a guerra espiritual", o pastor disse para Hilda um dia. "Concentre-se em Jesus, e não no diabo."

A resposta dela demonstrou sua sabedoria e experiência. "Pastor, eu me concentro mesmo em Jesus e na vitória dele", ela respondeu com respeito. "Jesus nos ensinou que nós temos autoridade sobre o maligno. Antes de eu começar a utilizar a autoridade de Cristo na batalha espiritual eu tinha quatro filhos a caminho do inferno, eu aprendi a atar a obra do inimigo na vida dos membros da minha família. Atualmente *todos* os meus filhos e netos servem ao Senhor. Eu já vi os resultados da batalha espiritual, e eu quero ajudar outros."[3]

A Sentinela Vê Adiante

Sentinelas não guardavam somente as lavouras e as cidades nas Escrituras. As palavras em hebraico traduzidas como "sentinelas" são *nastar, shamar e tsaphah.* Elas significam guardar ou proteger vigiando, mas também "construindo uma cerca ao redor"[4] como uma cerca viva de espinhos. Essas palavras até têm uma conotação de "esconder ou trancar algo".[5] A sentinela — por meio da intercessão — cria um lugar secreto de proteção (veja Salmos 91).

Outro significado interessante para *tsaphah* é "inclinar-se e observar ao longe". A conexão com a oração aqui é óbvia. A sentinela vê ao longe, "inclina-se e observa a distância"[6] para prever os ataques do inimigo. Ela é proativa, e não reativa. Isso é intercessão profética!

Vejamos várias referências onde essas palavras são utilizadas, e em cada situação se referindo a guardar ou proteger algo diferente. A primeira é Gênesis 2:15, a qual é também a primeira vez que uma dessas palavras é utilizada na Bíblia. "Tomou, pois, o Senhor Deus ao homem e o colocou no jardim do Éden para o cultivar e o *guardar*" (grifo do autor).

Teólogos têm uma teoria conhecida como "a lei da primeira menção". Essa teoria se refere a uma regra geral que diz: a primeira vez que um assunto importante é mencionado na Bíblia, dados significantes são revelados sobre esse assunto que se manterão constantes e relevantes em todas as Escrituras.

Por exemplo, a primeira menção na Bíblia sobre a serpente — Satanás — foi em Gênesis 3:1: "Mas a serpente, mais sagaz que todos os animais selváticos que o Senhor Deus tinha feito, disse à mulher: 'É assim que Deus disse: Não comereis de toda árvore do jardim?'" É fácil perceber essa lei aplicada nessa passagem, porque o versículo fala da malícia e da esperteza de Satanás. Deus está nos informando sobre um dos fatores mais importantes que devemos lembrar sobre Satanás: ele é bem mais perigoso para nós como uma serpente do que como um leão que ruge.

Fique na Defensiva — Não Deixe a Serpente Entrar!

Adão foi incumbido em Gênesis 2:15 de manter ou "guardar" o jardim. Guardar do quê? Tinha de ser da serpente! Eu presumo que seja porque, antes de qualquer coisa, está bem de acordo com a natureza divina tê-lo alertado. Se houvesse sido diferente não seria condizente com o caráter de Deus. Em segundo lugar, nem Adão nem Eva pareciam chocados quando a serpente falou com eles. É evidente que não foi uma grande surpresa. Terceiro, o que mais poderia existir de perigo antes da Queda? Do que mais o jardim tinha de ser guardado, mantido e protegido? Somente da serpente.

Eu quero enfatizar esse ponto importante — a primeira menção desse termo nas Escrituras nos dá nossa responsabilidade primordial como sentinelas: *Não deixar a serpente entrar!* Guardar e proteger o que Deus tem nos confiado para cuidar da invasão sutil da serpente. Não a deixe entrar no seu jardim! Ou na sua casa, na sua família, na sua igreja, na sua cidade, na sua nação! Mantenha a serpente do lado de fora!

Essa palavra é utilizada novamente em Gênesis 3:24, quando Deus colocou um querubim na entrada do jardim para manter o homem longe da árvore da vida. Adão não protegeu o jardim da serpente, então um anjo teve de manter o homem do lado de fora.

Em Gênesis 30:31, o conceito da sentinela foi utilizado para guardar um rebanho. Não é necessária muita profundidade para notar a correlação aqui. Nós podemos guardar o rebanho do Senhor através da intercessão. Eclesiastes 12:3 se refere a proteger uma casa. O Salmo 127:1 está mencionando guardar uma cidade. E 1 Samuel 26:15 e 28:12 fala sobre fazer isso com uma pessoa. Provérbios 4:23 nos instrui a guardar nosso coração.

Essas três palavras em hebraico são também traduzidas de muitas outras maneiras. Vou listá-las aqui com uma breve explicação, para proporcionar um entendimento mais abrangente desse conceito. Como poderá ver, páginas poderiam ser escritas comentando o simbolismo e a conexão que existe com a oração. Para ser mais conciso eu não o fiz, mas gostaria de incentivá-lo a pensar e meditar sobre cada um, permitindo que o Espírito Santo lhe dê uma perspectiva pessoal do assunto.

1. Manter ou mantenedor

Esse é certamente o uso mais frequente dessas palavras — pelo menos duzentas e cinquenta vezes. Sentinelas mantêm coisas, lugares e indivíduos seguros. Elas se asseguram de que não haverá perda, roubo ou dano. Elas mantêm as coisas intactas e em sua possessão.

2. Guarda

Sentinelas são guardas. Essa palavra se assemelha de maneira bem óbvia com a seguinte.

3. Guarda-costas

Sentinelas guardam indivíduos, protegendo-os do perigo ou de acidentes. Elas são escudos — os agentes do serviço secreto do reino, guardando e protegendo outros.

Frequentemente, intercessores em nosso grupo me contam sobre ocasiões em que eles passaram tempo me cobrindo em oração. Mais de uma vez me disseram: "Pastor, fiquei acordado a noite toda orando por você." E de vez em quando perguntam: "Aconteceu alguma coisa?"

"Não", eu repondo normalmente, "e esse deve ter sido o porquê." Muitas vezes meus problemas e minhas distrações são colocados sobre os outros e eles os levam para longe de mim. Eu fico agradecido e sou sábio o suficiente para saber que muito do meu sucesso é resultado da fidelidade deles. Que reconfortante é saber que tenho guarda-costas espirituais! Haveria menos perdas em nosso exército se tivéssemos mais sentinelas fiéis.

Peter Wagner, em seu livro *Escudo de Oração*, oferece cinco razões por que pastores e outros líderes cristãos têm uma necessidade tão grande de sentinelas que intercedam por eles:

1. *Pastores têm o peso da responsabilidade e do prestar contas.* Tiago 3:1: "Meus irmãos, não vos torneis, muitos de vós, mestres, sabendo que havemos de receber maior juízo."

2. *Pastores estão mais sujeitos à tentação.* Não se engane, quanto mais alto seu posto na hierarquia de Liderança Cristã, mais você sobe na lista de procurados de Satanás.
3. *Pastores são alvos de escolha na batalha espiritual.* Durante os últimos anos já chegou ao conhecimento geral que há uma aliança maligna feita por satanistas, bruxos, seguidores da Nova Era, praticantes do ocultismo e espiritistas, e outros servos das trevas com o intuito de orar a Satanás para quebrar os casamentos de pastores e líderes cristãos.
4. *Pastores têm mais influência sobre os outros.* A quarta razão por que pastores necessitam mais de intercessão é porque, devido à natureza do seu ministério, eles têm maior influência sobre os outros.
5. *Pastores estão sempre em evidência.* Porque pastores estão sempre lá na frente, sendo vistos por todos, eles estão constantemente sujeitos a fofocas e críticas.[7]

Nesse livro, Wagner define com mais detalhes cada uma das razões. Ele também diz: "Os líderes recebem proteção contra os dardos inflamados do maligno à medida que os intercessores oram, acima e além de toda a armadura de Deus que eles têm a responsabilidade de usar."[8] Esse livro excelente oferece ótimos conselhos sobre intercessão para líderes cristãos.

Na lista fantástica de leituras para treinamento, *Becoming a Prayer Warrior* [Tornando-se um Guerreiro de Oração], Beth Alves oferece um plano de oração diária para líderes espirituais, o qual Wagner resume da seguinte maneira:

Domingo:	Favor para com Deus (revelação espiritual, unção, santidade).
Segunda-feira:	Favor para com os outros (congregações, equipe de ministério, não salvos).
Terça-feira:	Visão ampliada (sabedoria e esclarecimento, motivos, instrução).
Quarta-feira:	Espírito, alma, corpo (saúde, aparência, atitudes, plenitude espiritual e física).
Quinta-feira:	Proteção (tentação, enganos, inimigos).
Sexta-feira:	Finanças (prioridades e bênçãos).
Sábado:	Família (geral, cônjuge, filhos).[9]

4. Porteiro

Por ser obviamente similar com a definição seguinte, comentarei sobre ambos ao mesmo tempo.

5. Guarda de Portão

Sentinelas têm a habilidade espiritual — no aposento da oração — de determinar quem ou o que entra ou sai de seus lares, sua vida familiar, suas igrejas, suas cidades, etc. Elas discernem pelo Espírito Santo o que devem permitir, e pela oração, podem abrir ou fechar a porta de acordo. Elas convidam a obra do Espírito Santo e rejeitam as obras da escuridão. Elas estabelecem limites, deixando de fora os inimigos. Eventualmente quando informado pelos intercessores que algo indesejável tem infiltrado nosso convívio, minha reação é perguntar a eles, "O que aconteceu? Vocês não estavam em oração?" Eu simplesmente explico para o Corpo de Cristo, "não culpem os pastores por tudo. Vocês também são responsáveis por permanecerem em guarda".

6. Preservar ou o que preserva

Sentinelas preservam ou evitam a ruína ou destruição. Elas preservam vidas, unções, movimentos de Deus e uma lista de outras coisas cobrindo-as com oração. Sherrer e Garlock nos contam sobre quatro senhoras que trabalhavam como sentinelas de suas fazendas. Essas mulheres caminhavam todo o perímetro de suas fazendas enquanto seus maridos trabalhavam, algumas vezes cobrindo até 10 quilômetros por dia.

Elas oravam por proteção contra insetos, pragas, geada e estiagem. Elas pediam a Deus para dar a seus maridos sabedoria em cuidar da lavoura e dos negócios e oravam por anjos que se encarregassem dos esforços deles.

Os resultados foram surpreendentes. Acabou sendo um de seus melhores anos. Nenhuma tempestade ou ataque de insetos, nenhuma decisão ruim e um lucro considerável — ao passo que outros da região tiveram um ano difícil com pouco lucro.

Às vezes, simplesmente não somos práticos o suficiente com nossas táticas de intercessão. Essas senhoras, vigiando em intercessão, abriram o caminho para as bênçãos de Deus sobre os projetos financeiros de suas famílias.[10]

7. Prestar atenção

Sentinelas devem estar alerta. Elas devem prestar atenção. Apesar de parecer óbvio, é importante o suficiente para ser enfatizado. Como soldados, Deus "chama a nossa atenção". Vidas estão em jogo. A colheita deve ser protegida. Sentinelas, prestem atenção!

8. Observar

Esse fator inclui o mesmo conceito de prestar atenção, mas vai além, somando concentração e precisão. Não olhe simplesmente; veja. Seja observador. Resumindo, sentinelas ficam de olho!

Eles percebem o que outros não conseguem ver. Podemos perceber muito através da oração, muitas vezes até mesmo antes de acontecer.

9. Contemplar

Semelhante a observar, é claro, mas incluo aqui para dar ênfase renovada à necessidade de ver claramente.

10. Acautelar

Sentinelas devem estar vigilantes, conscientes e alertas. Mais uma vez, 1 Pedro 5:8 nos adverte a sermos sóbrios de espírito. Sempre tome cuidado, intercessor! Fique de olho no leão e quando você o vir em ação, imediatamente o enfrente, proclamando a vitória do Calvário com a "unção da ursa".

11. Proteger

Da mesma maneira que sentinelas guardam e mantêm, sentinelas protegem. Elas constroem muros ou limites de proteção contra os ataques do diabo. Elas distribuem a bênção do Senhor.

12. Manter

Sentinelas mantêm coisas para o Senhor. Elas são o pessoal da manutenção. Elas talvez não estabeleçam metas, construam ou plantem como muitos outros, mas elas mantêm. Elas mantêm as coisas em bom funcionamento, sem obstáculos. Elas mantêm unção, integridade, saúde e muitas outras bênçãos essenciais ao Reino.

Resumindo, Deus está levantando intercessores proféticos — sentinelas — *para manter a serpente do lado de fora!* Homens e mulheres que "se curvarão para a frente, olhando ao longe", de olho nos ataques do inimigo. Porteiros, guarda-costas, seguranças, construtores de cercas e preservadores do Seu Reino. Este é, na verdade, um alto chamado!

Assuma a Ofensiva — Sitie!

Há outro fator sobre esse tipo de oração, entretanto, para nossa consideração. Uma das cosias mais surpreendentes que descobri quando estudava essas palavras é que elas incluem não só uma conotação de proteção e defesa, mas também de ataque.

As palavras significam "subjugar ou sitiar uma cidade",[11] o conceito de ficar atento e não permitir que habitantes ou mercadorias entrem ou saiam da cidade. Uma definição era "espiar" ou "ficar de tocaia e preparar uma emboscada para alguém".[12] Essas palavras, na verdade, foram traduzidas nesse sentido em 2 Samuel 11:16, Isaías 1:8, Jeremias 4:16,17, Jeremias 51:12 e Juízes 1:24.

Em 1989, quando o Senhor me deu essa instrução, ele falou claramente no meu coração que ele estava derramando a unção da sentinela, a qual capacitaria indivíduos a sitiar cidades e nações por meio da oração. Onde Satanás ganhou terreno e tomou a maior parte, o povo de Deus receberia instruções sobre como sitiar nessas situações, cortando suas rotas de suprimentos e removendo a origem daquilo que deu lugar a ele.

Isso aconteceu antes que se falasse tão abrangentemente como hoje em cerimônias de reconciliação, arrependimento de identificação, investigação espiritual, caminhadas de oração, marchas e jornadas — todos esses termos associados com o ato de remover sistematicamente Satanás e seu controle sobre lugares e pessoas e tomá-las para Cristo. Essas e outras estratégias são parte da unção da sentinela que Deus tem derramado sobre a Igreja.

O Corpo de Cristo tem aprendido a romper *sistematicamente* as fortalezas da escuridão. Deus está nos dando a habilidade — pelo Seu Espírito

— para discernir os planos do inimigo, seus pontos fortes, suas fraquezas e suas vias de acesso — para eliminá-lo e tomar posse de nações, cidades e pessoas por meio da oração. As correntes da escuridão estão sendo destruídas. Os prisioneiros das fortalezas satânicas estão sendo libertados. Cercos estão sendo formados no espírito. Deus está nos mostrando para ligar e desligar, e como fazê-lo. E é claro que há oposição.

Uma razão que afasta as pessoas desse tipo de oração é o elemento tempo. O próprio conceito de sitiar implica tomar tempo. Talvez leve dias, semanas ou anos de intercessão diária para alcançar um livramento. Certamente acredito que esse processo pode ser acelerado pela atitude de orar de modo inteligente e bem informado, como também pela multiplicação de poder gerada pela submissão.

Entretanto, nada pode mudar o fato de certas situações requererem uma quantidade de tempo. Eu sitiei um cisto da minha esposa por trinta dias. Polly Simchen, que mencionamos no capítulo 10, sitiou as opressões em seu filho por quatro anos. Deus deu a ela e a seus amigos muita estratégia nas orações, esclarecendo o que eles deveriam eliminar e o que proclamar. Isso é sitiar. Eles discerniram as artimanhas de Satanás, "espionando" seus planos. Será que valeu a pena todo o tempo e esforço? Absolutamente. Elas ganharam terreno.

Esse conceito de sitiar é bem ilustrado na história sobre Theresa Mulligan, editora da revista para intercessores chamada *Breakthrough,* contada por Sherrer e Garlock em *How to Pray for your Family and Friends* [Como orar por sua família e amigos]. Theresa e uma amiga mantiveram uma caminhada de oração pela sua vizinhança durante toda uma estação, parando em frente de cada casa, dando as mãos e concordando em oração pela salvação dos moradores.

Os relatórios começaram logo a chegar: a esposa de um coronel aceitou a Cristo, a filha adolescente de uma família israelita encontrou Jesus, uma mulher com artrite fez um compromisso com Cristo e uma jovem universitária de outra família veio ao Senhor. Mesmo depois de ela ter se mudado, Theresa continuou ouvindo histórias de seus antigos vizinhos encontrando a salvação.[13]

Isso é sitiar! Isso é a unção da sentinela na sua melhor versão e qualquer um pode exercê-la.

Tomando Cidades e Nações para Deus

Neste livro, eu tenho focado mais no assunto da intercessão para indivíduos. Agora vou comentar sucintamente sobre a intercessão por cidades e países, especialmente o aspecto da sentinela e de sitiar.

A Bíblia mostra claramente que Deus se relaciona e lida não só com indivíduos, mas também com grupos de pessoas. Devido aos conceitos de autoridade, responsabilidade, livre arbítrio, semear e colher, etc., os quais operam não só no âmbito individual, mas também no nível corporativo, onde os indivíduos se juntam, vemos que Deus se relaciona com *grupos*. Por quê?

Muitas das decisões que nós tomamos, os direitos e privilégios que desfrutamos, não são individualistas, mas são feitas em conjunto com as pessoas com quem nos relacionamos. Por exemplo, eu tomo muitas decisões pessoais sobre a minha vida. Mas sobre os aspectos que afetam nossa família — filhos, finanças, lar, horários, etc., minha esposa e eu temos de tomar essas decisões juntos.

O mesmo princípio de autoridade compartilhada pode ser grandemente expandido até o nível nacional — desde organizações, a cidades, regiões, estados e países. Esses agrupamentos podem ser tanto seculares como religiosos. Em qualquer segmento em que haja direitos, autonomia e liberdade, haverá também um grau de responsabilidade equivalente. Quando se compartilha as decisões sobre leis, líderes, morais, interesses, tolerâncias ou intolerâncias, consequentemente se compartilhará as ramificações resultantes.

Por exemplo, eu não sou a favor do aborto, mas eu não posso escapar dos efeitos dos julgamentos de Deus por esse holocausto trágico, embora esses sejam indiretos. Se Deus traz seca ou tempo inclemente que afeta nossa agricultura, eu também pagarei preços mais altos. Ao nos entregar aos nossos desejos degradantes e pervertidos, acidentes e doenças se multiplicam, o que aumentará também minhas taxas de seguro. Se o julgamento por acaso for guerra, eu também pagarei impostos mais altos e participarei no luto devido à perda de vidas norte-americanas. Vários outros exemplos podem ser citados aqui.

Embora essa noção talvez não nos agrade, nenhum homem é uma ilha. Ainda que nós, como crentes, possamos contar com certo nível de proteção desses julgamentos — talvez Deus até aumente a minha renda para que eu possa pagar impostos e preços mais elevados — não há maneira alguma de evitar totalmente o princípio da responsabilidade compartilhada.

Os Julgamentos Corporativos de Deus

Depois de vermos a razão para isso, quero corroborá-la com uma lista das várias maneiras como Deus julgou cidades e regiões na Bíblia de modo corporativo:

1. Cidades foram avisadas ou profecias foram recebidas sobre elas: Jonas 1:2; Naum 3:1; Miqueias 6:9; Apocalipse 2 e 3.
2. Cidades e nações que foram julgadas: Nínive, Sodoma, Gomorra, Tiro, Sidão, Betsaida, Cafarnaum, Jericó, Jerusalém e outras. A nação de Israel foi julgada como um todo em muitos lugares nas Escrituras, assim como outras nações.
3. Cidades e nações que foram perdoadas e livradas de julgamento: Nínive; Sodoma poderia ter sido, se houvesse lá pessoas justas suficientes; a nação de Israel foi perdoada como um todo, entre outras.
4. Cidades e nações que tiveram propósitos e chamados divinos: Israel, Jerusalém, as sete cidades-refúgio, entre muitas outras.
5. Cidades foram citadas como sendo preservadas ou protegidas por Deus: Salmos 127:1.
6. Cidades e nações que tinham principados governando-as: Tiro (ver Ezequiel 28:12); Pérsia (ver Daniel 10:13); Éfeso (ver Atos 19:28); Pérgamo (Apocalipse 2:12).
7. Grupos de pessoas que têm uma justiça corporativa ou nível de pecado: qualquer nação (ver Provérbios 14:34); Sodoma e Gomorra (ver Gênesis 18:20,21); os Amorreus (ver Gênesis 15:16).
8. Cidades com um nível corporativo de fé ou de descrença: Nazaré (ver Marcos 6:5,6).
9. Cidades com paz ou bem-estar corporativo (ver Jeremias 29:7).
10. Cidades podem ter um reavivamento: Nínive (ver Jonas 3:5-10).
11. Cidades podem perder um reavivamento: Jerusalém (ver Lucas 19:41-44).

Eu preparei essa lista e a explicação que a antecede para provar efetivamente uma coisa: *Deus lida com as pessoas como grupos, não só como indivíduos.* Esse fato também é o que dá a base para intercedermos pelas pessoas como grupos.

Abraão foi bem-sucedido ao interceder por uma cidade (ver Gênesis 18:22,23); Moisés intercedeu por uma nação (ver Êxodo 32:9-14). Exilados de Jerusalém foram avisados para interceder pelas cidades que eles passaram a habitar (ver Jeremias 29:7). Nós lemos em 2 Crônicas 7:14 que nossas orações e nossos estilos de vida podem trazer cura a uma nação. Eclesiastes 9:15 e Provérbios 21:22 nos informam que uma cidade pode receber sabedoria e destruir potestades.

Sem dúvida, Deus está derramando uma unção para sitiar cidades e nações e tomá-las para Ele! Ele está nos capacitando para espionar os planos e as fortalezas do inimigo, criando emboscadas para ele no espírito. Nós somos a ordem dos sacerdotes de Melquisedeque profetizada no Salmo 110. Nós somos um exército santo, elevando o cetro do nosso herói conquistador, governando em meio a nossos inimigos. Venha, junte-se a nós!

Para os que quiserem se aprofundar sobre o tema de tomar posse de cidades, o livro de Peter Wagner *Breaking Strongholds in Your City* [Destruindo potestades na sua cidade] contém uma riqueza de informações. Nele, Vitor Lorenzo conta sobre um plano de três anos para evangelizar a cidade de Resistencia, na Argentina. Um dos elementos-chave dessa façanha foi o traçado espiritual da cidade de Lorenzo. Com essa pesquisa, ele descobriu quatro forças espirituais influenciando a cidade. O autor nos conta que orou contra essas forças e aqui estão os resultados que se seguiram:

> No dia seguinte, nossa equipe foi até a praça com pastores das igrejas de Resistencia, um grupo de intercessores experientes e Cindy Jacobs. Nós lutamos ferozmente contras as forças invisíveis daquela cidade por quatro horas. Nós as atacamos no que assumimos ser a ordem de hierarquia, de baixo para cima. Primeiro foi Pombero, depois Curupi, então San La Muerte, depois o espírito da maçonaria livre, então Rainha do Céu, e depois o espírito de Píton — o qual nós suspeitávamos ter o papel de um coordenador para todas as forças do mal naquela cidade. Quando nós terminamos, havia uma sensação quase tangível de paz e liberdade sobre todos que participaram. Ficamos confiantes de que essa primeira batalha tinha sido ganha e que a cidade poderia ser tomada para o Senhor.
>
> Depois disso, a igreja de Resistencia estava pronta para uma evangelização intensiva. Descrentes começaram a reagir ao Evangelho como nunca. Como resultado da nossa campanha de três anos, a frequência

> às igrejas mais que dobrou. O efeito foi claro em todos os níveis sociais. Podíamos estruturar projetos comunitários, como, por exemplo, suprir água potável para os carentes. A imagem pública da igreja evangélica melhorou imensamente, ganhando respeito e aprovação dos líderes políticos e sociais. Fomos convidados para divulgar nossa mensagem na mídia. A batalha espiritual e o mapeamento que fizemos abriram novas portas para a evangelização na cidade de Resistencia, progressos sociais e para a colheita espiritual.[14]

Essa é a unção da sentinela! *Nós podemos impactar nossas cidades e nossos países com a intercessão.* Podemos sitiá-los, tomando posse deles para Deus. Fortalezas da escuridão podem se tornar fortalezas de luz.

Cidades Transformadas

Canaã, uma terra amaldiçoada (ver Gênesis 9:25) se tornou a Terra Prometida de bênçãos.

Jerusalém, que era uma fortaleza de gigantes ímpios, se tornou uma cidade de paz.

Sete cidades, que uma vez foram governadas por gigantes do mal se tornaram cidades de refúgio onde as pessoas que haviam matado alguém sem ter a intenção podiam se proteger e ficar em segurança. Hebrom, a mais conhecida dessas sete, costumava se chamar Quiriate-Arba, que significa cidade de Arba. Arba era a maior cidade dos Anaquins, ou gigantes (ver Josué 14:15). Hebrom, seu nome novo, significa "associação, amizade, convívio, comunhão".[15] Portanto, Abraão, o amigo de Deus, está enterrado lá. Calebe, um homem de fé e coragem, foi usado para transformar a fortaleza de um gigante em um lugar onde as pessoas encontravam doce convívio e comunhão com Deus. Isso pode acontecer com nossas cidades!

Além disso, como uma cidade-refúgio, Hebrom era uma alegoria de Cristo. Alguém que houvesse matado outra pessoa acidentalmente podia encontrar refúgio em um desses dois lugares: uma cidade-refúgio ou segurando nas pontas do altar do Lugar Santo (como proteção imediata).

Em Hebreus 6:18, o Senhor utiliza essas duas ilustrações em uma frase: "para que, mediante duas coisas imutáveis, nas quais é impossível que Deus minta, forte alento tenhamos nós que já corremos para o refúgio, a fim de lançar mão da esperança proposta." De uma maneira muito interessante, os indivíduos que estavam lá como refúgio tinham de permanecer na cidade até a morte do alto sacerdote da época (ver Números 35:28), e depois disso eles estavam livres para saírem de lá com segurança. Que ilustração do nosso grande Sumo Sacerdote que morreu para que nós pudéssemos ficar livres do julgamento e da pena!

O ponto que desejo ressaltar ao relatar essa história, além de simplesmente compartilhar uma linda alegoria de Jesus, é demonstrar que o que antes fora uma fortaleza de gigantes foi transformada em um lugar de tanta proteção, refúgio e convívio com Deus, que passou a ser uma imagem do próprio Cristo.

Será que Deus ainda pode fazer isso hoje? Nossas cidades podem ser transformadas tão radicalmente assim? Sim, claro, a não ser que Deus tenha mudado nos últimos três mil anos! Isso se Ele conseguir achar alguns Calebes... Se Ele conseguir achar matadores de gigantes... Se Ele puder encontrar algumas atitudes do tipo, "nós somos mais do que capazes".

Deus está nos pedindo, como pediu a Ezequiel, para olhar para os ossos secos da nossa nação — homens e mulheres, jovens e idosos, ricos e pobres, os que sofrem e os que pensam estar saudáveis — e responder a mesma pergunta que Ele fez ao profeta: "Esses ossos podem reviver?" Eu digo que podem. O que você diz?

Você Está Pronto?

Precisamos ser como Sam e Jed. Quando escutaram falar de uma recompensa de cinco mil dólares para captura e extermínio de lobos, eles se tornaram caçadores de recompensa. Ao acordar uma noite, Sam se deparou com cinquenta pares de olhos flamejantes — lobos selvagens famintos babando por suas presas. "Jed, acorda", ele sussurrou para seu parceiro adormecido. "Nós estamos ricos."[16]

Precisamos observar a multidão de descrentes ao nosso redor não como ameaças, mas como oportunidades. Nossa tarefa seria avassaladora não fosse pela nossa dependência da força e da habilidade de Deus, em vez da nossa. Mesmo que um exército nos cerque, nós ainda podemos estar confiantes (Salmos 27:3). Os trezentos de Gideão eram mais do que o suficiente para derrotar cento e trinta e cinco mil com Deus do lado deles. Se Ele é por nós, quem será bem-sucedido contra nós (ver Romanos 8:31)?

Vamos lá! Vamos abrir caminho para Deus se levantar e Seus inimigos ficarem desnorteados. Vamos encher nossas bolsas com as pedras da vitória e correr para encontrar Golias. Vamos tomar Queriate-Arba. Vamos correr por entre tropas e pular sobre muralhas.

Vamos demonstrar a grandeza do nosso Deus. Vamos crescer! Vamos rugir! Vamos deixar Jesus viver através de nós!

Ele está pronto — e você?

Você está pronto para caminhar no seu chamado como um intercessor? Para representar Jesus como um reconciliador e um guerreiro? Para distribuir Seus benefícios e vitórias? Para encontrar, retirar e estabelecer fronteiras?

Você está pronto para nascer, liberar e alcançar a meta? Para encher algumas taças, fazer algumas declarações, para vigiar e orar?

Você está pronto?

Lembre: "A vida é frágil, cuide dela com *paga*!"

Questões para Reflexão

1. Você pode resumir as quatro conclusões tiradas de Efésios 6:18, 1 Pedro 5:8 e 2 Coríntios 2:11? Usando os próprios versículos, dê razões para essas conclusões.
2. Descreva as funções e as responsabilidades das sentinelas do Antigo Testamento. Como elas simbolizam sentinelas de intercessão?
3. Onde foi utilizada pela primeira vez a palavra em hebraico para "sentinela" na Bíblia? Que perspectiva importante podemos analisar com isso?
4. Com base nas definições e na utilização das três palavras que significam "sentinela", você pode dar algumas afirmações resumidas sobre o papel defensivo da unção da sentinela? Como você pode aplicar isso à sua família?... Seu pastor?... Sua igreja?
5. Descreva o aspecto de ofensiva da unção da sentinela. Você pode relacioná-lo com a intercessão por um indivíduo? E por uma cidade?
6. Você pode explicar a razão por que Deus lida com grupos de pessoas, e não apenas individualmente? Cite três ou quatro exemplos bíblicos.
7. Pense em maneiras como você e seu grupo de oração podem sitiar sua cidade. Coloque-as em prática!

Manual de Debate Para Líderes

O PROPÓSITO DESTE LIVRO É DESPERTAR e dar poder à vida de oração daqueles que o leem. À medida que o grupo cresce em fé e união, você talvez queira colocar em prática algumas das táticas de oração aqui mencionadas, como usar mantos de oração, caminhadas de oração ou participar na luta espiritual uns pelos outros.

Como líder, é importante estar atento ao grau de maturidade do grupo. É também importante que você não imponha suas crenças sobre pessoas que tenham uma maneira diferente da sua de adorar ao Senhor.

O tamanho ideal para um grupo de debate é de dez a quinze pessoas. Um grupo menor do que esse pode causar um problema de continuidade quando poucos membros comparecerem. Um grupo de tamanho maior irá requerer uma forte capacidade de liderança para criar uma sensação de pertencimento e de ter uma participação significativa em cada um dos membros.

Se você está liderando um grupo que já se reúne regularmente, como um grupo de escola dominical ou grupo de estudo semanal nos lares, decida quantas semanas vocês dedicarão a essa série. Certifique-se de planejar qualquer feriado que acontecer durante suas reuniões pré-agendadas.

Use de criatividade. Os quatorze capítulos deste livro podem se encaixar em treze semanas de um trimestre, se alguns deles forem combinados para que haja tempo para compartilhar as experiências pessoais.

A primeira reunião pode ser um momento perfeito para um fórum aberto com o intuito de criar um senso de união entre os participantes ao dar início à série. Um tempo de introdução seguido de perguntas descomplicadas também ajuda a criar laços mais profundos dentro do grupo. Considere uma ou mais das perguntas a seguir:

1. Você está satisfeito com a sua vida de oração? Se não, quais são as áreas em que enfrenta dificuldades no momento?
2. Por que você acha que a oração é uma disciplina tão ausente no Corpo de Cristo?
3. O que você espera aprender ao estudar este livro?
4. Depois de ler o primeiro capítulo, você acha que devemos orar uma vez só, ou você acha que devemos ser persistentes? Por quê?
5. Se você pudesse fazer a Deus uma pergunta sobre oração, qual seria?

Perguntas assim ajudam a formar uma sensação de identidade entre os membros do grupo e ajuda-os a descobrir o que eles têm em comum.

Muitas perguntas pessoais surgirão que podem vir a contribuir significativamente para o entendimento do grupo sobre o assunto. As pessoas no grupo devem ser encorajadas a fazer uma lista com as suas perguntas. Sugira que essas listas sejam entregues anonimamente e compile as perguntas para evitar repetição. Muitas perguntas serão respondidas à medida que a série se aproximar de sua conclusão. Por isso, é uma boa ideia esperar até a última sessão para debatê-las.

Escolha um assistente para ajudar a liderar as reuniões, alguém que possa ligar para as pessoas para lembrá-las as datas das reuniões, os horários e os locais. Seu assistente pode também organizar lanches e recrutar voluntários para cuidarem das crianças.

As pessoas vão apreciar mais os seus livros se elas se responsabilizarem pelo pagamento deles. Elas estarão também mais dispostas a terminarem o curso se tiverem investido em seu material pessoal.

Certifique-se de ter Bíblias extras à disposição. A versão Bíblia Viva é normalmente uma ajuda para quem tem pouca ou nenhuma base bíblica, entretanto, é importante explicar que a Almeida Revista e Atualizada é bastante diferente e foi a versão principal utilizada neste livro.

Esteja sintonizado com os princípios básicos de dinâmica de grupo, tais como:

1. Posicione os assentos em semicírculo. O líder da reunião deve estar sentado junto com todos em vez de estar de pé na frente do grupo. Isso incentiva a participação.
2. Crie uma atmosfera condizente com o debate. As seguintes dicas são boas para guiar uma reunião:

a. Receba as opiniões dos membros dos grupos sem julgá-las, ainda que você não concorde com elas. Se elas forem claramente contra a Bíblia ou forem injustas, você pode fazer perguntas para esclarecer o assunto; mas rejeição sumária de comentários irá abafar a participação livre.
b. Se uma questão ou um comentário desviar do assunto em pauta, sugira que possam esperar e comentar mais tarde em outra ocasião, ou pergunte ao grupo se quer se aprofundar naquele outro assunto a partir dali.
c. Se uma pessoa monopolizar a discussão, dirija algumas perguntas específicas a alguém mais. Ou de uma maneira delicada, interrompa o dominador ao dizer: "Com licença, esse é um bom ponto e imagino o que as outras pessoas pensam sobre isso." Fale com essa pessoa em particular e peça ajuda a ela para incentivar a participação dos outros.
d. Facilite para que todos se sintam à vontade para participar ou fazer perguntas, mas não insista que eles o façam. Pessoas que relutam participar podem se animar com a ideia aos poucos se você pedir a elas que leiam uma passagem do livro. Faça duplas, juntando uma pessoa tímida com alguém mais falante para fazerem uma discussão que não seja com todo o grupo, ou peça às pessoas relutantes para escreverem comentários que possam ser compartilhados com o grupo maior.
e. Se alguém fizer uma pergunta para a qual você não tem a resposta, admita e prossiga. Se a pergunta exigir a perspectiva de alguém com experiência pessoal, convide outros a comentar, entretanto, tome cuidado para limitar esses comentários. Se requerer conhecimento específico, ofereça-se para pesquisar na biblioteca ou perguntar a um pastor ou teólogo, e trazer depois suas conclusões para o grupo.

3. Evite resgatar as pessoas. O propósito desse grupo é aprender a orar pelos outros, não tentar consertar as pessoas. Isso não significa que momentos de emoção não vão ocorrer ou que problemas trágicos não serão compartilhados, mas o grupo é para compartilhar e para oração — não para consertar os outros. O líder deveria ser aberto e sincero

sobre seu desejo de crescer junto com o grupo, em vez de parecer uma autoridade sobre o assunto.

4. Comece e termine na hora, de acordo com o horário combinado no começo da programação. Isso é especialmente importante para aqueles que têm de contratar uma babá ou levantar cedo para trabalhar na manhã seguinte.
5. Durante cada sessão, guie os membros do grupo para fazerem os debates, as perguntas e os exercícios no fim de cada capítulo. Se você tiver mais do que oito ou dez membros, considere dividir em grupos menores, então convide cada grupo a compartilhar uma ou duas conclusões com o grupo maior.
6. Seja sensível. Algumas pessoas talvez se sintam confortáveis orando por outros, mas não force aqueles que não se sentirem à vontade. É necessário separar um tempo ou no começo ou no fim de cada reunião para orar por aqueles que precisarem.
7. Incentive os membros do grupo a orarem diariamente uns pelos outros. Isso irá perpetuar um sentido de união e amor.
8. Como líder, ore regularmente pelas reuniões e pelos participantes, pedindo ao Espírito Santo que esteja sobre cada pessoa durante a semana. O Senhor honrará sua disponibilidade em guiar o Seu povo a um relacionamento mais íntimo com Ele.

Notas

Capítulo 1: Eis a Questão...

1. John L. Mason, *An Enemy Called Average* (Tulsa, OK: Harrison House, 1990), p. 20.
2. Craig Brian Larson, *Illustrations for Preaching and Teaching* (Grand Rapids, MI: Baker Books, 1993), p.128.
3. Ibid., p. 75.

Capítulo 2: A Necessidade da Oração

1. Paul E. Billheimer, *Destined for the Throne* (Fort Washington, PA: Christian Literature Crusade, 1975), p. 51.
2. Ibid.
3. James Strong, *The New Strong's Exhaustive Concordance of the Bible* (Nashville, TN: Thomas Nelson Publishers, 1990), ref. nº 120.
4. William Wilson, *Old Testament Word Studies* (Grand Rapids, MI: Kregel Publications, 1978), p. 236.
5. *The Consolidated Webster Encyclopedic Dictionary* (Chicago: Consolidated Book Publishers, 1954), p. 615.
6. Ibid.
7. Spiros Zodhiates, *Hebrew-Greek Key Study Bible — New American Standard* (Chattanooga, TN: AMG Publishers, 1984; edição revisada, 1990), p.1768.
8. Strong, *The New Strong's Exhaustive Concordance*, ref. nº 1819.
9. R. Laird Harris, Gleason L. Archer Jr., Bruce K. Waltke, *Theological Wordbook of the Old Testament* (Chicago: Moody Press, 1980; Grand Rapids: William B. Eerdmans Publishing Co., edição revisada, 1991), p. 426.
10. Zodhiates, *Hebrew-Greek Key Study Bible*, p. 1826.

11. Andrew Murray, *The Ministry of Intercessory Prayer* (Mineápolis, MN: Bethany House Publishers, 1981), pp. 22-23.
12. Billheimer, *Destined for the Throne*, p. 107.
13. C. Peter Wagner, *Confronting the Powers* (Ventura, CA: Regal Books, 1996), p. 242.
14. Jack W. Hayford, *Prayer Is Invading the Impossible* (South Plainfield, NJ: Logos International, 1977; edição revisada, Bridge Publishing, 1995), p. 92, 1977 revisada.

Capítulo 3: Representar Jesus

1. *The Consolidated Webster Encyclopedic Dictionary* (Chicago: Consolidated Book Publishers, 1954), p. 384.
2. Ibid., p. 450.
3. James Strong, *The New Strong's Exhaustive Concordance of the Bible* (Nashville, TN: Thomas Nelson Publishers, 1990), ref. nº 1834.
4. Jack Canfield, Mark Victor Hansen, *Chicken Soup for the Soul* (Deerfield Beach, FL: Health Communications, Inc., 1993), p. 74.
5. R. Arthur Mathews, *Born for Battle* (Robesonia, PA: OMF Books, 1978), p. 106.
6. Usei a frase "efetivar a vitória do Calvário" no decorrer deste livro. Embora não seja uma citação direta de outra fonte, a semente foi plantada em minha mente por Paul Billheimer em: *Destined for the Throne* (Fort Washington, PA: Christian Literature Crusade, 1975), p. 17.
7. Mathews, *Born for Battle*, p. 160.

Capítulo 4: Encontros: os Bons, os Ruins e os Péssimos

1. Francis Brown, S. R. Driver, Charles A. Briggs, *The New Brown-Driver, Briggs- Gesenius Hebrew and English Lexicon* (Peabody, MA: Hendrickson Publishers, 1979), p. 803.
2. Spiros Zodhiates, *The Complete Word Study Dictionary* (Iowa Falls, IA: Word Bible Publishers, 1992), p. 1375.
3. Ibid.
4. William Wilson, *Old Testament Word Studies* (Grand Rapids, MI: Kregel Publications, 1978), p. 263.
5. Spiros Zodhiates, *Hebrew-Greek Key Study Bible — New American Standard* (Chattanooga, TN: AMG Publishers, 1984; edição revisada, 1990), p. 1583.
6. Ibid.
7. Jack Canfield e Mark Victor Hansen, *Chicken Soup for the Soul* (Deerfield Beach, FL: Health Communications, Inc., 1993), p. 74.

Capítulo 5: Face a Face

1. Joseph Henry Thayer, *A Greek-English Lexicon of the New Testament* (Grand Rapids, MI: Baker Book House, 1977), p. 45.
2. Craig Brian Larson, *Illustrations for Preaching and Teaching* (Grand Rapids, MI: Baker Book House, 1993), p. 144.
3. Ibid., p. 99.
4. Francis Brown, S. R. Driver, Charles A. Briggs, *The New Brown-Driver, Briggs- Gesenius Hebrew and English Lexicon* (Peabody, MA: Hendrickson Publishers, 1979), p. 671.
5. F. F. Bosworth, *Christ the Healer* (Grand Rapids, MI: Baker Book House/ Revell, 1973), p. 26.
6. S. D. Gordon, *What It Will Take to Change the World* (Grand Rapids, MI: Baker Book House, 1979), pp. 17-21, adaptado.
7. *New American Standard Exhaustive Concordance of the Bible* (Nashville, TN: Holman Bible Publishers, 1981), ref. nº 2428.
8. R. Laird Harris, Gleason L. Archer Jr., Bruce K. Waltke, *Theological Wordbook of the Old Testament* (Chicago: Moody Press, 1980; Grand Rapids: William B. Eerdmans Publishing Co., edição revisada, 1991), p. 453.
9. Spiros Zodhiates, *The Complete Word Study Dictionary* (Iowa Falls, IA: Word Bible Publishers, 1992), p. 1128.
10. Harris, Archer, Waltke, *Theological Wordbook*, p. 453.
11. Letra de Julia Ward Howe, melodia norte-americana atribuída a William Steffe.
12. Larson, *Illustrations for Preaching*, p. 26.

Capítulo 6: Proibido Ultrapassar

1. *The Spirit-Filled Bible* (Nashville, TN: Thomas Nelson Publishers, 1991), p. 1097.
2. A primeira vez que ouvi a frase "oração para criar cercos" foi em uma mensagem de Jack Hayford em Dallas, Texas, em 1976. Desde então, ele escreveu sobre isso em seus livros.
3. James Strong, *The New Strong's Exhaustive Concordance of the Bible* (Nashville, TN: Thomas Nelson Publishers, 1990), ref. nº 3427.
4. Francis Brown, S. R. Driver, Charles A. Briggs, *The New Brown-Driver, Briggs- Gesenius Hebrew and English Lexicon* (Peabody, MA: Hendrickson Publishers, 1979), p. 533.
5. Ethelbert Bullinger, *A Critical Lexicon and Concordance to the English and Greek New Testament* (Grand Rapids, MI: Zondervan Publishing House, 1975), p. 804.
6. Ibid.

Capítulo 7: Borboletas, Camundongos, Elefantes e Alvos

1. Francis Brown, S. R. Driver, Charles A. Briggs, *The New Brown-Driver, Briggs- Gesenius Hebrew and English Lexicon* (Peabody, MA: Hendrickson Publishers, 1979), p. 803.
2. E. Vine, *The Expanded Vine's Expository Dictionary of New Testament Words* (Minneapolis, MN: Bethany House Publishers, 1984), p. 200.
3. Spiros Zodhiates, *Hebrew-Greek Key Study Bible — New American Standard* (Chattanooga, TN: AMG Publishers, 1984; edição revisada, 1990), p. 1812.
4. Spiros Zodhiates, *The Complete Word Study Dictionary* (Iowa Falls, IA: Word Bible Publishers, 1992), p. 400.
5. Ouvi pela primeira vez a conexão entre Gênesis 28:11-22 e Romanos 8:26-28 junto com vários pensamentos relacionados ao assunto, inclusive a ilustração da borboleta, em uma mensagem ao vivo de Jack Hayford em Dallas, Texas, em 1976. Desde então, ele escreveu sobre isso em um de seus livros.
6. Isso me foi comunicado pelo aluno israelita Avi Mizrachi no Instituto Christ for the Nations em Dallas, Texas.
7. James Strong, *The New Strong's Exhaustive Concordance of the Bible* (Nashville, TN: Thomas Nelson Publishers, 1990), ref. nº 4878.

Capítulo 8: Parto Sobrenatural

1. *The Consolidated Webster Encyclopedic Dictionary* (Chicago: Consolidated Book Publishers, 1954), p. 749.
2. E. Vine, *The Expanded Vine's Expository Dictionary of New Testament Words* (Minneapolis, MN: Bethany House Publishers, 1984), p. 110.
3. James Strong, *The New Strong's Exhaustive Concordance of the Bible* (Nashville, TN: Thomas Nelson Publishers, 1990), ref. nº 8414.
4. Spiros Zodhiates, *Hebrew-Greek Key Study Bible — New American Standard* (Chattanooga, TN: AMG Publishers, 1984; edição revisada, 1990), p. 1790.
5. C. F. Keil, F. Delitzsch, *Commentary on the Old Testament* Volume 1 (Grand Rapids, MI: William B. Eerdmans Publishing Co., reimpresso 1991), p. 48.
6. William Wilson, *Old Testament Word Studies* (Grand Rapids, MI: Kregel Publications, 1978), p. 175.
7. *The Consolidated Webster Encyclopedic Dictionary* (Chicago: Consolidated Book Publishers, 1954), p. 89.
8. Francis Brown, S. R. Driver, Charles A. Briggs, *The New Brown-Driver, Briggs- Gesenius Hebrew and English Lexicon* (Peabody, MA: Hendrickson Publishers, 1979), p. 934.
9. Strong, *The New Strong's Exhaustive Concordance* ref. nº 3205.

10. Ibid., ref. nº 2342.
11. Ibid., ref. nº 1411.
12. Ibid., ref. nº 1982.
13. Joseph Henry Thayer, *A Greek-English Lexicon of the New Testament* (Grand Rapids, MI: Baker Book House, 1977), p. 242.
14. Spiros Zodhiates, *The Complete Word Study Dictionary* (Iowa Falls, IA: Word Bible Publishers, 1992), p. 1366.
15. Vine, *The Expanded Vine's Expository Dictionary*, p. 268.
16. Craig Brian Larson, *Illustrations for Preaching and Teaching* (Grand Rapids, MI: Baker Books, 1993), p. 165, adaptado.

Capítulo 9: Lutadores Profissionais

1. R. Arthur Mathews, *Born for Battle* (Robesonia, PA: OMF Books, 1978), p. 113.
2. Jack Hayford, *Prayer Is Invading the Impossible* (South Plainfield, NJ: Logos International, 1977; edição revisada, Bridge Publishing, 1995), p. 45, 1977, revisada.
3. R. Laird Harris, Gleason L. Archer Jr. Bruce K. Waltke, *Theological Wordbook of the Old Testament* (Chicago: Moody Press, 1980; Grand Rapids: William B. Eerdmans Publishing Co., edição revisada, 1991), p. 715.
4. Hayford, *Prayer Is Invading the Impossible,* p. 5.
5. Ethelbert Bullinger, *A Critical Lexicon and Concordance to the English and Greek New Testament* (Grand Rapids, MI: Zondervan Publishing House, 1975), p. 400.
6. Spiros Zodhiates, *Hebrew-Greek Key Study Bible — New American Standard* (Chattanooga, TN: AMG Publishers, 1984; edição revisada, 1990), p. 1797.
7. Spiros Zodhiates, *The Complete Word Study Dictionary* (Iowa Falls, IA: Word Bible Publishers, 1992), p. 1173.
8. James Strong, *The New Strong's Exhaustive Concordance of the Bible* (Nashville, TN: Thomas Nelson Publishers, 1990), ref. nº 4122.
9. Bullinger, *A Critical Lexicon and Concordance*, p. 28.
10. Geoffrey Bromiley, *Theological Dictionary of the New Testament Abridged* (Grand Rapids, MI: William B. Eerdmans Publishing Co., 1985), p. 935.
11. Strong, *The New Strong's Exhaustive Concordance*, ref. nº 4314.
12. Ibid., ref. nº 1747.
13. Ibid., ref. nº 2442.
14. Harris, Archer, Waltke, *Theological Wordbook*, p. 791.
15. Strong, *The New Strong's Exhaustive Concordance*, ref. nº 6960.

16. Zodhiates, *Hebrew-Greek Key Study Bible*, p. 1733.
17. Strong, *The New Strong's Exhaustive Concordance*, ref. nº 4049.
18. Zodhiates, *Hebrew-Greek Key Study Bible*, p. 1796.
19. Ibid.
20. Gordon Lindsay, *The New John G. Lake Sermons* (Dallas: Christ for the Nations, Inc., 1979), pp. 29-30.
21. Strong, *The New Strong's Exhaustive Concordance*, ref. nº 7218.
22. Joseph Henry Thayer, *A Greek-English Lexicon of the New Testament* (Grand Rapids, MI: Baker Book House, 1977), p. 240.
23. Hayford, *Prayer Is Invading the Impossible*, p. 140.
24. Bullinger, *A Critical Lexicon and Concordance*, p. 731.

Capítulo 10: O Homem Altíssimo

1. Spiros Zodhiates, *The Complete Word Study Dictionary (Dicionário Completo de Estudo da Palavra, título em tradução livre)* (Iowa Falls, IA: Word Bible Publishers, 1992), p. 816.
2. James Strong, *The New Strong's Exhaustive Concordance of the Bible* (Nashville, TN: Thomas Nelson Publishers, 1990), ref. nº 575.
3. Craig Brian Larson, *Illustrations for Preaching and Teaching* (Grand Rapids, MI: Baker Books, 1993), p. 98.
4. Zodhiates, *The Complete Word Study Dictionary*, p. 1464.
5. Ibid., p. 1463.
6. Strong, *The New Strong's Exhaustive Concordance*, ref. nº 1994.
7. Ibid., ref. nº 1124.
8. Ibid., ref. nº 3056.
9. Spiros Zodhiates, *Hebrew-Greek Key Study Bible — New American Standard* (Chattanooga, TN: AMG Publishers, 1984; edição revisada, 1990), p. 1718.
10. E. Vine, *The Expanded Vine's Expository Dictionary of New Testament Words* (Minneapolis, MN: Bethany House Publishers, 1984), p. 125.
11. Strong, *The New Strong's Exhaustive Concordance* ref. nº 5188.
12. Ibid., ref. nº 5187.
13. Larson, *Illustrations for Preaching*, p. 134.
14. Strong, *The New Strong's Exhaustive Concordance*, ref. nº 1415.
15. Ibid., ref. nº 2507.
16. Walter Bauer, *A Greek-English Lexicon of the New Testament*, p. 386.
17. Strong, *The New Strong's Exhaustive Concordance*, ref. nº 2192.
18. Zodhiates, *The Complete Word Study*, p. 923.

19. Strong, *The New Strong's Exhaustive Concordance*, ref. nº 5313.
20. Bauer, *A Greek-English Lexicon*, p. 851.

Capítulo 11: O Relâmpago de Deus

1. Spiros Zodhiates, *Hebrew-Greek Key Study Bible — New American Standard* (Chattanooga, TN: AMG Publishers, 1984; edição revisada, 1990), p. 1846.
2. Craig Brian Larson, *Illustrations for Preaching and Teaching* (Grand Rapids, MI: Baker Books, 1993), p. 133.
3. Ibid., p. 72, adaptado.
4. Joseph Henry Thayer, *A Greek-English Lexicon of the New Testament* (Grand Rapids, MI: Baker Book House, 1977), p. 422.
5. James Strong, *The New Strong's Exhaustive Concordance of the Bible* (Nashville, TN: Thomas Nelson Publishers, 1990), ref. nº 7931.

Capítulo 12: A Substância da Oração

1. James Strong, *The New Strong's Exhaustive Concordance of the Bible* (Nashville, TN: Thomas Nelson Publishers, 1990), ref. nº 3115.
2. Dick Eastman, *No Easy Road* (Grand Rapids, MI: Baker Book House, 1971), pp. 96-97.
3. Craig Brian Larson, *Illustrations for Preaching and Teaching* (Grand Rapids, MI: Baker Books, 1993), p. 245, adaptado.
4. Eastman, *No Easy Road*, pp. 97-98.
5. Larson, *Illustrations for Preaching*, p. 114.
6. Joseph Henry Thayer, *A Greek-English Lexicon of the New Testament* (Grand Rapids, MI: Baker Book House, 1977), p. 38.
7. Jack Hayford, *Prayer Is Invading the Impossible* (South Plainfield, NJ: Logos International, 1977; edição revisada, Bridge Publishing, 1995), p. 55, 1977 revisada.
8. Thayer, *A Greek-English Lexicon*, p. 14.
9. Gordon Lindsay, *Prayer That Moves Mountains* (Dallas: Christ for the Nations, Inc., edição 1994), p. 43.
10. Thayer, *A Greek-English Lexicon*, p. 422.
11. Paul E. Billheimer, *Destined for the Throne* (Fort Washington, PA: Christian Literature Crusade, 1975), p. 107.
12. Strong, *The New Strong's Exhaustive Concordance*, ref. nº 4057.
13. Ibid., ref. nº 5228.
14. Ibid., ref. nº 2596.
15. Larson, *Illustrations for Preaching*, p. 177, adapted.

Capítulo 13: Ações que Falam e Palavras que Agem

1. Cindy Jacobs, *The Voice of God (A Voz de Deus)* (Ventura, CA: Regal Books, 1995), pp. 251-253.
2. Sue Curran, *The Praying Church* (Blountville, TN: Shekinah Publishing Company, 1987), p. 140.
3. Elizabeth Alves, *Becoming a Prayer Warrior* (Ventura, CA: Renew Books, 1998), pp. 167-210.
4. Spiros Zodhiates, *Hebrew-Greek Key Study Bible — New American Standard* (Chattanooga, TN: AMG Publishers, 1984; edição revisada, 1990), p. 1861.
5. R. Laird Harris, Gleason L. Archer Jr., e Bruce K. Waltke, *Theological Wordbook of the Old Testament* (Chicago: Moody Press, 1980; Grand Rapids: William B. Eerdmans Publishing Co., edição revisada, 1991), p. 158.
6. Ibid., p. 118.
7. Ibid., p. 793.
8. James Strong, *The New Strong's Exhaustive Concordance of the Bible* (Nashville, TN: Thomas Nelson Publishers, 1990), ref. nº 4834.
9. Adaptado de uma mensagem do Pastor Tim Sheets, Middletown, Ohio.
10. Ibid.
11. Dick Eastman, *The Jericho Hour* (Orlando, FL: Creation House, 1994), pp. 10-11, adaptado.

Capítulo 14: A Unção da Sentinela

1. Craig Brian Larson, *Illustrations for Preaching and Teaching* (Grand Rapids, MI: Baker Books, 1993), p. 59, adaptado.
2. Cindy Jacobs, *Possessing the Gates of the Enemy* (Grand Rapids, MI: Chosen Books, 1991), pp. 21-22, adaptado.
3. Quin Sherrer with Ruthanne Garlock, *How to Pray for Your Family and Friends* (Ann Arbor, MI: Servant Publications, 1990), p. 127.
4. James Strong, *The New Strong's Exhaustive Concordance of the Bible* (Nashville, TN: Thomas Nelson Publishers, 1990), ref. nº 8104.
5. Ibid., ref. nº 5341.
6. Ibid., ref. nº 6822.
7. C. Peter Wagner, *Prayer Shield* (Ventura, CA: Regal Books, 1992), pp. 66-73.
8. Ibid., p. 180.
9. Ibid., p. 177.
10. Sherrer with Garlock, *How to Pray for Your Family*, pp. 152-153, adaptado.
11. Spiros Zodhiates, *Hebrew-Greek Key Study Bible — New American Standard* (Chattanooga, TN: AMG Publishers, 1984; edição revisada, 1990), p. 1752.

12. Ibid., p. 1787.
13. Sherrer with Garlock, *How to Pray for Your Family*, p. 95, adaptado.
14. C. Peter Wagner, *Breaking Strongholds in Your City* (Ventura, CA: Regal Books, 1993), pp. 176-177.
15. Strong, *The New Strong's Exhaustive Concordance*, ref. nº 2275.
16. Larson, *Illustrations for Preaching*, p. 12, adaptado.

BIBLIOGRAFIA

Alves, Elizabeth. *Becoming a Prayer Warrior.* Ventura, CA: Renew Books, 1998.

Bauer, Walter. *A Greek-English Lexicon of the New Testament.* Chicago, IL: The University of Chicago Press, 1979.

Billheimer, Paul. *Destined for the Throne.* Fort Washington, PA: Christian Literature Crusade, 1975.

Bosworth, F. F. *Christ the Healer.* Grand Rapids, MI: Baker Book House/Revell, 1973.

Bromiley, Geoffrey. *Theological Dictionary of the New Testament, Abridged.* Grand Rapids, MI: William B. Eerdmans Publishing Co., 1985.

Brown, Francis, S. R. Driver, Charles A. Briggs. *The New Brown-Driver, Briggs-Gesenius Hebrew and English Lexicon.* Peabody, MA: Hendrickson Publishers, 1979.

Bullinger, Ethelbert. *A Critical Lexicon and Concordance to the English and Greek New Testament.* Grand Rapids, MI: Zondervan Publishing House, 1975.

Canfield, Jack, Mark Victor Hansen. *Chicken Soup for the Soul.* Deerfield Beach, FL: Health Communications, Inc., 1993.

The Consolidated Webster Encyclopedic Dictionary. Chicago, IL: Consolidated Book Publishers, 1954.

Curran, Sue. *The Praying Church.* Blountville, TN: Shekinah Publishing Company, 1987.

Eastman, Dick. *The Jericho Hour.* Orlando, FL: Creation House, 1994.

————. *No Easy Road.* Grand Rapids, MI: Baker Book House, 1971.

Gordon, S. D. *What It Will Take to Change the World.* Grand Rapids, MI: Baker Book House, 1979.

Harris, R. Laird, Gleason L. Archer Jr., Bruce K. Waltke. Chicago, IL: Moody Press, 1980; Grand Rapids: William B. Eerdmans Publishing Co., edição revisada, 1991.

Hayford, Jack. *Prayer Is Invading the Impossible.* South Plainfield, NJ: Logos International, 1977; edição revisada, Bridge Pub-lishing, 1995.

Jacobs, Cindy. *Possessing the Gates of the Enemy.* Grand Rapids, MI: Chosen Books, 1991.

————. *The Voice of God.* Ventura, CA: Regal Books, 1995.

Keil, C. F., F. Delitzsch. *Commentary on the Old Testament, Volume 1.* Grand Rapids, MI: William B. Eerdmans Publishing Co., reimpressão 1991.

Larson, Craig Brian. *Illustrations for Preaching and Teaching.* Grand Rapids, MI: Baker Books, 1993.

Lindsay, Gordon. *The New John G. Lake Sermons.* Dallas, TX: Christ for the Nations, Inc., 1979.

————. *Prayer That Moves Mountains.* Dallas, TX: Christ for the Nations, Inc., edição 1994.

Mason, John L. *An Enemy Called Average.* Tulsa, OK: 1990.

Mathews, R. Arthur. *Born for Battle.* Robesonia, PA: OMF Books, 1978.

Murray, Andrew. *The Ministry of Intercessory Prayer.* Minneapolis, MN: Bethany House Publishers, 1981.

New American Standard Exhaustive Concordance of the Bible. Nashville, TN: Holman Bible Publishers, 1981.

Sherrer, Quin, Ruthanne Garlock. *How to Pray for Your Family and Friends.* Ann Arbor, MI: Servant Publications, 1990.

The Spirit-Filled Bible. Nashville, TN: Thomas Nelson Publishers, 1991.

Strong, James. *The New Strong's Exhaustive Concordance of the Bible,* Nashville, TN: Thomas Nelson Publishers, 1990.

Thayer, Joseph Henry. *A Greek-English Lexicon of the New Testament.* Grand Rapids, MI: Baker Book House, 1977.

Vine, W. E. *The Expanded Vine's Expository Dictionary of New Testament Words.* Minneapolis, MN: Bethany House Publishers, 1984.

Wagner, C. Peter. *Breaking Strongholds in Your City.* Ventura, CA: Regal Books, 1993.

————. *Prayer Shield.* Ventura, CA: Regal Books, 1992.

Wilson, William. *Old Testament Word Studies.* Grand Rapids, MI: Kregel Publications, 1978.

Zodhiates, Spiros. *The Complete Word Study Dictionary*. Iowa Falls, IA: Word Bible Publishers, 1992.

————. *Hebrew-Greek Key Study Bible — New American Standard*. Chattanooga, TN: AMG Publishers, 1984; edição revisada, 1990.

Índice de Referências Bíblicas

Gênesis 1 — 114
Gênesis 1:1,2 — 115, 126
Gênesis 1:26 — 26
Gênesis 1:26-28 — 24
Gênesis 1:27; — 26
Gênesis 2:7 — 114
Gênesis 2:15 — 25, 225, 226
Gênesis 3:1 — 225
Gênesis 3:5 — 164
Gênesis 3:15 — 56, 142
Gênesis 3:24 — 226
Gênesis 9:25 — 236
Gênesis 15:16 — 188, 234
Gênesis 18:20-21 — 234
Gênesis 18:22,33 — 235
Gênesis 28:10-17 — 94, 101
Gênesis 30:31 — 226
Gênesis 32:22-32 — 145
Gênesis 32:27 — 146

Êxodo 14:21 — 203
Êxodo 17:6 — 204
Êxodo 17:8-13 — 145
Êxodo 17:9-13 — 204
Êxodo 19:16 — 169
Êxodo 32:9-14 — 235

Números 10:35 — 141, 178
Números 35:28 — 237

Deuteronômio 6:7 — 77
Deuteronômio 32:10-18 — 117, 126
Deuteronômio 32:18 — 116, 118
Deuteronômio 32:41 — 170

Josué 1:3 — 73
Josué 6 — 138
Josué 6:6 — 178
Josué 6:16 — 141
Josué 9, 10 — 69
Josué 10:22-27 — 70, 74
Josué 14:15 — 236

Juízes 1:24 — 231
Juízes 7:20 — 141
Juízes 8:21 — 55, 130
Juízes 15:12 — 55

1 Samuel 4:4 — 177
1 Samuel 13:8-14 — 138
1 Samuel 22:11-19 — 130
1 Samuel 22:17-18 — 55
1 Samuel 26:15 — 226

2 Samuel 1:11-16 — 130
2 Samuel 1:15 — 55
2 Samuel 5:24 — 138
2 Samuel 6:12-19 — 177
2 Samuel 11:16 — 231
2 Samuel 18:27 — 223
2 Samuel 23:8-12 — 182

1 Reis 2:25-46 — 55
1 Reis 17:21 — 190
1 Reis 18 — 29, 33, 125, 190
1 Reis 18:1 — 190
1 Reis 18:41-45 — 113
1 Reis 18:45 — 121

2 Reis 5:10-14 — 205
2 Reis 13:14-19 — 141, 204

2 Crônicas 7:14 — 235
2 Crônicas 20:1-30 — 139
2 Crônicas 32:21 — 146

Neemias 4:14 — 166

Jó 6:25 — 210
Jó 9:32-33 — 38
Jó 15:7 — 116
Jó 22:28 — 210
Jó 36:32 — 167
Jó 39:1 — 116
Jó 41:11 — 268

Salmos 2:4 — 55
Salmos 2:8 — 104
Salmos 2:9 — 142
Salmos 3:7 — 48
Salmos 8:3-8 — 24
Salmos 8:5 — 26
Salmos 18:13,14 — 170, 173
Salmos 18:14 — 171
Salmos 22:3 — 139
Salmos 22:31 — 55
Salmos 23:4 — 67
Salmos 27:1 — 171
Salmos 27:3 — 237
Salmos 27:14 — 136
Salmos 29:3 — 173
Salmos 29:7 — 170
Salmos 33:20 — 135
Salmos 37:7 — 136
Salmos 42:2 — 135
Salmos 46:6 — 168
Salmos 50:10-12 — 31
Salmos 56:8 — 194
Salmos 62:1,2 — 135
Salmos 63:1 — 135
Salmos 68:1 — 141, 178
Salmos 68:2 — 168
Salmos 77:17,18 — 171
Salmos 78:48 — 171
Salmos 85:10 — 50
Salmos 87 — 120
Salmos 90:2 — 116, 117
Salmos 91 — 77, 225
Salmos 91:1 — 79
Salmos 91:3 — 85
Salmos 97:3,4 — 171
Salmos 97:5 — 168
Salmos 103:12 — 63
Salmos 107:20 — 209
Salmos 110 — 71, 72, 74, 235
Salmos 110:1 — 71
Salmos 110:2 — 142
Salmos 110:2-3 — 133
Salmos 115:16 — 25
Salmos 119:18 — 153
Salmos 126:5,6 — 113
Salmos 127:1 — 226, 234
Salmos 144:6 — 171
Salmos 149:5-9 — 139

Provérbios 3:5-6 — 81
Provérbios 4:23 — 226
Provérbios 14:34 — 234
Provérbios 17:12 — 54
Provérbios 21:22 — 235
Provérbios 22:6 — 77

Eclesiastes 9:15 — 235
Eclesiastes 12:3 — 226
Eclesiastes 12:11 — 210

Isaías 1:8 — 231
Isaías 1:19 — 77
Isaías 21:6-8 — 222
Isaías 28:6 — 146
Isaías 40:1-5 — 202
Isaías 40:31 — 136
Isaías 53 — 63
Isaías 53:5 — 56
Isaías 53:6,12 — 63
Isaías 53:11 — 122
Isaías 55:11 — 208
Isaías 56:10 — 219
Isaías 60:1-3 — 174, 178
Isaías 61:1 — 56
Isaías 62:6 — 222
Isaías 63:3 — 72
Isaías 66:7-8 — 113, 115, 120
Isaías 66:8 — 117, 118

Jeremias 1:10 — 200, 207
Jeremias 2:13 — 67
Jeremias 4:16-17 — 231
Jeremias 6:18,19 — 207
Jeremias 8:22 — 67
Jeremias 17:13 — 67
Jeremias 22:29 — 207
Jeremias 29:7 — 234, 235
Jeremias 31:28 — 207
Jeremias 51:12 — 222, 231

Ezequiel 1:14 — 169
Ezequiel 21:9-10,15,28 — 170
Ezequiel 22:30-31 — 32
Ezequiel 28:12 — 234
Ezequiel 33:11 — 32
Ezequiel 37:1-10 — 199
Ezequiel 37:9-10,14 — 114

Daniel 9 — 30
Daniel 9:3 — 31
Daniel 10:12 — 31
Daniel 10:13 — 234

Oséias 4:6 — 219
Oséias 6:5 — 170, 208

Joel 3:16 — 69

Amós 1:2 — 69

Jonas 1:2 — 234
Jonas 3:5-10 — 234

Miquéias 1:2 — 207
Miquéias 6:9 — 234

Naum 3:1 — 234

Habacuque 3:4 — 168

Zacarias 4:6 — 98
Zacarias 4:7 — 141

Malaquias 3:8-12 — 77

Mateus 6:6 — 79
Mateus 6:10 — 29
Mateus 6:11 — 29
Mateus 7:5 — 155
Mateus 9:38 — 29, 104
Mateus 13:23 — 209
Mateus 14:17-19 — 40
Mateus 16:18 — 146
Mateus 16:18-19 — 143
Mateus 16:19 — 56, 133
Mateus 16:24-26 — 146
Mateus 17:5 — 118
Mateus 17:14-21 — 189
Mateus 17:20 — 77, 186
Mateus 21:21 — 77
Mateus 24:12 — 188
Mateus 26:36-39 — 113
Mateus 26:38 — 122
Mateus 27:3-5 — 108
Mateus 27:50 — 141
Mateus 27:51 — 55
Mateus 27:52-53 — 56
Mateus 27:54 — 55
Mateus 28:18 — 56

Marcos 6 — 189
Marcos 6:5 — 188
Marcos 6:5,6 — 234
Marcos 8:18 — 219
Marcos 11:22-24 — 77
Marcos 11:23 — 186
Marcos 11:25-26 — 77
Marcos 14:34,38 — 220
Marcos 16:15-18 — 177
Marcos 16:17 — 133
Marcos 16:18 — 186

Lucas 1:34,35 — 114, 118, 126
Lucas 2:9 — 169
Lucas 4:6,7 — 28
Lucas 4:13 — 80
Lucas 4:14,18 — 114
Lucas 4:18 — 161
Lucas 8:13 — 80
Lucas 9:23-25 — 146
Lucas 9:29,32 — 169
Lucas 10:18-20 — 171
Lucas 10:19 — 71, 133, 144
Lucas 10:40 — 137
Lucas 10:42 — 137
Lucas 11 — 185
Lucas 11:5-13 — 184, 197
Lucas 11:8 — 185
Lucas 13:16 — 93
Lucas 18:1 — 93
Lucas 19:41-44 — 234
Lucas 21:36 — 220
Lucas 22:31-32 — 81

João 1:1-3 — 116
João 1:4,5 — 172
João 1:5 — 174
João 1:18 — 38
João 3:3-8 — 114
João 5 — 106
João 5:39 — 153
João 6:63 — 153
João 7 — 187
João 7:38 — 110, 186
João 7:39 — 187
João 8:31,32 — 209
João 9:6-7 — 205
João 11:33-44 — 113, 121
João 12:31 — 28
João 14:1-4 — 106
João 14:10 — 42
João 14:26 — 91
João 14:30 — 28
João 15:3 — 209
João 15:7 — 77
João 15:13 — 188
João 16:11 — 28
João 16:26 — 39

João 17:12 — 222
João 19:30 — 55
João 20:21 — 41

Atos 1:8 — 114
Atos 2:1-4 — 114
Atos 4:33 — 188
Atos 5:15 — 118, 121
Atos 10:38 — 114
Atos 12:1 — 81
Atos 16:16-36 — 139
Atos 17:24,25 — 31
Atos 19:23 — 81
Atos 19:28 — 234
Atos 20:28-31 — 223
Atos 26:18 — 152, 166
Atos 27:41 — 56

Romanos 1:16 — 207
Romanos 5:20 — 192
Romanos 6:4,6 — 66
Romanos 8 — 99
Romanos 8:22-25 — 114
Romanos 8:26 — 93, 97
Romanos 8:26-27 — 101, 114
Romanos 8:26-28 — 92, 95, 246
Romanos 8:31 — 237
Romanos 10:17 — 77
Romanos 12:3 — 188
Romanos 12:15 — 61
Romanos 15:1-3 — 62, 66
Romanos 16:20 — 71, 133

1 Coríntios 2:14 — 154
1 Coríntios 3:16 — 177, 186
1 Coríntios 6:19 — 186
1 Coríntios 10:6,11 — 73
1 Coríntios 11:7 — 26
1 Coríntios 15:27 — 71
1 Coríntios 16:13 — 220

2 Coríntios 2:11 — 130, 147, 218, 238
2 Coríntios 3:6 — 67
2 Coríntios 3:7 — 169
2 Coríntios 3:18 — 26
2 Coríntios 4:3,4 — 150, 164, 166
2 Coríntios 4:4 — 151, 152, 153, 157
2 Coríntios 4:6,7 — 177
2 Coríntios 5:7 — 20
2 Coríntios 5:18-19 — 41, 51
2 Coríntios 5:21 — 63
2 Coríntios 6:1 — 146
2 Coríntios 9:8 — 188
2 Coríntios 10:3-5 — 157, 163
2 Coríntios 10:4 — 73, 81, 133, 150, 162
2 Coríntios 10:5 — 162
2 Coríntios 11:3 — 135
2 Coríntios 12:9 — 98

Gálatas 4:19 — 114, 115, 121, 124
Gálatas 5:22 — 182
Gálatas 6:2 — 19, 61, 62, 66, 67
Gálatas 6:9 — 17, 185

Efésios 1:18 — 152
Efésios 1:22 — 71
Efésios 2:6 — 71
Efésios 3:20 — 192
Efésios 3:20,21 — 192, 197
Efésios 3:21 — 174
Efésios 4:2 — 61, 66
Efésios 5:8 — 174
Efésios 5:31,32 — 48
Efésios 6 — 134, 147
Efésios 6:10-20 — 133
Efésios 6:12 — 81, 130, 133
Efésios 6:13-18 — 77, 78
Efésios 6:16 — 145
Efésios 6:17 — 170, 186
Efésios 6:18 — 81, 88, 218, 220, 238

Filipenses 1:9 — 188

Colossenses 1:13 — 144
Colossenses 1:16 — 116
Colossenses 1:24 — 66
Colossenses 2:15 — 70, 144
Colossenses 3:13 — 61, 66
Colossenses 4:2 — 220

1 Tessalonicenses 2:18 — 132

2 Tessalonicenses 3:1 — 29

1 Timóteo 1:18 — 133
1 Timóteo 2:5 — 39, 40
1 Timóteo 2:9 — 185
1 Timóteo 6:12 — 99, 142
1 Timóteo 6:16 — 169

2 Timóteo 2:3-4 — 133

Hebreus 1:3 — 169
Hebreus 3:1 — 38
Hebreus 4:12 — 170
Hebreus 4:15 — 67
Hebreus 4:16 — 146, 185
Hebreus 5:7 — 183
Hebreus 6:2 — 186
Hebreus 6:12 — 77
Hebreus 6:18 — 236

Hebreus 9:22 — 123
Hebreus 10:12 — 66
Hebreus 11:11 — 118
Hebreus 12:12 — 120
Hebreus 12:24 — 67
Hebreus 12:29 — 168

Tiago 1:5 — 19
Tiago 1:6,7 — 77
Tiago 1:17 — 169
Tiago 3:1 — 227
Tiago 3:15 — 162
Tiago 4:7 — 78, 128, 133
Tiago 5:16 — 113, 193, 197
Tiago 5:16-18 — 190
Tiago 5:17,18 — 29, 30

1 Pedro 1:23 — 209
1 Pedro 2:4-10 — 120
1 Pedro 2:9 — 174
1 Pedro 2:24 — 56
1 Pedro 3:19 — 56
1 Pedro 4:6 — 56
1 Pedro 5:8 — 78, 145, 218, 220, 230, 238
1 Pedro 5:9 — 133

2 Pedro 2:1,2 — 223
2 Pedro 3:10,12 — 56

1 João 1:5 — 169
1 João 2:1 — 39
1 João 3:8 — 56
1 João 5:14 — 146
1 João 5:19 — 166

Apocalipse 2 e 3 — 234
Apocalipse 2:2 — 224
Apocalipse 2:12 — 234
Apocalipse 2:16 — 170
Apocalipse 4:5 — 169
Apocalipse 5:8 — 193
Apocalipse 8:3-5 — 194
Apocalipse 8:5 — 171
Apocalipse 11:19 — 171
Apocalipse 16:18 — 171
Apocalipse 19:15 — 72, 170
Apocalipse 21:23 — 169
Apocalipse 22:1,2 — 186

Índice Por Assunto

aborto 213, 233
Abraão 93, 94, 117, 118, 124, 188, 235, 236
Acabe 29, 112, 113, 190
ação profética 203, 204, 205, 206, 213
Acapulco 89
acertar o alvo 178,
Acontecimento 17, 49
Adão 24, 25, 26, 27, 28, 33, 38, 49, 123, 145, 152, 164, 167, 226
Adão, primeiro 38, 49
Adão, último 38, 49
Adolescentes 24
adorar 139, 239
Advogado 37, 38, 39, 92
África 97, 134, 140
África do Sul 140
agathos 137, 138
agente 114, 206
agnoeo 130
agnóstico 130
agrupneo 220
Aimaás 223
Alasca 150
Alemanha 120, 211
altivez, coisa altiva 157, 162, 163, 164
Alves, Beth 205, 206, 209, 228
alvos 89, 228
Amaleque 145, 204
amarrada à árvore 43, 45
Amorreus 188, 234
anaideia 96, 185
Anderson, Mike 68, 69, 70, 71
Anderson, Pam 68
Anderson, Toby 68, 69
anechomai 61, 63, 70
anjo de luz 173
anjo(s) 31, 112, 118, 145, 146, 169, 171, 175, 190, 191, 193, 194, 226
apatia 78
apekduomai 144
apokalusis 150
apóstolo 20, 38, 177, 188, 224
apresentar novamente
Arca da Aliança 141, 178, 179
arco 72, 141, 205
armadura 77, 145, 165, 228
armas 72, 73, 81, 85, 133, 135, 142, 157, 158, 159, 161, 162, 164, 166
arrependimento 107, 108, 152, 154, 166, 199, 201, 213
arrependimento de identificação 231
arrogante 155, 158, 164
asah 55
Astaire, Fred 18
astheneia 93
atleta profissional 134
atributos 17
aulas de inglês 35
autoridade 19, 25, 26, 27
bastazo 62, 63, 67, 69, 70, 72
beisebol 48, 49, 58, 61, 62, 167, 175
Berlim 211
Betel 94, 100
Betsaida 234
Billheimer, Paul E. 31, 191, 244
bode expiatório 63, 64, 74
borboleta 96, 97, 101, 174, 176, 246
Borboleta 96, 97, 101, 174, 176, 246
Bounds, E. M. 23
Bourbon Street 175

Brant, Derek 199
Breakthrough (Mulligan) 232
Brooks, Hap 86
Brown, Charlie 61
Bullinger 131
bumerangue 203
caçadores de recompensa 237
cadeira de rodas 57
Cafarnaum 234
cair no espírito 108
Calebe 236
Calvário 41, 45, 49, 54, 55, 58, 59, 123, 128, 142, 174, 210
caminhada de oração 143, 232
Capela em Westminster 201
capitão 138, 156
Carter, Gary 175
cascavel 79, 81, 82
causa e efeito 76
Cavernas de Carlsbad 173,
cesariana 149
chakah 135, 136
chayil 72
Christ for the Nations 85, 175, 182, 185
chronos 80, 81, 88
chuwl 116, 117, 118
cidade da Guatemala 87
cidades de refúgio 236
Cincinnati, Ohio 160,
cirurgia 15, 53, 54, 98, 149
cisto 23, 98, 99, 100, 185, 191, 232
Clemens, Roger 175
Cleveland, Tennessee 96
colheita 214, 221, 222, 230, 236
coma 15, 16, 23, 185, 191, 194
companhia aérea Guatemala 87
comprar 216, 217
concepção de Cristo 118, 121
confissão 38, 142, 146, 209
Confluence Park 139
consolador 91, 92
construir 42, 81, 86, 106, 168, 210
costurar 65
curandeiro 58
Curran, Sue 208
Curupi 235
Dalas, Texas 78, 82, 85, 159
Dallas Morning News, The 84
damah 26
Daniel 30, 31, 33, 185, 190, 191, 234
dar à luz 30, 109, 110, 113, 114, 116, 117, 118, 120, 121, 126, 186
darak 72, 73
Davi 135, 136, 138, 182
declaração profética 202, 203, 207, 210, 211, 213, 214
dei 93, 97
demoníaco 56
demônio(s) 81, 129, 130, 132, 133, 140, 144, 150, 160, 172, 176, 189, 191, 201
demuwth 26,
Denver, Colorado 139
derrubar 158, 159, 163, 164, 165
descobrir 75, 109, 131, 150, 153, 240
Destruindo potestades na sua cidade (Wagner) 235
Deus-homem 38
Dia Nacional de Oração 212
Diário de Dayton 16
direção 33, 38, 52, 83, 84, 130, 134, 152, 160, 176, 184, 187, 203, 205
dízimo 77
Dobson, Dr. James 212
Doty, Sue 143
doxa 26
dumiyah 135
dunamis 118, 144
dunatos 158
Eastman, Dick 182, 183, 211
Eaton, Ohio 80
echo 131, 161
Éfeso 234
Elias 29, 30, 31, 33, 112, 113, 114, 115, 121, 125, 126, 185, 190, 194, 204, 205
embaixador 41, 42
Emmanuel 139
Encarnação 28
encontrar 45, 49, 50, 51, 54, 55, 54, 58, 68, 84, 115, 121, 128, 146, 206, 217, 236, 237, 238
encontro, encontros 47, 48, 49, 50, 51, 52, 53, 54, 55, 57, 58, 59, 68, 85, 94, 95, 100, 146 156, 175, 213
enviado 17, 41, 42, 43, 45, 91, 161,
enviar 29, 38, 97, 156, 178, 190
epilambanomai 142
episkiazo 118
epistrepho 152
Esaú 94, 146
escrito 14, 66, 75
Escudo de Oração (Wagner) 227
espada 72, 73, 141, 169, 170, 174, 175, 176, 178, 179, 182, 184, 186, 187, 207,
esperar 17, 31, 52, 74, 106, 111, 135, 136, 137, 138, 139, 147, 165, 185, 189, 240, 241
espírito de Píton 235
esterilidade 115
Europa 17, 119
Eva 24, 135, 159, 164, 226
exegeomai 38
exército 69, 70, 71, 72, 98, 140, 141, 145, 146, 201, 227, 235, 237
exousia 144
experiências 14, 20, 107, 199, 239

explicação 36, 58, 86, 185, 190, 204, 226, 234
Ezequiel 32, 114, 169, 170, 199, 210, 211, 234, 237
Faculdade Bíblica 47
fantasma 26
fariseus 153
farol 156
fervor 13, 30, 114
figueira 207, 208
filho da viúva 190
Filipo 194
filosofia, filosofias 162, 163
Fort Worth, Texas 78,
fortalezas 23, 140, 150, 157, 158, 159, 161, 162, 163, 164, 165, 231, 232, 235, 236
fotografia 152, 166
fraqueza 70, 93, 94, 96
fronteira 75
fumaça 155, 168, 194
furacão 83, 84, 127
Gabriel 31, 40
Galah 153
Garlock, John 182
Garlock, Ruthanne 224, 229, 232
gentileza 51, 139
gibeonitas 69, 70
Gideão 141, 237
gigante 13, 58, 236
Golias 175, 176, 177, 238
Gomorra 234,
Gooden, Dwight 175
Gordon, S. D. 23, 64, 185, 208
governo 131, 133, 201, 202, 212, 214
graphe 153
grávida 120
gregoreuo 220
grupo de oração 14, 36, 238
guarda 25, 193, 219, 220, 221, 222, 224, 227, 229, 231
guarda-costas 221, 227, 231
Guatemala 42, 44, 52, 53, 57, 86, 87, 127, 129, 217
guepardo 183
Guerra espiritual 19, 50, 56, 72, 81, 99, 104, 111, 129, 133, 134, 135, 137, 138, 142, 143, 147, 150, 157, 164, 207, 225
Guerra nas Estrelas 170
Haiti 177
Hayford, Jack 33, 128, 130, 143
Hebrom 236
hematidrose 123
homologia 209
How to Pray for Your Family and Friends (Como Orar por sua Família e Amigos) (Sherrer & Garlock) 224
huperperissos 192
hupsoma 164, 165
iluminado, ser iluminado 203
Importunar 184
incumbência 27, 182, 211
Inglaterra 199, 200, 201, 202
Irmão Maravilhoso, O 127, 128
Isaías 56, 63, 72, 77, 113, 115, 117, 118, 120, 122, 136, 146, 174, 178, 202, 209, 219, 222, 231
Israel 30, 31, 33, 69, 70, 72, 73, 74, 75, 95, 117, 118, 120, 121, 124, 126, 141, 142, 145, 146, 178, 179, 199, 204, 205, 232, 234, 246
Israel espiritual 118, 124
Jackie Robinson 62
Jacobs, Cindy 205, 221, 235
Jamaica 68
janela de oportunidade 80
Jardim do Éden 25, 225
Jardim do Getsêmani 123,
jargão 144
Jed 237
Jeoás 141, 204
Jeremias 31, 67, 200, 207, 222, 231, 234, 235
Jericó 79, 138, 141, 234
Jerusalém 222, 234, 235, 236
João Batista 202
jornada 11, 18, 52, 183, 231
Josué 69, 70, 71, 73, 74, 75, 138, 141, 145, 147, 178, 236
junto contra 97, 98, 99, 100
Kabod 26
kairós 80, 81, 82, 84, 85, 86, 88, 144, 220, 221
kalos 137, 138
kalupsis 150
kata 192
katalambano 172
kathairesis 159
Kevin 117, 165, 166
Killinger, John 196
koilia 110
Lake, John G. 140
Lancaster, Texas 82
Lázaro 113, 114, 121, 122, 124
Leão de Judá 73
lei da primeira menção 225
leis 76, 132, 206, 233
lente de aumento 167, 176
Libertador 45
líderes 87, 88, 196, 209, 212, 223, 227, 228, 233, 236, 239
limites de proteção 230
Lindsay, Gordon 185
línguas 92, 93, 97
livre arbítrio 76, 132, 233
lobos 223, 237
lógica 30, 162, 163
logismos 160, 161, 162, 163, 165

logos 153
longanimidade 182
Lorenzo, Victor 253
Love and Faith Christian Fellowship (Convívio Cristão Amor e Fé) 160
lunático 189
luo 56, 57, 59
lutador 134
Luwn 79
maçonaria 235
maior porção 131
makrothumia 182
mapeamento 236
Maple Valley, Washington 117, 165
mar Vermelho 203, 204
marats 210
Mardi Gras 139, 175
Maria (e Marta) 137, 138, 147
Maria 118, 124
mashal 25
Massa, Michael 199
Mathews, Arthur 128
McGee, Bob 139
mediar 141
mega 188
Megas 188
Melquisedeque 235
Mentalidade 21, 110, 152, 154, 162
Merchant, Celia 47
Messias 28, 202
metanoia 152
milagro 53
Millspaugh, Carol 120
ministério de intercessão 63
ministério de Jesus 202
ministério de reconciliação 51
missionário 140
Moffatt 143, 162, 173
Moisés 73, 117, 145, 178, 203, 204, 235
moria 154
Morris, David 200
Müller, George 183
Mulligan, Theresa 232
Mummert, Gail 82, 84
Mummert, Gene 84
Muro de Berlim 119, 211
Murray, Andrew 20, 30
Murray, Pastor Mike
Naamã, o leproso 205
naós 177, 186
nasa 63, 67, 69, 72, 85
nascimento 103, 104, 109, 110, 114, 115, 116, 117, 121
nathan 25
Nazaré 188, 189
Nínive 234
No Easy Road (Eastman) 182
noema 130, 131, 160, 161, 164, 165
nômade 219
nova criação 55, 114, 117
novo nascimento 114, 115, 117
O Hino de Batalha da República 72
O'Hern, Marlena 117
ochuroma 161
Oklahoma 75, 132
omer 210
orar no Espírito 92, 93, 95, 96, 98, 101, 125, 143
Oséias 70, 170, 208, 219
ovário 23, 98, 185, 191
paga 49, 50, 51, 55, 57, 59, 63, 67, 68, 69, 70, 72, 74, 75, 79, 80, 81, 85, 88, 91, 95, 97, 100, 101, 110, 129, 130, 139, 142, 147, 161, 167, 168 171, 176, 220, 221, 238
pairar 110, 116, 117, 118, 119, 122, 124, 125, 126, 139, 191
Palácio de Buckingham 201
palavra viva 153
panos 111
pão de cada dia 29, 80
paradoxos 49
parakletos 91
parceria 33, 44, 70, 71, 74, 203, 211
particípio do presente 35, 45
parto 103, 104, 105, 107, 108, 109, 112, 120, 121, 126, 149, 186, 190
parto natural 103
parto sobrenatural 103
pateo 72
Paulo 20, 29, 56, 115, 121, 124, 132, 139, 142 ,177, 194, 223 , 224
pecado 26, 30, 3, 39, 49, 51, 63, 65, 66, 68, 111, 122, 123, 155, 173, 188, 191, 196, 197, 234
perdidos 19, 103,104, 107, 117, 119, 147, 150, 157, 162, 165, 173
perispao 137
permanecer 19, 79, 88, 133, 224, 237
Pérsia 234
photismos 152
photizo 152
picada da morte 49
piloto 87, 91, 184
Pisar 70,71,72,73,82,133
plano 24, 27, 36, 43, 44, 45, 85, 107, 108, 111, 172, 188, 190, 196, 203, 204, 211, 219, 228, 235
plano natural 107, 108, 188, 203
pleon 131
pleonekteo 131, 132
poderes das trevas 50, 56, 57, 58, 134, 147, 166, 172, 174, 176, 177
policial 37, 172

Pombero 235
Popham, Eva 159
portadores da Maravilha de Cristo 44
porteiro 229
praça de alimentação 215, 216
Praça Vermelha 206
Prayer Is Invading the Impossible (Oração é Invadir o Impossível) (Hayford) 128
Praying Church, The (A Igreja que Ora) 208
Prédio do Capitólio 213
pregos 65, 210
Princípios 76, 78, 98, 104, 132, 133, 155, 165, 191, 240
princípios governantes 76
profetas 28, 29, 190, 208, 223
profético 70, 71, 104, 202, 205
Pulpit Digest (Woods) 173
qavah 136
Queda, A 36, 45, 153, 166
Quiriate-Arba 236
Qum 210
Rachaph 116, 117, 118, 125, 126
Rafael 182, 183
Rainha do Céu 235
Ravenhill, Leonard 18
reavivamento 22, 23, 31, 54, 81, 202, 212, 213, 214, 222, 234
reconciliação 37, 40, 41, 45, 50, 51, 128, 139, 140, 231
Reconciliation Coalition (Coalizão de Reconciliação) 139
redenção 39, 40, 122, 123, 124
Reese, Pee Wee 62
Refidim 204
relâmpago 144, 167, 168, 169, 170, 171, 172, 173, 174, 175, 176, 177, 178, 179, 249
representar 25, 37, 38, 41, 42, 45, 70, 142, 179, 238, 244
reprodução 25,114,186,209
Resistencia, Argentina 235, 236, 267
retirar o véu 150
rio 86,87,187,188, 191, 192, 193, 195, 205
Rosh 142
Rússia 205,206
sacerdócio real 174
Salzburg, Áustria 161
Sam 237
Samuel 55, 130, 138, 177, 182, 223, 226, 231
San La Muerte 235
San Pedro, Guatemala 217
Santo dos Santos 177, 179, 186
sapos 181
Sara (de Abraão) 117, 118, 124
Sara (nome fictício) 154, 155
Satanás 18,19,28,39,40,41,48,55,56, 57, 62, 69, 71, 72, 75, 77, 78, 80, 81, 82, 85, 93, 109, 129, 130, 131, 132, 133, 135, 138, 139, 144, 145, 147, 155, 156, 159, 160, 161, 164, 165, 166, 171, 172, 173, 174, 213, 218, 219, 220, 224, 225, 226, 228, 231, 232
Saul 138, 139
sem forma 115
semear e colher 132, 233
semente 153, 163, 206, 209, 210, 214, 244
sentinela 25, 27 215, 218, 219, 220, 221, 222, 223, 224, 225, 226, 227, 229, 230, 231, 232, 233, 235, 238
separar 130, 142,
serpente 48, 49, 101, 135, 139, 142, 145, 161, 225, 226, 231
Shakan 177
Shamar 25, 225
Sheets, Dean 177
Sheets, Dutch 14, 35, 39, 47, 68, 70, 99, 103, 105, 110, 111, 112, 144, 175, 200, 213
Sheets, Hannah 103, 215, 216
Sheets, Sarah 103, 215
Sheets, Tim 63, 64, 250
Shekinah 177, 250, 253
Sherrer, Quin 254
Sião 69, 72, 113, 117, 120, 142
Silas 139, 194
símbolo 126
Simchen, David e Polly 110, 195, 232
Simchen, Jonathan 110
Sims, Sandra 160
sitiar 231, 232, 233, 235, 238
Skywalker, Luke 170
soberania 22, 83, 142, 144, 145, 154
Sodoma 234
Soldado 71, 133, 176, 178, 204, 224, 230
sombra 26, 79, 86, 88, 118
sombras 73
sonho 85, 91, 205, 206
speiro 209
Spokane, Washington 212
Spurgeon, Charles 17
Stephenson, Jean 139
Steven 64, 65
Stone, Norm 213
Straarup, Al 137
suicida 125
Sumo Sacerdote 38, 64, 67, 237
Sunantilambanomai 97
Sunderland, Lew 199, 201
superabundante 192, 267
taça (de oração) 111, 193, 194, 195, 197, 238
tanque de Betesda 106
tanque de Siloé 205
tarasso 121
tempestade 56, 82, 207, 208, 229

Templo 174, 177, 186
Teologia 14, 20, 26, 44, 109, 127, 131, 168, 206, 219
teorias 162
terremoto 23, 42, 87, 88, 171, 194, 217
Tetelestai 55
Thanatos 123
Tibete 40
Timóteo 39,40,99,133,142,169,185
Todo Lar para Cristo 211
tohuw 115,117,123
Tornando-se um Guerreiro de Oração 209, 228
Trabalho de intercessão 36,40,62,74,122,128,174
Trabalho de parto 103,104,105,109,114,116,118,124,190
Transfiguração 118,172
Transgressores 63,75
Traqueostomia 15
Tsaphah 225
Tselem 26
Tuberculose 53,54
Tulsa, Oklahoma 132
Tuphloo 155
Tupho 155
ungir (unção) 214
unir 39,140,212
ursa 54, 69, 101, 230
Vale dos Ossos Secos 210
vãs repetições 191
ventre 110,118,186,187,190,191
véu 150,152,155,165,166
violência 49, 72, 129, 130, 141, 142, 159
vitória do Calvário (Cruz) 41, 45, 54, 58, 128, 210, 230
voltamos a derrotar 142
Voz de Deus, A (Jacobs) 205
Wagner, Peter 32, 227, 228, 235
Washington, capital 117
Webster, dicionário 25, 37, 116
Wesley, John 23
What It Will Take to Change the World (O que Vai Precisar para Mudar o Mundo) (Gordon) 64
Women's Aglow 205
Woods, Bob 173
Wuest 143, 169, 172, 192, 193
yalad 116, 117, 118
yaresh 136
Yashab 79

Sonhe

O que aconteceu conosco? Por que tantas pessoas estão decepcionadas com a vida? Um dia tivemos sonhos — sonhos importantes que nos davam um propósito — mas, de algum modo, saímos dos trilhos. Com certeza não é isso que Deus quer para nós. O nosso Projetista sonhou sonhos únicos para cada um de nós antes mesmo de nascermos. Você foi projetado para sonhar!

O Poder Da Oraçao Intercessória

O que é a oração intercessória? Como uma pessoa se torna um intercessor? Quando você não sabe por onde começar, comece com o básico! Em O Poder da Oração Intercessória você aprenderá a encontrar sua motivação para a oração na força do amor, ao experimentar em primeiro lugar, um relacionamento duradouro com Deus como seu Pai e amigo.

O Meu Maior Prazer

Aprenda com as lições de vida compartilhadas por Dutch Sheets a cultivar um relacionamento íntimo com Deus. Com percepções profundas extraídas da Bíblia e histórias que você não esquecerá tão cedo, O Meu Maior Prazer é como um mentor espiritual, que irá lhe mostrar maneiras simples de desfrutar mais de Deus.

Printed in Great Britain
by Amazon

75905400R00161